劳动教育

——二十四节气项目式实践教程

主　编　董捷迎
副主编　董随东　贾建军　颜贻特

电子工业出版社
Publishing House of Electronics Industry
北京·BEIJING

内 容 简 介

全书围绕劳动实践活动展开，充分挖掘了中华优秀传统文化——二十四节气中的典型代表性劳动，并以项目式学习的形式呈现，体现了劳动的育人功能，构建了劳动教育体系化课程。本书的编写重点突出学生的主体地位，使学生在体验劳动的过程中，学习劳动知识和技能，感受中华优秀传统文化——二十四节气的魅力，感悟劳动创造幸福生活、创造人类美好家园的巨大价值。

未经许可，不得以任何方式复制或抄袭本书之部分或全部内容。
版权所有，侵权必究。

图书在版编目（CIP）数据

劳动教育：二十四节气项目式实践教程 / 董捷迎主编. -- 北京：电子工业出版社, 2024. 11. -- ISBN 978-7-121-49156-6

Ⅰ．G40-015

中国国家版本馆 CIP 数据核字第 2024QC2583 号

责任编辑：柴　灿
印　　刷：北京捷迅佳彩印刷有限公司
装　　订：北京捷迅佳彩印刷有限公司
出版发行：电子工业出版社
　　　　　北京市海淀区万寿路 173 信箱　　邮编：100036
开　　本：880×1230　1/16　印张：18.25　字数：344 千字
版　　次：2024 年 11 月第 1 版
印　　次：2025 年 4 月第 3 次印刷
定　　价：49.80 元

凡所购买电子工业出版社图书有缺损问题,请向购买书店调换。若书店售缺,请与本社发行部联系,联系及邮购电话：(010) 88254888, 88258888。
质量投诉请发邮件至 zlts@phei.com.cn，盗版侵权举报请发邮件至 dbqq@phei.com.cn。
本书咨询联系方式：(010) 88254489, youl@phei.com.cn。

序

劳动是人类创造物质财富和精神财富的过程，是人类文明发展的基础和源泉，通常包括体力劳动和脑力劳动。在渔猎农耕时代、工业时代和智能时代，劳动的内容和形式都各有其鲜明的特征。劳动教育是指发挥劳动的育人功能，对学生进行爱劳动、会劳动的教育活动，是学生树立正确的劳动观点、劳动态度，养成劳动习惯、全面发展的重要途径，是落实"五育并举"推进学校教育高质量发展的重要举措，关系到国家发展和民族进步。

2020年3月发布的《中共中央 国务院关于全面加强新时代大中小学劳动教育的意见》明确提出，"将劳动教育纳入中小学国家课程方案和职业院校、普通高等学校人才培养方案"，"根据各学段特点，在大中小学设立劳动教育必修课程，系统加强劳动教育"，"中小学劳动教育课每周不少于1课时"，"职业院校以实习实训课为主要载体开展劳动教育，其中劳动精神、劳模精神、工匠精神专题教育不少于16学时"，"根据需要编写劳动实践指导手册，明确教学目标、活动设计、工具使用、考核评价、安全保护等劳动教育要求"。2022年4月，教育部印发《义务教育课程方案和课程标准（2022年版）》，将劳动从综合实践活动课程中独立出来，使劳动正式成为国家课程。2022年5月，教育部批准开设劳动教育本科专业。在党的二十大报告中，劳动教育第一次被写入党代会报告，彰显了其在"全面培养人、培养全面的人"中的重要地位。这些都为全面推进新时代大中小学劳动教育提供了根本遵循和行动指南。

为全面贯彻党的教育方针，落实立德树人的根本任务，培养德智体美劳全面发展的社会主义建设者和接班人，在劳动教育领域，海淀区教师进修学校基础教育和职业教育领域的教研员团队做了大量的研究和实践探索，彰显了海淀区教研员的责任与担当，以及创新探索的智慧和勇气。根据劳动教育的育人目标，基于"劳动即生活，生活即教育"的教育理念，融合项目式学习理念，教研员团队与一线教师共同努力，以中华优秀传统文化——二十四节气为时间轴，形成了对应的24个典型劳动项目，建构了理论与实践相结合的课程体系，能够充分调动学生的积极性和主动性，促进知识与能力双螺旋发展。本书设计了播种劳动种子、培育劳动秧苗、收获劳动果实、分享劳动喜悦等具有春、夏、秋、冬鲜明特征的四篇，四篇中每个项目都以体验性实践为主，有利于引导学生崇尚劳动、尊重劳动，加深对劳动人民的感情，提升实践能力，培养社会责任感，成为懂劳动、会劳动、爱劳动的时代新人。

  本书既可以作为中小学劳动教育课程的项目式学习手册，又可用于社会类劳动教育培训。希望本书能够为劳动教育项目实施提供丰富的资源支持，为劳动教育课程教师提供教学指导，为学生的劳动素养培育提供实践指导，并成为劳动教育同行交流研讨的载体。

  文理不同、南北有别，大道同行。期盼更多的劳动教育实践者和研究者可以实现互动，不断深化思考、积极实践、勇于创新，让劳动教育在更多地区、更多课堂中生根、开花、结果。

罗　滨

2024 年 9 月

前　言

习近平总书记在 2018 年全国教育大会上指出，"要在学生中弘扬劳动精神，教育引导学生崇尚劳动、尊重劳动，懂得劳动最光荣、劳动最崇高、劳动最伟大、劳动最美丽的道理，长大后能够辛勤劳动、诚实劳动、创造性劳动。"这是新时代劳动教育的重要动员令。随后《中共中央 国务院关于全面加强新时代大中小学劳动教育的意见》《大中小学劳动教育指导纲要（试行）》《义务教育劳动课程标准（2022 年版）》等文件的出台，为劳动教育实施提供了明确指引。

在劳动教育中体验中华优秀传统文化的博大精深，提升文化自信，增强劳动意识，是丰富和拓展新时代劳动教育路径的重要抓手。二十四节气作为中华优秀传统文化之一，准确地反映了自然规律的变化，蕴含着丰富的劳动教育元素。我国劳动人民的春播、夏种、秋收、冬藏都是依照二十四节气规律来安排的。因此，基于二十四节气挖掘劳动教育素材，开展劳动教育实践项目，具有重要意义。

本书将劳动教育与中华优秀传统文化有机融合，开发了一系列具有二十四节气特色的劳动教育实践项目。在开发过程中，项目开发者始终以项目式学习理念为指导，以劳动成果为导向，围绕项目的核心驱动问题，系统设计与实施劳动教育的各个环节，为一线劳动教育课程教师提供了具体的劳动教育工具及手段，使项目具有操作性、实用性、灵活性与创新性。

本书分为春季篇、夏季篇、秋季篇、冬季篇四篇，依据二十四节气的特点，挖掘二十四节气中具有典型特色的劳动主题，选取适合学生学习的有价值的劳动内容，最终形成了 24 个项目。每个项目分为八个环节：情境导入、明确任务、学习目标、制订计划、劳动过程、劳动成果、劳动评价、知识拓展，环环相扣、层层推进。项目实施充分利用高科技，呈现出"文化+科技+劳动教育"的特点，在劳动教育中打通了文化和科技融合的"最后一公里"，致力于创造更多文化和科技深度融合的创新性劳动成果。此外，本书配有教学微课、视频及相关材料供教师使用，教师可根据教学实际情况灵活选择项目，安全有序地开展项

目的各个环节。

本书是面向中小学和中高职学生的劳动教育课程项目式学习手册，同时可以满足社会劳动实践类、传统文化类培训的需求。本书是学科教师实践项目式学习的实用手册，为中小学和中高职学校备课组及教研组提供了校本研讨、专题研究的示范和样例，为教研员、科研人员开展跨学科项目式学习的相关研究和指导教师改进教学拓展了思路。

本书由海淀区教师进修学校职业教育研修室总体规划设计，教研员董捷迎老师主持编写，是"中华优秀传统文化——二十四节气"研修成果的高度凝练。本书邀请了北京市信息管理学校、北京市盲人学校、北京市经济管理学校、北京交通大学附属中学、北京科技大学附属中学等学校的老师参与编写工作。春季篇作者包括：白洁、尹砾剑、毕海涛、王晓玲、毛辉、杨旭、张靖云、闫亚亭；夏季篇作者包括：闫双丽、王洪霞、康楠、白正超、齐琳娟、董捷迎；秋季篇作者包括：张婷、王海晴、邓莉红、刘晓晴、郝凤涛、王艳；冬季篇作者包括：郑虹、孙剑虹、孙颖、董培培、于姗姗、蔡丽平。作者排名不分先后。本书中二十四节气的插图由北京市信息管理学校张侨老师指导刘虢虓同学设计并制作完成。北京语言大学兰天同学、北京市第一零一中学程旭同学、北京市昌平区第二中学董靖然同学、北京交通大学附属中学张冉老师和马思聪老师、北京科技大学附属中学李爱平老师、北京市海淀区教师进修学校杨智君老师和洪婕老师等，全程参与了编写和校稿工作。北京市第一〇一中学程旭同学、北京市昌平区第二中学董婧然同学参与了部分内容的编写，并为本书素材资源选取提出了宝贵建议。特别感谢北京市海淀区教师进修学校申军红书记对本书撰写给予的专业指导与支持，同时真诚感谢电子工业出版社在书稿撰写中给予我们的悉心指导！

目 录

春季篇　播种劳动种子——春雨惊春清谷天 / 001

　　立春，二十四节气之首——春饼制作 / 003

　　雨水，好雨知时节，当春乃发生——油纸伞制作 / 014

　　惊蛰，春雷万物长，一抹绿植送清香——薄荷种植 / 025

　　春分，忙趁东风放纸鸢——沙燕风筝制作 / 035

　　清明，向家人献上满满的爱意——青团制作 / 051

　　谷雨，花果茶送家人——花果茶制作 / 065

夏季篇　培育劳动秧苗——夏满芒夏暑相连 / 075

　　立夏，风暖昼长，万物繁茂——水稻插秧 / 077

　　小满，小满动三车——古代水车模型制作 / 088

　　芒种，芒种忙，麦登场——花馍制作 / 107

　　夏至，冬至饺子夏至面——炸酱面制作 / 116

　　小暑，盛夏启，新米香——米饭制作 / 126

　　大暑，炎热好丰年——团扇制作 / 137

秋季篇　收获劳动果实——秋处露秋寒霜降 / 151

　　立秋，天凉好个秋——秋梨膏熬制 / 153

　　处暑，夏季衣物巧收纳——T恤衫折叠与收纳 / 162

　　白露，泡杯香茶谢师恩——盖碗泡茶 / 171

　　秋分，阖家分享热汤圆——汤圆制作 / 181

　　寒露，寒露节气遇重阳——花糕制作 / 191

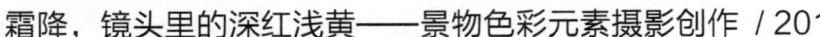

霜降，镜头里的深红浅黄——景物色彩元素摄影创作 / 201

冬季篇　分享劳动喜悦——冬雪雪冬小大寒 / 215

立冬，冬藏收获中的美好相遇——五谷画制作 / 217

小雪，漫天飞小雪，喜庆中国红——中国结编织 / 225

大雪，大雪满初晨，剪纸绽芳芬——窗花制作 / 238

冬至，冬至大如年，饺子来消寒——饺子制作 / 249

小寒，小寒节气寒，喝着腊八粥盼过年——腊八粥熬制 / 261

大寒，大寒初始年味至，家家户户贴春联——春联设计与书写 / 270

春季篇

播种劳动种子

——春雨惊春清谷天

"春雨惊春清谷天"，立春、雨水、惊蛰、春分、清明、谷雨是春天的 6 个节气。春天是农作物耕种，万物生长的时节，阳光正好，微风不燥。人们的活动也愈加丰富起来，在万物复苏的立春做一份春饼；在小雨润如酥的雨水做一把油纸伞；在春雷滚动的惊蛰亲手培育一株绿植；在东风正好的春分亲手制作一架风筝；在春雨纷纷的清明制作一份青团；在谷雨时节泡一杯花果茶，感受春天的味道。更生万物春当令，人们也会随着气温的回升和万物的生长而更富有朝气。一年之计在于春，在春天播下希望的种子，辛勤耕耘，才能在秋天收获满满。让我们在温暖的春天开始劳动吧！

立春，二十四节气之首——春饼制作

一、情境导入

立春（见图 1-1）是二十四节气中的第一个节气，于每年公历 2 月 3—5 日交节。立是"开始"之意，春代表温暖、生长，立春表示从此开始进入春天。中国将立春分为三候：东风解冻；蛰虫始振；鱼陟负冰。东风送暖，大地开始解冻，意味着新的一个循环已开启。作为开端，惜时是立春重要的主题之一。《增广贤文》有言："一年之计在于春，一日之计在于晨，一家之计在于和，一生之计在于勤。"凡事都应做好规划，努力向上，不负好时光。

图 1-1　立春

立春时的重要习俗就是"咬春"。杜甫在《立春》中写道："春日春盘细生菜，忽忆两京梅发时。盘出高门行白玉，菜传纤手送青丝。"一阵春风、一张春饼、一盘青丝，让我们在立春时，亲手为家人制作一份春饼，迎接春天的到来，用劳动创造美好生活。

二、明确任务——我要做什么

立春这天，我们可以一起制作春饼（见图 1-2），学会准备食材及营养搭配的原则，体验春饼皮的烙制过程。在制作春饼的过程中，我们要用创新思维表达春饼的色、香、味，关注饮食中的养生知识，传承中华美食文化。本项目的核心驱动问题为如何做一份养生春饼。

图 1-2　春饼

三、学习目标——我将收获什么

（1）自主学习，了解立春节气的相关知识，能介绍中国传统习俗"咬春"的寓意。

（2）查找资料，学习春饼皮的制作方法和步骤，能独立完成春饼皮的制作。培养做事不急躁，认真细致，精益求精的工匠精神。

（3）通过调研不同人的身体情况、口味喜好，结合不同食材的属性，兼顾营养，合理搭配配菜，实现色、香、味的平衡，感受中华美食文化的博大精深。

（4）体验将做好的配菜放入春饼皮卷制的过程，养成做事踏实、一丝不苟的好习惯，感受劳动的不易。和家人一起吃春饼，感受家庭以和为贵的意义。

四、制订计划——我要怎么做

在此阶段，我们要从核心驱动问题出发，思考已经知道什么，还需要知道什么，完成表 1-1。

表 1-1　制作春饼知需表

核心驱动问题	已经知道的信息（学生填写）	需要知道的问题
如何做一份养生春饼	1. 2. 3.	1. 准备哪些食材？ 2. 哪些食材能体现"咬春"？ 3. 春饼皮的做法和普通烙饼的做法是否一样？ 4. 春饼中的合菜有什么讲究？ 5. 春饼皮是怎么做的？ 6. 春饼包括什么？ 7. 春饼与立春有何关系？ 8. 春饼与营养搭配有何关系

从需要知道的问题中，找到解决问题和劳动实践的方向。首先，我们需要获取相关资讯，做好关于劳动的知识准备；其次，明确开展哪些劳动任务来解决核心驱动问题；最后，每个劳动任务的完成都将产出劳动成果。制作春饼计划表如表 1-2 所示。

表 1-2　制作春饼计划表

资讯分析	工作实施	劳动成果
资讯 1：制作春饼的相关知识	劳动任务 1：设计春饼制作方案	春饼制作方案
资讯 2：制作合菜、春饼皮的方法和技巧	劳动任务 2：制作合菜	合菜
	劳动任务 3：制作春饼皮	春饼皮
资讯 3：卷春饼的方法和技巧	劳动任务 4：卷春饼	春饼

五、劳动过程——我如何做好这件事

第一阶段　资讯分析

资讯 1　制作春饼的相关知识

1. 春饼认知

最早的春饼是用麦面烙制或蒸制的薄饼，食用时，常常和豆芽、菠菜、韭黄、粉条等炒成的合菜一起吃或用春饼皮包着合菜吃。相传吃了春饼和其中所包的各种蔬菜，能使农苗兴旺、六畜茁壮。人们认为吃了包着芹菜、韭菜的春饼，会更勤（芹）劳，生命更长久（韭），家业更兴旺。随着时间的推移，春饼的形制、食用时间也因地而异。

立春时，人们常吃的菜多为绿色的，有各种吃法。春饼作为立春时具有代表性的食物，是将绿色蔬菜和其他配菜包在一起吃的，味道鲜美，深受人们的喜爱。立春时吃春饼被称为"咬春"，如图 1-3 所示，寓意"咬"住春天。

图 1-3　"咬春"

2. 哪些食材能体现"咬春"

"咬春"之一：韭菜。

立春到来，大自然又开始了一个新的循环。古代由于条件有限，冬季可供人们食用的蔬菜少之又少，而立春之后各种芽类蔬菜逐渐开始生长，人们便会迫不及待地吃一些春天的蔬菜，既有迎新之意，又能补充营养。

春天的蔬菜中，韭菜上市较早。虽然现在一年四季都能吃到韭菜，但春天的韭菜无论是口感还是品质都是最佳的。初春时节的韭菜经过一个冬天的养分积聚，叶似翡翠，根如白玉，闻之清香馥郁，食之脆嫩鲜美，因此又有"春天第一鲜"的美誉。而"韭"又谐音"久"，立春这一天吃韭菜既能饱口福，又有长长久久、生生不息的寓意。

"咬春"之二：萝卜。

咬萝卜是立春的民俗之一。早在明代，宦官史家刘若愚在《酌中志》中就曾记述："立春之时，无贵贱嚼萝卜，曰'咬春'"。说的是每到立春之时，无论富贵贫贱，人们都会咬一咬萝卜，认为这样能保佑家人平安健康。

萝卜又有"小人参"的美誉，富含碳水化合物和各种维生素，其维生素 C 的含量是梨的 8~10 倍，具有很高的营养价值。另外，萝卜物美价廉，可用多种方法烹饪。因此，别忘了在立春之日买上一些萝卜来吃。

3. 春饼常用配菜的营养价值

每种配菜都含有不同的营养成分，搭配起来可以让饮食更健康、更营养。春饼常用配菜及其营养价值如表 1-3 所示。

表 1-3　春饼常用配菜及其营养价值

序号	常用配菜	营养价值
1	木耳	富含膳食纤维、矿物质、维生素、多糖，常食可降血脂，增强机体免疫力，预防和治疗便秘
2	茼蒿秆	富含蛋白质、膳食纤维、胡萝卜素、维生素 C，还含有叶酸、钾、钠、钙等维生素和矿物质
3	胡萝卜	富含糖类、脂肪、挥发油、胡萝卜素、维生素 A、维生素 B_1、维生素 B_2、花青素、钙、铁等
4	绿豆芽	含有丰富的维生素 C、膳食纤维、维生素 B_2 等营养物质
5	韭菜	富含硫化物、蛋白质、维生素及钙、铁、锌等多种营养成分
6	荠菜	百蔬之冠，维生素 C、维生素 B_2、蛋白质、胡萝卜素等含量极高
7	鸡蛋	含有丰富的蛋白质，蛋黄当中还含有丰富的脂溶性维生素 A、D、E、K
8	肘子肉	含有丰富的胶原蛋白
9	小葱	含有维生素 A、维生素 C 及钙，具有舒张毛细血管、促进血液循环的作用

4. 膳食的营养搭配原则

平衡膳食，根据不同食材中含有的营养成分，合理搭配，使不同食材的营养成分互补。

（1）保证食材多样性，以谷类为主，科学摄入蛋白质和脂肪等营养物质。

（2）主食与副食比例均衡，主食讲究粗粮与细粮均衡，副食则讲究荤素搭配。

（3）色味平衡，追求色味时不可过偏，讲究少盐少油的清淡饮食原则。

（4）寒热均衡，能够根据不同食材的属性进行合理搭配。

资讯2　制作合菜、春饼皮的方法和技巧

1. 合菜的制作方法

合菜的配菜种类繁多，营养齐全，色彩绚丽，能给人体提供优质的蛋白质和维生素、矿物质。

合菜的具体制作方法如下。

（1）平底锅5分热，放入少许食用油，将鸡蛋打入碗中，搅拌均匀后放入锅中，炒熟。

（2）粉丝放入开水中焯20秒，捞出备用。

（3）将胡萝卜、木耳切丝，韭菜切段，放入开水中焯5分钟，捞出备用。

（4）将上述食材依次放入锅中进行翻炒。

2. 春饼皮的制作方法

春饼皮有两种做法，一种是用电饼铛烙制，另一种是用蒸锅蒸制。两种方法各有特色，前者外酥里嫩，后者软而有韧性。具体制作步骤如下。

1）和面

取适量面粉放入面盆中，将适量温水分多次倒入面盆中，揉成光滑的面团，醒发30分钟。

2）制作面剂子

将面团揉成长条，切成若干个面剂子。

3）制作春饼皮

方法1：电饼铛烙制。

将两个面剂子中间抹油后叠在一起擀薄，放入电饼铛中用小火慢慢烙熟，烙熟后一揭即开。

方法2：蒸锅蒸制。

在每个面剂子上薄涂一层油，把10张涂好油的面剂子摞在一起，擀薄、擀大。再放

入蒸锅中蒸 10 分钟，晾凉后一层层揭开。

3. 和面的技巧

和面的时候一定要用温水，这样春饼皮会柔软有韧性。

资讯 3　卷春饼的方法和技巧

将春饼皮放置于手掌中，将合菜纵向排列于春饼的一侧，卷起，使合菜紧紧包裹在春饼皮中，然后将春饼皮的底端向上折起 2 厘米左右，上端开口，形似口袋状，以防合菜掉出来。

第二阶段　工作实施

劳动任务 1　设计春饼制作方案

春饼除味道好以外，营养搭配也很重要。在制作前我们需要做一下调研分析，明确以下几个问题（见表 1-4），以便完成制作方案设计。

表 1-4　制作春饼前的调研表

问题	记录关键信息
1. 春饼皮是多大的？ 2. 春饼皮分层吗？ 3. 面是硬的还是软的？ 4. 用多少温度的水和面？ 5. 配菜怎么搭配更有营养？ 6. 选择哪种方式制作春饼皮？ 7. 春饼具备的功效有哪些	

根据调研分析和示例方案，确定春饼的制作方案，填写表 1-5。

表 1-5　春饼的制作方案

方案	春饼的养生功效	配菜的色彩搭配	配菜、配料（3~5人量）	春饼皮的制作方式	春饼皮配料表（3~5人量）
示例方案	养肾、护眼、增食欲	黄色、绿色、黑色、红色	韭菜 100 克、绿豆芽 250 克、木耳 50 克、胡萝卜 50 克、鸡蛋 2 个、粉丝 50 克、葱 10 克、姜 10 克、蒜 10 克、盐 5 克、生抽 20 克、蚝油 10 克、花椒 5 克、干辣椒 5 克、食用油 30 毫升	蒸锅蒸制	300 克面粉

续表

方案	春饼的养生功效	配菜的色彩搭配	配菜、配料（3～5人量）	春饼皮的制作方式	春饼皮配料表（3～5人量）
我的方案					

劳动任务2　制作合菜

1. 食材及工具准备

食材：韭菜、绿豆芽、木耳、胡萝卜、鸡蛋、粉丝、葱、姜、蒜、盐、生抽、蚝油、花椒、干辣椒、食用油。

工具：刀、案板、平底锅、炒锅、锅铲、筷子。

注：工具中不注明碗、盘子类的普通盛器。

2. 加工配菜

将绿豆芽洗净，用刀在案板上将胡萝卜切丝、韭菜切段，木耳泡发后切丝（泡发时间1小时左右），将粉丝浸泡30分钟左右，将鸡蛋打到碗中。将葱、姜、蒜切碎，干辣椒切段和花椒一起装盘备用。洗切好的备菜如图1-4所示。

图1-4　洗切好的备菜

3. 炒合菜

（1）将鸡蛋搅拌均匀，在平底锅中放入少许食用油，油热后将鸡蛋放入锅中，用锅铲翻炒至微黄，盛入盘中。

（2）将粉丝放入盛有开水的炒锅中，用筷子翻动几次，使粉丝变得柔软，捞出备用；将其他几种蔬菜分别放入锅中焯5分钟后捞出，如图1-5所示。

（3）炒制：炒锅中放适量食用油，加热后放入花椒、干辣椒段、葱花、姜末、蒜末炒香，然后放入备好的胡萝卜丝、绿豆芽翻炒 1 分钟左右，接着放入木耳、韭菜、粉丝、鸡蛋，继续翻炒 1 分钟左右，出锅前加入盐、生抽、蚝油，继续翻炒 30 秒左右。炒好的合菜如图 1-6 所示。

图 1-5　焯配菜

图 1-6　炒好的合菜

劳动任务 3　制作春饼皮

1. 食材和工具准备

食材：温水、面粉、食用油、盐。

工具：面盆、擀面杖、蒸锅、刷子。

2. 具体制作步骤

1）和面

在盛有面粉的面盆中倒入温水，先将面粉搅成絮状，再揉成光滑的面团，如图 1-7 所示。

2）醒面

把面团放到盆里盖好，醒发 30 分钟。

3）制作面剂子

醒发后将面团揉成条状，切成面剂子，每个 20 克左右，面剂子大小均匀，如图 1-8 所示。

图 1-7　面团

图 1-8　面剂子

4）面剂子叠放

在面剂子上用刷子刷一层油（见图 1-9），逐个摞起来，每摞 10 个，用手轻轻按压一下中心，尽量避免中间鼓起。

5）擀饼

把摞好的面剂子四周捏一遍，然后用手指按压面剂子的中心位置，用擀面杖擀压面剂子，将其擀制成直径 10 厘米左右的圆饼，如图 1-10 所示。

图 1-9　刷油

图 1-10　擀饼

6）蒸饼

将擀制后的圆饼冷水入蒸锅，大火上汽以后继续蒸 15 分钟，如图 1-11 所示。

图 1-11　蒸饼

劳动任务 4　卷春饼

将蒸制后的春饼皮逐个揭开，再将单张春饼皮铺开，把合菜码在饼中，裹起卷好即可，如图 1-12 所示。

图 1-12　卷春饼

六、劳动成果——我的作品展示

我们的劳动成果是制作好的春饼，可组织一次班级分享活动。

班级分享活动

（1）介绍我们所知道的立春文化和习俗。

（2）介绍我们所了解的春饼制作方法。

七、劳动评价——我做得怎么样

劳动结束后完成表1-6。

表1-6 评价表

评价指标	评价分值				得分		
	16~20分	11~15分	6~10分	1~5分	学生自评	组内互评	教师评价
节气知识学习	熟悉立春节气的特点，能将节气的特点讲给他人，对中国传统文化有更深入的了解	知道立春节气的特点，能将节气的主要特点讲给他人	大致了解立春节气的特点，能讲出节气的时间和大致特点	不了解立春节气的特点			
劳动技能掌握	掌握春饼的食材搭配方法，制作的春饼皮有韧劲且厚度适中，春饼外形完好、摆盘美观、口味鲜香	熟悉春饼的食材搭配方法，制作的春饼皮有韧劲，春饼外形完好、摆盘美观、口味鲜香	知道春饼的食材搭配方法，能够制作春饼皮，春饼口味适宜	了解春饼的食材搭配方法和春饼皮的制作方法			
创新实践体现	在完成任务的基础上，能够创新劳动方法和成果，并能将所学运用到生活中的其他方面	在完成任务的基础上，能够创新劳动方法，有新的成果	在完成任务的基础上，能够创新劳动方法	基本能够完成任务，没有新的劳动方法和成果			
劳动态度形成	深刻体会到劳动的价值，有成功的体验，很有获得感，能将劳动中学会的知识和技能运用到未来的生活中	能体会到劳动的价值，有成功的体验，很有获得感	知道劳动的价值，稍有成功的体验，也有一点儿获得感	知道劳动的价值，但是还没有成功的体验			
劳动成果展示	劳动规划合理，能大胆展示劳动成果，并能够用流畅的语言做详细解释	劳动规划合理，能展示劳动成果，并能做解释	劳动规划基本合理，能展示劳动成果	有劳动规划，能适当展示成果			

续表

评价指标	评价分值				得分		
	16~20分	11~15分	6~10分	1~5分	学生自评	组内互评	教师评价
合计（将评价指标中五项的得分相加）								
总分=学生自评合计值×30%+组内互评合计值×30%+教师评价合计值×40%								
评价等级（优秀：85分及以上；良好：75~84分；达标：60~74分；有待提高：60分以下）								
学习回顾与反思								

八、知识拓展

咏廿四气诗·立春正月节

〔唐〕元稹

春冬移律吕，天地换星霜。
间泮游鱼跃，和风待柳芳。
早梅迎雨水，残雪怯朝阳。
万物含新意，同欢圣日长。

作者简介

元稹（779—831），唐朝宰相、著名诗人。

诗词赏析

冬去春来，寒去暖来，测定物候的"律管"和"吕管"发生了移调，天地一瞬间就物换星移。封冻的冰开始消解融化，鱼儿也欢快地游动了起来，和煦的东风渐渐"吹开"了柳树的嫩绿芳华。早开的梅花迎来了沁人心脾的春雨，残雪在朝阳下又似乎胆怯害怕了许多。春天来了，万事万物都饱含着清新、明亮和快意，好像在共同歌唱这美好神圣的时光万年长。

注：诗词赏析并非译文，并不逐句翻译。

诗词意境

这首诗描写了二十四节气中的第一个节气——立春，通过律吕调阳、斗转星移、鱼跃风吹、蜡梅迎春、雪去雨来等，反映了季节的更替，万物的复苏。中国自古就有天人感应之说，天地的变化与人间的变化相呼应，诗人用清新自然的文字，为大家描绘了一个充满希望的春天。同时，提示人们做好新一年的计划，带着美好的希冀和期盼迈进新的征程。

雨水，好雨知时节，当春乃发生——油纸伞制作

一、情境导入

图 2-1　雨水

雨水（见图 2-1）是二十四节气中的第二个节气，于每年公历 2 月 18—20 日交节。雨水的含义是开始降雨，且多以小雨或毛毛细雨为主。俗话说"春雨贵如油"（它是农耕文化对于节令的反映），适宜的降雨对农作物的生长很重要。

春雨润物细无声，我们可以让花盆中的植物淋淋雨，使其在雨露的滋润下生长。我们可以亲手制作一把油纸伞，撑着伞在斜风细雨中走一走，闻一闻春天的味道，赏一赏春日的景致，感受"小雨润如酥"的意境。

二、明确任务——我要做什么

在初春的雨水节气，我们在传统油纸伞制作工艺的基础上进行创新，尝试做一把有手绘风格的油纸伞。本项目的核心驱动问题为如何使用中国绘画技巧制作一把油纸伞（见图 2-2）。

图 2-2　油纸伞

三、学习目标——我将收获什么

（1）自主学习，了解雨水节气的相关知识，知晓中国传统绘画中不同风格的代表图案，能说出常见图案所表达的寓意。

（2）学习油纸伞伞面图案的绘制方法和步骤，能根据收伞人的喜好和需求，设计并制作一把图案新颖、配色雅致、具有浓厚中国传统韵味的且让收伞人满意的油纸伞。

（3）通过制作油纸伞，弘扬我国的传统文化，培养做事周到、细致、精益求精的工匠精神，加深对劳动最光荣的理解，养成爱劳动的好习惯。

四、制订计划——我要怎么做

在此阶段，我们要从核心驱动问题出发，思考已经知道什么，还需要知道什么，完成表 2-1。

表 2-1 制作油纸伞知需表

核心驱动问题	已经知道的信息（学生填写）	需要知道的问题
如何使用中国传统绘画技巧制作一把油纸伞	1. 2. 3.	1. 油纸伞送给谁？ 2. 油纸伞伞面图案承载的文化内涵是什么？ 3. 如何绘制伞面图案？ 4. 怎样制作油纸伞？ 5. 油纸伞伞面的制作技巧有哪些

从需要知道的问题中，找到解决问题和劳动实践的方向。首先，我们需要获取相关资讯，做好关于劳动的知识准备；其次，明确开展哪些劳动任务来解决核心驱动问题；最后，每个劳动任务的完成都将产出劳动成果。制作油纸伞计划表如表 2-2 所示。

表 2-2 制作油纸伞计划表

资讯分析	工作实施	劳动成果
资讯1：油纸伞的相关知识	劳动任务1：设计油纸伞伞面的绘制方案	油纸伞伞面的绘制方案
资讯2：油纸伞伞面的原材料选择和绘制技巧	劳动任务2：绘制油纸伞伞面	绘制好的油纸伞伞面
资讯3：油纸伞组装的方法	劳动任务3：组装油纸伞	油纸伞成品

五、劳动过程——我如何做好这件事

第一阶段 资讯分析

资讯1 油纸伞的相关知识

1. 传统油纸伞

制作油纸伞的传统工艺手法是非常烦琐复杂的,有选竹、做伞骨架、上伞面、绘制伞面、上油等步骤。制作油纸伞的所有步骤全部需要依靠工匠手工完成,民间有谚语"工序七十二道半,搬进搬出不肖算",所以没有一定的制作手艺功底和毅力是无法完成的。一把好的油纸伞凝聚着工匠的心血和对传统文化的敬意。

2. 油纸伞的寓意及用途

作为经久耐用的中国传统雨具,油纸伞已经有1000多年的历史。它所承载的文化及雅致天成的美感,是现代工业流水线生产的尼龙钢架伞无法比拟的。油纸伞因其历史悠久,内涵丰富,寓意吉祥,深受国人的喜爱。油纸伞的文化内涵如表2-3所示。

表2-3 油纸伞的文化内涵

寓意	说明
多子、多福	油纸与"有子"音近;伞骨为"人"字形,一把伞的伞架由几十个"人"字形的伞骨组成;"伞"字繁体是"傘",人字头下面有四个"人"字,象征五子登科
节节高升	伞骨为竹,竹报平安,寓意节节高升。我们可以将载有祝福寓意的油纸伞送给即将考试的朋友,预祝他金榜题名
喜庆团圆	油纸伞伞面涂成红色,代表喜庆;伞面为圆形,寓意美满、团圆。很多地方结婚、生子、乔迁、高升等依然保持着送红色油纸伞的习俗
祭祀	用油纸伞祭祀先灵,表示对祖先的怀念与尊重

伞面作为油纸伞的重要组成部分,其图案的设计、颜色的配比对于油纸伞的整体效果起着至关重要的作用。设计并绘制一款图案新颖、配色雅致、具有浓厚的中国传统韵味的伞面,是油纸伞制作过程中具有重要意义的一个环节。

3. 伞面图案的寓意

(1)中国传统绘画中不同风格的代表图案如图2-3所示。

(a)	(b)	(c)	(d)	(e)
山水画风格	花鸟画风格	简笔画风格	脸谱风格	书法风格

图 2-3　中国传统绘画不同风格的代表图案

（2）常见图案表达的寓意如表 2-4 所示。

表 2-4　常见图案表达的寓意

图案	寓意
竹	"有志有节"的精神风貌；竹报平安
荷花	花中君子；吉祥如意
梅花	梅开五福；赠友人，表达深厚的友谊
十二生肖	中国悠久的民俗文化符号

资讯 2　油纸伞伞面的原材料选择和绘制技巧

1. 原材料的选择

传统绘画颜料通常采用水粉颜料，而现代丙烯颜料的使用增强了图案的牢固性，提升了固色效果，因此被广泛使用。不同绘画颜料的特点如表 2-5 所示。

表 2-5　不同绘画颜料的特点

绘画颜料	特点
油画颜料	用松节油作为调和的媒介，颜料干后颜色会有一定的光泽度，耐水
水粉颜料	属于不透明的粉质，怕水，容易变色
丙烯颜料	多用水调和，颜色比较饱满、透亮，有一定的耐水性
水彩颜料	以水为媒介调和，透明度高，鲜艳度高且着色较深，对绘画面料有一定的要求

选择合适的绘画工具也很重要，不同的绘画工具有各自的特点，如表 2-6 所示。

表 2-6　不同绘画工具的特点

绘画工具	特点
狼毫或呢绒平头画笔	特点是比较宽大，适合宽阔、拖扫式的笔触，可用平头的侧峰画宽一点的线条
羊毫椭圆形画笔	特点是吸水能力强，笔尖的聚拢效果好，可以用笔尖绘制细线，还可以用画笔横画
兼毫毛笔	内部是硬毛，外部是一层软毛，刚劲有力，可用平头侧边画出锋利的直线

2. 油纸伞伞面的绘制技巧

1）伞面底色与图案颜色的搭配方法

一般情况下，为突出图案效果，伞面与图案尽量使用互补色或对比色，这样就可以形成比较鲜明的对比，使人一眼就能看到图案。在中国传统绘画中，人们经常使用这种对比来烘托画面线条的美感，利用点线面的组合，营造出丰富的图案变化，体现以线条表现为主的画面风格。

2）图案元素的构图与布局

在图案元素的构图与布局方面，中国传统绘画经常采用疏密对比的手法：整体经常采用曲线构图，做到前后或左右相呼应；布局上讲究疏密得当、虚实相生；空间上特别注意留白，也就是画面不能全部绘制图案，一定要保留空间感，也就是俗话说的"留白"。

3）使用油画棒、彩铅等绘画工具时的注意事项

如果使用油画棒、彩铅等绘画工具，一定要注意适当遮挡已画好的部分。由于在绘画过程中有可能会发生划擦，导致原来绘制好的部分被涂抹，失去应有的整洁效果。

4）简笔画的绘画步骤

简笔画作为绘制油纸伞伞面的一般手法，易于不同程度的学生操作。

首先，使用铅笔在油纸伞的伞面上起稿，参考需要绘制的图案在伞面上进行定稿。在绘制过程中，如果出现需要调整的地方，可以用橡皮擦掉不要的线条重新进行定稿，直到线稿满意为止。

其次，使用油性画笔，沿着确定的线稿进行描绘。不同粗细的线条选择用不同粗细的油性画笔完成，注意笔与笔之间的连接要密实，不要散开。

最后，用油性画笔定好稿之后，选择不同颜色的油性画笔，在不同的线条框选区域内，参考图案资料进行着色绘制。

资讯3 油纸伞组装的方法

（1）将伞架撑开，为了美观起见，注意调整伞骨的均匀状况。

（2）将绘制好的伞面覆盖在伞架上，伞顶用顶盖固定，如不够牢固，可以涂抹手工白胶。

（3）为方便操作，可将手工白胶均匀涂抹一半伞骨，把同一边的伞面盖在涂好手工白胶的伞骨上，用手轻轻按压，将伞面固定在伞骨上，另外一半以同样的手法操作。等手工

白胶晾干后，一把漂亮的油纸伞就做好了。

第二阶段 工作实施

绘制油纸伞课程在省略制作骨架环节的基础上，简化为三个步骤：设计方案、绘制伞面和组装。

劳动任务1 设计油纸伞伞面的绘制方案

油纸伞伞面风格多样，其所蕴含的寓意也不同，我们要了解收伞人的喜好和需求进行设计和制作。

先对收伞人喜爱的中国元素进行调研，如书法风格、花鸟画风格等。调研后进行需求分析，以此来确定伞面的图案，完成表2-7。

表2-7 油纸伞需求调研表

调研对象		年龄		性别		国籍	
调研问题				记录关键信息			
1. 你喜欢含有中国元素的设计风格吗？ 2. 在"中国汉字""中国十二生肖""京剧脸谱""花鸟"几种图案中，你更喜欢哪一种？ 3. 你希望油纸伞伞面图案是清新淡雅的配色还是色彩斑斓的配色							

对调研结果进行统计和梳理，根据示例完成表2-8。

表2-8 赠送对象情况表

赠送对象	年龄/岁	性别	国籍	喜欢的中国元素	喜欢的配色
外国老师	30	女	美国	花草	清新淡雅

在调研的基础上，选定图案，根据示例方案完成表2-9。

表2-9 油纸伞伞面的绘制方案

示例方案：荷花伞面油纸伞设计		我的方案：_____	
伞架	竹伞架（购置）	伞架	
伞面选定的图案	荷花	伞面选定的图案	
配色方案	清新配色	配色方案	
图案承载的文化内涵	花中君子	图案承载的文化内涵	
备注		备注	

劳动任务 2　绘制油纸伞伞面

1. 原材料和工具准备

原材料：伞面布（由于传统油纸伞的伞纸过于薄透，并且绘制完成后需要一片一片地粘贴还要刷上桐油，课堂条件有限无法实现，所以简化为在购置的伞面布上进行绘制）。

工具：狼毫绘画笔（粗、中、细各一支）、油性勾线笔、（32色）彩铅或彩色油性水笔、2B 铅笔、橡皮、水粉颜料、调色盘等。

2. 绘制

（1）使用 2B 铅笔在伞面布上确定主体物体的位置，画出主体物体和环境物体的形态线。如果需要调整，可以用橡皮擦掉不要的线条重新画。伞面线稿图如图 2-4 所示。

图 2-4　伞面线稿图

（2）选择油性勾线笔和（32色）彩铅或彩色油性水笔等，在伞面线稿图上进行勾线绘制并在勾好的线稿上进行填色，伞面填色图如图 2-5 所示。

图 2-5　伞面填色图

（3）用水粉颜料在调色盘上调好需要的颜色，使用狼毫绘画笔进行整体涂色，之后对图案进行精细修整，一个漂亮的伞面就绘制完成了。伞面精修图如图2-6所示。

图2-6　伞面精修图

劳动任务3　组装油纸伞

原材料和工具：伞架（见图2-7）、手工白胶、绘制好的伞面。

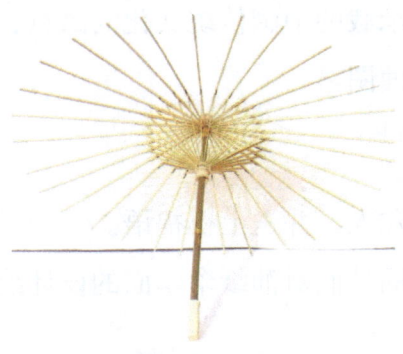

图2-7　伞架

将绘制好的伞面用手工白胶按照一定步骤粘贴在伞架上，如图2-8所示。耐心等待手工白胶干透，一把漂亮的油纸伞就做好了，如图2-9所示。

图2-8　粘贴伞面

图 2-9　油纸伞成品

六、劳动成果——我的作品展示

我们的成果是为外国友人量身定制的一把油纸伞,可在班级以角色扮演的方式组织一次正式的赠送活动。

班级分享活动

(1)介绍油纸伞伞面图案承载的中国传统文化的寓意。

(2)展示设计的油纸伞伞面图案。

赠送活动

(1)将油纸伞赠送给外国友人,并送上祝福语。

(2)进行满意度调查,请同学们对油纸伞伞面的设计绘画进行反馈。

七、劳动评价——我做得怎么样

劳动结束后完成表 2-10。

表 2-10　评价表

评价指标	评价分值				得分		
	16～20 分	11～15 分	6～10 分	1～5 分	学生自评	组内互评	教师评价
节气知识学习	熟悉雨水节气的特点,能将节气的特点讲给他人,对中国传统文化有更深入的了解	知道雨水节气的特点,能将节气的主要特点讲给他人	大致了解雨水节气的特点,能讲出节气的时间和大致特点	不了解雨水节气的特点			

续表

评价指标	评价分值				得分		
	16～20 分	11～15 分	6～10 分	1～5 分	学生自评	组内互评	教师评价
劳动技能掌握	能根据收伞人的喜好设计油纸伞伞面，掌握油纸伞伞面的绘制技巧和步骤，制作的油纸伞图案美观、尺寸合理	熟悉油纸伞伞面的绘制技巧和步骤，制作的油纸伞图案美观、尺寸合理	知道油纸伞伞面的绘制技巧和步骤，制作的油纸伞尺寸合理	了解油纸伞伞面的绘制技巧和步骤			
创新实践体现	在完成任务的基础上，能够创新劳动方法和成果，并能将所学运用到生活中的其他方面	在完成任务的基础上，能够创新劳动方法，有新的成果	在完成任务的基础上，能够创新劳动方法	基本能够完成任务，没有新的劳动方法和成果			
劳动态度形成	深刻体会到劳动的价值，有成功的体验，很有获得感，能将劳动中学会的知识和技能运用到未来的生活中	能体会到劳动的价值，有成功的体验，很有获得感	知道劳动的价值，稍有成功的体验，也有一点儿获得感	知道劳动的价值，但是还没有成功的体验			
劳动成果展示	劳动规划合理，能大胆展示劳动成果，并能够用流畅的语言做详细解释	劳动规划合理，能展示劳动成果，并能做解释	劳动规划基本合理，能展示劳动成果	有劳动规划，能适当展示成果			
合计（将评价指标中五项的得分相加）							
总分=学生自评合计值×30%+组内互评合计值×30%+教师评价合计值×40%							
评价等级（优秀：85 分及以上；良好：75～84 分；达标：60～74 分；有待提高：60 分以下）							
学习回顾与反思							

八、知识拓展

初春小雨

〔唐〕韩愈

天街小雨润如酥，

草色遥看近却无。

最是一年春好处，

绝胜烟柳满皇都。

作者简介

韩愈（768—824），字退之，唐代文学家、哲学家、思想家。

诗词赏析

这是一首描写和赞美早春美景的七言绝句。京城街道上空细雨纷纷，细雨像酥油般细密而滋润；远望草色依稀连成一片，近看时却显得稀疏零星。这是一年中最美的季节，远胜过绿柳满城的春末。

诗词意境

这首诗咏的是早春，能摄早春之魂，给读者以无穷的美感趣味，这甚至是绘画所不能及的。从冬天的寒冷到春天的温暖，从皑皑白雪到绵绵细雨，从荒芜的大地到草色入帘，从光秃干枯的枝干到弯弯细柳，一切都表明春天越来越近了。万物处于萌芽状态，充满生机，充满希望，颇有特色。"天街""皇都"又是什么？细读、细品，能体味出作者于晚年重新回到皇都任职的喜悦之情及不掩于人的幸福感。

惊蛰，春雷万物长，一抹绿植送清香——薄荷种植

一、情境导入

惊蛰（见图 3-1）是二十四节气中的第三个节气，于每年公历 3 月 5—6 日交节。"惊"为惊醒，"蛰"为动物冬眠。"微雨众卉新，一雷惊蛰始。"惊蛰节气，天气转暖，春雷初响，蛰伏于地下越冬的蛇虫鼠蚁等动物苏醒过来，开始出土活动。大自然有了新的活力，呈现出一片欣欣向荣的景象。

中国劳动人民自古就很重视惊蛰节气，把它视为春耕开始的时节，民间更是有"春雷响，万物长"的说法。让我们在惊蛰节气播撒种子，亲手培育一株绿植，感受播种劳动带来的快乐。

图 3-1　惊蛰

二、明确任务——我要做什么

惊蛰节气，让我们一起种一盆薄荷（见图 3-2），体验种植绿植的快乐。本项目的核心驱动问题为如何培育一盆旺盛的薄荷。

图 3-2　薄荷

三、学习目标——我将收获什么

（1）自主学习，了解惊蛰节气的相关知识，能说出"春雷响，万物长"的含义。感受春气萌动，大自然欣欣向荣景象的美好。

（2）学习薄荷种子萌发、育苗的相关知识，能独立培育一盆旺盛的薄荷，体会到做事持之以恒的意义和劳有所获的快乐。

（3）通过完成绿植培育项目，体验培育绿植所需要的科学方法和足够的耐心，学会让中医药文化更好地为我们的生活服务，进一步体会劳动带来的价值。

四、制订计划——我要怎么做

在此阶段，我们要从核心驱动问题出发，思考已经知道什么，还需要知道什么，完成表 3-1。

表 3-1　种植薄荷知需表

核心驱动问题	已经知道的信息（学生填写）	需要知道的问题
如何培育一盆旺盛的薄荷	1. 2. 3.	1. 薄荷叶子有什么用途？ 2. 如何让种子萌发？ 3. 如何让薄荷长得旺盛？ 4. 薄荷的中药功效是什么？ 5. 如何储存薄荷叶子

从需要知道的问题中，找到解决问题和劳动实践的方向。首先，我们需要获取相关资讯，做好关于劳动的知识准备；其次，明确开展哪些劳动任务来解决核心驱动问题；最后，每个劳动任务的完成都将产出劳动成果。种植薄荷计划表如表 3-2 所示。

表 3-2　种植薄荷计划表

资讯分析	工作实施	劳动成果
资讯 1：盆栽绿植的相关知识	劳动任务 1：准备培育薄荷用的原材料	原材料
资讯 2：薄荷种子萌发的方法	劳动任务 2：萌发种子	萌发的种子
资讯 3：培育幼苗的方法	劳动任务 3：培育幼苗	幼苗
资讯 4：薄荷叶子的采摘和储存方法	劳动任务 4：薄荷叶子的采摘和储存	茶饮的薄荷叶子

五、劳动过程——我如何做好这件事

第一阶段 资讯分析

资讯1 盆栽绿植的相关知识

1. 幼苗的繁殖方法

1）播种法

一年生的花草植物多是用播种法种植的，选择健康饱满的种子，合理催芽，直接撒播即可。种下后覆盖薄土，适量浇水，很快种子就会萌发出幼苗。用播种法种植的花草，生长速度很快。

注意事项：播种时要选完整、成熟度高的种子；播种前先浸泡催芽，等种子吸足水分后再种下，这样会使出苗速度较快；处理好的种子直接撒在土壤表面，覆盖一层薄土，适当喷洒水分即可；要清楚它们的生长习性，对光照、水分、肥料等的要求；种下后提供适宜的环境，这样种子很快就会出苗。

2）扦插法

选择生长健壮的茎叶，蘸取生根粉，插入通透性好的基质中，很快就能生根成活。

注意事项：要选择生长健壮的茎叶；最好蘸取生根粉，或者在生根溶液中浸泡一会儿，提高成活率；扦插所用的基质要松软、透气、透水；插入基质后要及时浇透水，提供温暖、通风好的环境，如此可促使茎叶尽快生根成活。

3）压条法

选择没有病虫害、生长较为健壮的枝条，将枝条压入土壤中，等生根后再和原来的枝条分离开，使它成为独立的个体，分开栽种。

注意事项：压条法有堆土压条、空中压条及水平压条，应根据植物的具体种类选择不同的方法。

2. 绿植的浇水方法

通常给绿植浇水应在凉爽无风的早晨或傍晚，此时水分最不易蒸发流失。切勿在晚上给容易患病的绿植浇水。如果天气炎热，土壤是干燥的沙土，绿植密集，或者种植容器内绿植拥挤，就需要浇更多的水；如果天气凉爽，土壤有黏性并且吸湿性强，绿植稀疏，就少浇些水。

水渗透土壤，能够促使绿植根部茁壮成长。幼小或新栽的绿植周围的土壤表层需要更多的水分，应该增加浇水次数，6 天左右一次，使绿植牢固扎根。根系发达的成熟绿植可以大量浇水，4 天左右一次。

资讯 2　薄荷种子萌发的方法

选择颗粒饱满、有生命力且已度过休眠期的种子，并保证有充足的水分、适宜的温度和足够的氧气。

（1）要保障土壤湿度为 70%，种子吸水量为干种子重量的 30% 左右才能发芽。种子表皮吸足水，膨胀、软化，氧气才容易透入，呼吸才能增强，种子才能进入萌动期。

（2）将温度保持在 30℃~32℃。种子萌发时，胚乳或子叶内有机养料的分解，以及由有机和无机物质同化的原生质，是在各种酶的催化作用下完成的，而酶的催化作用需要在一定的温度下才能进行。

（3）保证通风，获得足够的氧气。种子得到充足的水分和适当的温度后，就开始萌动，此时氧气的供应对种子萌发起着主导作用。在氧气充足的情况下，胚细胞的呼吸作用逐渐加强，酶的活动逐渐旺盛，种子中的贮藏物质通过呼吸作用，提供中间产物和能量，充分供应种子萌发的需要。播种后如遇雨，要注意松土，控制和调节氧气的供应，使种子萌发正常进行。

资讯 3　培育幼苗的方法

薄荷幼苗的培育需要达到一定的条件，如表 3-3 所示。

表 3-3　薄荷幼苗培育需要的条件

条件	具体
温度	25℃左右
湿度	70%
光照	长日光照

1. 浇水

刚出的幼苗浇水时一定要轻，水量也要少，保持土壤微微湿润即可。浇水一般在晴天的早晨或傍晚进行，水质以干净的河水、雨水为宜。切忌在中午、雨天浇灌，避免幼苗受涝，影响后期生长。

2. 通风及温度

刚长出的幼苗对环境变化比较敏感，一般要将温度控制在 25℃ 左右。白天气温过高时，要揭膜透风，以免烧苗，夜间再重新盖膜，起到保温的作用。

3. 松土

先用小竹签沿着花盆内壁边缘撬松土壤，只撬开上面薄薄一层即可。然后双手捧着花盆，轻轻拍打几下外壁，直到花盆中的表层土壤松弛、均匀为止，这样花盆内壁边缘的土壤也会松开。再用坚硬的木棍或木棒沿着花盆内壁插入直到盆底，谨慎松土，注意避免伤到薄荷根部。

4. 施肥

种子萌发期间，胚乳的营养就足够了，因此应科学使用肥料，控制用量，可以将肥料放于花盆底部，也可以在距离薄荷根部较远的地方，将肥料均匀浅埋于土中。在 3—4 月，每两周给薄荷幼苗施肥一次，轻施复合肥，口径 10~18 厘米的花盆用量为 1~2 克，以免前期生长过旺，导致后期落叶与倒伏。可食用薄荷的生长期很长，应坚持勤施薄肥的原则，避免过量灼伤根系。到了 6 月中上旬之后，再施一次肥（3~4 克），之后就不用再施肥了。

资讯 4　薄荷叶子的采摘和储存方法

薄荷叶子既是中药，又可以作为食物来食用，或者制成清凉饮品。采摘薄荷叶子，应在晴天的上午 10 点或下午 3 点前后，剪取生长出 5 天的嫩叶，放在晾晒盘里，置于通风处，在半阴的光照下晾干。晾干后扎成小束，切掉无叶的梗，装入瓶中，注意保持干燥。

第二阶段　工作实施

劳动任务 1　准备培育薄荷用的原材料

从培育薄荷到收获薄荷叶子主要经过三个阶段：萌发种子、培育幼苗、薄荷叶子的采摘和储存。请根据示例表 3-4，自主填写薄荷种植原材料和工具单，完成表 3-5。

表 3-4　薄荷种植示例原材料和工具单

名称	数量	规格
薄荷种子	1 袋	5 克
水	—	2 升

续表

名称	数量	规格
烧杯	1个	200毫升
沙质土壤	—	1千克
托盘	2个	30厘米×30厘米×4厘米
氮磷钾复合肥料	1桶	400克/200克
纱布	2块	15厘米×15厘米
小勺	1个	直径3厘米（头）、柄长7厘米
花盆（塑料盆或瓦盆）	1个	上圆半径5厘米，高11厘米
小 铲	1把	15厘米×8厘米
喷壶	1个	2升
晾晒盘	2个	30厘米×30厘米×4厘米
小剪刀	1把	全长14厘米，刃长6厘米
茶叶罐	1个	8厘米×8厘米×10厘米

表3-5　我的薄荷种植原材料和工具单

名称	数量	规格

劳动任务2　萌发种子

1. 原材料和工具准备

原材料：薄荷种子、水。

工具：烧杯、托盘、纱布、小勺、喷壶。

2. 催芽处理

（1）将薄荷种子放入烧杯中，用水清洗干净，把水倒出。

（2）将50毫升25℃的水倒入烧杯中，放在阳光下，浸泡种子5个小时左右。

（3）在托盘上放一层纱布，然后用小勺将烧杯中的种子和水均匀撒在纱布上，放在光照环境下进行催芽处理，在上面覆盖一层浸湿的纱布。每天用喷壶喷水保湿，大概20天即可露白，如图3-3和图3-4所示。

图 3-3 催芽露白

图 3-4 催芽露白放大

劳动任务 3　培育幼苗

1. 工具准备

花盆、沙质土壤、氮磷钾复合肥料。

2. 具体操作

1）土壤准备

用小铲将沙质土壤铲入花盆，进行暴晒消毒，再浇入适量的水，加入氮磷钾复合肥料3克，进行松土处理，使土壤保持疏松湿润的状态。

2）栽种

将发芽后的种子分别置于土壤中，切忌过密，保持每盆8颗，栽种后用一层2~3厘米的土壤将其覆盖，浇入少量的水分，使土壤保持湿润状态，放在阳光较好的地方就可以了。20~28天后萌发出苗，如图3-5所示。

图 3-5　出苗

3. 栽后管理

1）浇水

当薄荷定植后要保持土壤湿润，幼苗期应每隔一周浇水一次。

2）施肥

坚持勤施薄肥，每两周施加氮磷钾复合肥料1~2克，施肥后要浇水。

3）除草

生长中期要不定期地进行除草处理，以免养分的消耗，这样薄荷就会生长得更为茂盛。

劳动任务 4　薄荷叶子的采摘和储存

1. 工具准备

小剪刀、晾晒盘、茶叶罐。

2. 采摘

用小剪刀剪取生长出 5 天的嫩叶，放在晾晒盘里。

3. 晾晒

将盛有薄荷叶子的晾晒盘放在通风处，在半阴的光照下晾干。

4. 储存

晾干后扎成小束，切掉无叶的梗，装入茶叶罐中，注意保持干燥。

六、劳动成果——我的作品展示

我们的劳动成果是旺盛的薄荷，如图 3-6 所示，可组织一次班级分享活动。

图 3-6　旺盛的薄荷

班级分享活动

（1）展示薄荷绿植。

（2）分享种植薄荷的日记。

七、劳动评价——我做得怎么样

劳动结束后完成表3-6。

表 3-6　评价表

评价指标	评价分值				得分		
	16～20 分	11～15 分	6～10 分	1～5 分	学生自评	组内互评	教师评价
节气知识学习	熟悉惊蛰节气的特点，能将节气的特点讲给他人，对中国传统文化有更深入的了解	知道惊蛰节气的特点，能将节气的主要特点讲给他人	大致了解惊蛰节气的特点，能讲出节气的时间和大致特点	不了解惊蛰节气的特点			
劳动技能掌握	掌握绿植的育苗方法，并熟练掌握培育薄荷的方法。薄荷长势旺盛，枝干健壮，叶片大，薄荷味道浓郁，叶子嫩绿清新	熟悉绿植的育苗方法，并掌握培育薄荷的方法。薄荷长势良好，叶子嫩绿清新	知道绿植的育苗方法，并了解培育薄荷的方法。薄荷长势较好	了解培育薄荷的方法。薄荷长势较好			
创新实践体现	在完成任务的基础上，能够创新劳动方法和成果，并能将所学运用到生活中的其他方面	在完成任务的基础上，能够创新劳动方法，有新的成果	在完成任务的基础上，能够创新劳动方法	基本能够完成任务，没有新的劳动方法和成果			
劳动态度形成	深刻体会到劳动的价值，有成功的体验，很有获得感，能将劳动中学会的知识和技能运用到未来的生活中	能体会到劳动的价值，有成功的体验，很有获得感	知道劳动的价值，稍有成功的体验，也有一点儿获得感	知道劳动的价值，但是还没有成功的体验			
劳动成果展示	劳动规划合理，能大胆展示劳动成果，并能够用流畅的语言做详细解释	劳动规划合理，能展示劳动成果，并能做解释	劳动规划基本合理，能展示劳动成果	有劳动规划，能适当展示成果			
合计（将评价指标中五项的得分相加）							
总分=学生自评合计值×30%+组内互评合计值×30%+教师评价合计值×40%							
评价等级（优秀：85 分及以上；良好：75～84 分；达标：60～74 分；有待提高：60 分以下）							
学习回顾与反思							

八、知识拓展

惊蛰

〔唐〕刘长卿

陌上杨柳方竞春,

塘中鲫鲥早成荫。

忽闻天公霹雳声,

禽兽虫豸倒乾坤。

作者简介

刘长卿(生卒年不详),唐代诗人。

诗词赏析

陌上杨柳刚刚抽芽,枝叶稀少,尚未能成荫。而池塘中的鲫鱼、鲥鱼嬉戏游动,像杨柳倒影入水成荫。春天的第一声雷响,惊起蛰伏的世间万物。

本诗前两句应景生文,见文如画,后两句师法自然,洞见世间万物阴极阳生的规律。

诗词意境

时至惊蛰,阳气上升,气温回暖,春雷、杨柳、雨水、花鸟鱼虫编织出了一幅生动的画面,刻画出春雷乍响、雨水渐多、万物生机盎然的景象。我们跟随着诗人的脚步,走进生机勃勃的春天。

春分，忙趁东风放纸鸢——沙燕风筝制作

一、情境导入

春分（见图 4-1）是二十四节气中的第四个节气，于每年公历 3 月 19—22 日交节。春分时节正是杨柳青青的胜春时节。自古以来，人们就有放风筝的习俗。风筝制作是一项中国民间传统技艺，位列国家级非物质文化遗产名录，沙燕风筝更是其中的一个代表性符号。

放风筝是一种很好的全身运动。踏青时节，一线在手，看着风筝乘风高飞，随风上下。在放风筝的过程中，人们要不停地跑动、牵线、控制，全身的肌肉、关节都要参与活动，有利于放松筋骨，活动肌肉。《燕京岁时记》中还提到放风筝对眼睛的好处："儿童放之空中，最能清目。"这是由于在放风筝时，眼睛要一直盯着看高空中的风筝，远眺可以调节眼肌，消除眼疲劳，从而达到保护视力的目的。

图 4-1 春分

二、明确任务——我要做什么

风筝中最有代表性的是沙燕风筝（见图 4-2），相比普通风筝其有很多不同之处，但制作方法较为复杂，对原材料和制作工艺的要求都很高。本项目的核心驱动问题为如何利用现代技术来解决沙燕风筝的制作难点。

图 4-2 沙燕风筝

三、学习目标——我将收获什么

（1）自主学习，了解春分节气的相关知识。知晓沙燕风筝的制作步骤和特点，通过放风筝，感受春天的美好。

（2）通过观看老艺人制作沙燕风筝的视频，总结沙燕风筝的制作方法，小组合作完成沙燕风筝部分环节的制作，体验传统老艺人严谨细致的工匠精神。

（3）反复观看使用现代技术制作沙燕风筝关键零件的视频资料，懂得利用现代技术不断促进传统工艺的优化和完善，推动传统文化的传承与创新。通过沙燕风筝的制作，感受非遗风筝文化的博大精深，提高创新意识。

四、制订计划——我要怎么做

在此阶段，我们要从核心驱动问题出发，思考已经知道什么，还需要知道什么，完成表 4-1。

表 4-1 制作沙燕风筝知需表

核心驱动问题	已经知道的信息（学生填写）	需要知道的问题
如何利用现代技术来解决沙燕风筝的制作难点	1. 2. 3.	1. 沙燕风筝与普通风筝相比有什么不一样？ 2. 为什么手工制作沙燕风筝的人越来越少（沙燕风筝制作难点分析）？ 3. 现代技术包括哪些？ 4. 如何用现代技术攻克沙燕风筝的制作难点？ 5. 如何举行一次风筝放飞活动

从需要知道的问题中，找到解决问题和劳动实践的方向。首先，我们需要获取相关资讯，做好关于劳动的知识准备；其次，明确开展哪些劳动任务来解决核心驱动问题；最后，每个劳动任务的完成都将产出劳动成果。制作沙燕风筝计划表如表 4-2 所示。

表 4-2 制作沙燕风筝计划表

资讯分析	工作实施	劳动成果
资讯 1：认识沙燕风筝	劳动任务 1：设计用现代技术优化沙燕风筝的制作方案	优化方案

续表

资讯分析	工作实施	劳动成果
资讯 2：如何应用现代技术攻克沙燕风筝的制作难点	劳动任务 2：制作沙燕风筝的关键零件	关键零件
资讯 3：模板式的装配、绑轧、绘制图案与美化	劳动任务 3：总体装配、美化及绑拴提线	沙燕风筝
资讯 4：沙燕风筝放飞的注意事项	劳动任务 4：放飞沙燕风筝	放飞沙燕风筝的体验

五、劳动过程——我如何做好这件事

第一阶段 资讯分析

资讯 1　认识沙燕风筝

1. 沙燕风筝简介

　　沙燕风筝是以燕子为造型，用竹子、纸张、绢、绸等材质，经过扎、糊、绘等工序制作而成的，其用料讲究，造型严谨，构图丰满，色泽明快，具有吃大风、起飞快、放飞后既高又稳等特点，是北京风筝的一个重要流派，如图 4-3 所示。

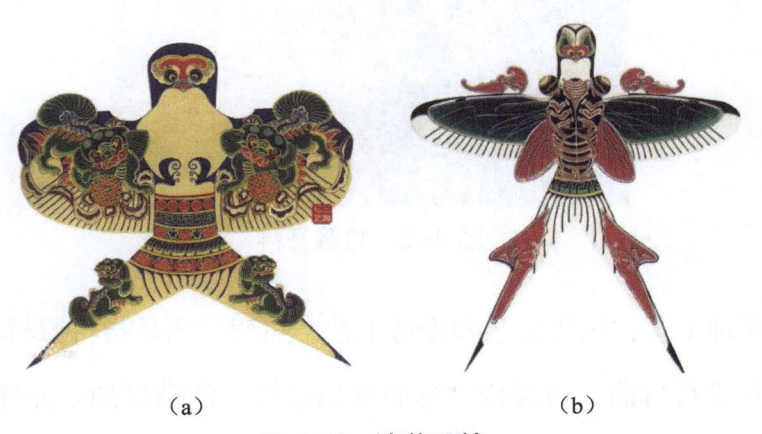

（a）　　　　（b）

图 4-3　沙燕风筝

　　沙燕风筝由门条、上膀条、下膀条、尾条和翅翼构成，其中尾条为对称两个，翅翼为对称四个，其他各一，沙燕风筝骨架图如图 4-4 所示。

　　沙燕风筝的制作讲究扎、绘、糊、放四艺。制作沙燕风筝采用的是柔韧性好、强度佳、重量轻的竹篾，以及极其简洁的骨架结构和轻薄的棉纸，从而大大减轻了重量，同时采用仿生学原理模仿鸟类翅膀的结构，使用精心弯制的骨架零件，通过巧妙的绑扎方法和裱糊工艺使沙燕风筝的翅膀具有一定的弧度和兜风面，很好地解决了沙燕风筝放飞中的平衡问题。

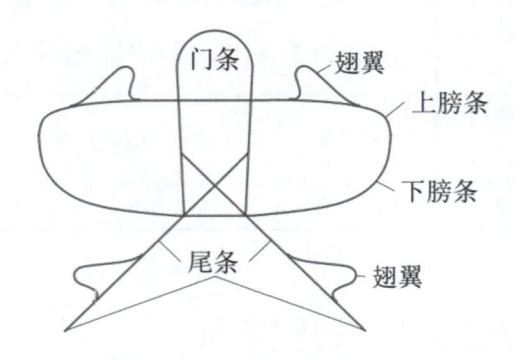

图 4-4　沙燕风筝骨架图

2. 沙燕风筝的制作步骤

1）制作竹篾

这是沙燕风筝制作的关键，选择笔直的三年生桂竹，将桂竹劈成宽 4～5 毫米的长条形竹篾，先浸水令竹篾变软，再用刀将竹篾破开到适当的粗度，如图 4-5 所示。

图 4-5　竹篾开料

弯制竹篾有两种工艺：热弯工艺和冷弯工艺。热弯工艺是指将原材料通过加热达到脆韧转化温度时对其进行弯曲。竹篾构件弯制须用蜡烛或酒精灯加以熏烤。待竹篾受热后，拿住两端，双手稍加用力使其弯曲，待冷却后再松手，否则竹篾会自行弹回。

冷弯工艺是指通过浸水使竹篾变软，然后保持其弯曲直到干透，从而达到弯曲定型的目的。

2）扎骨架

捆扎竹架应从沙燕风筝的中央主干部分着手。扎骨架以前，最好在所有竹篾预定扎接处用尺量准做出记号。扎完骨架后，检查各处是否对称，特殊部位需用线绷紧定型，以防骨架变形，如图 4-6 所示。

图 4-6 竹篾骨架绑扎示意

3）绘制图案与着色

将专用风筝棉纸盖在骨架上，用铅笔轻描，精确描画风筝的骨架轮廓，以便绘制定位。在各边预留出 1 厘米左右的边缘，然后按此边裁剪。绘制时，一般采用中国传统画颜料，先绘制轮廓再着色，上好色的风筝如图 4-7 所示。

图 4-7 上好色的风筝

4）裱糊表面

糊纸时除将纸边涂抹糨糊外，骨架部分也应该稍涂糨糊，然后黏接，并将裱纸多余部分卷曲裱糊于骨架上，增加裱糊强度。待糨糊干透后，还需要用砂纸打磨裱糊于骨架上的裱纸，去除多余部分，裱糊表面如图 4-8 所示。

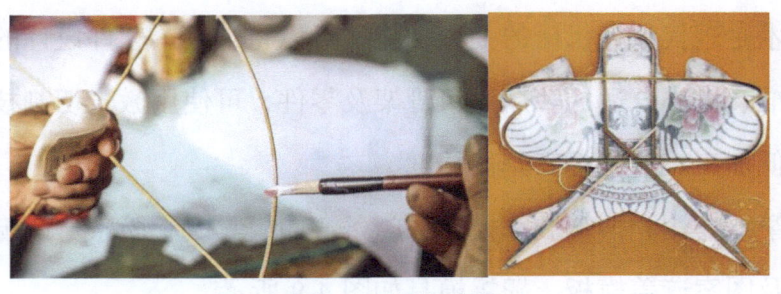

图 4-8 裱糊表面

5）绑拴提线

选择适宜的施力点绑拴提线，视骨架结构情形系一根或两根以上的提线。提线可以选用牛皮线、棉线、尼龙线等。

3．沙燕风筝的制作难点

如今能够制作沙燕风筝的手工艺人越来越少，制作难点主要有以下三点。

（1）在沙燕风筝制作中，风筝骨架结构设计要严格按照一定比例进行。风筝零件的弯制尤其是一些细小零件的弯制对工艺要求极高。

（2）沙燕风筝是无尾类风筝，其骨架绑扎对对称性和平衡性的要求极高，必须精确定点并按设计比例绑扎。另外，还需通过特殊绑扎方法使翅膀产生弧形兜风面，稍有偏差就会造成风筝无法正常飞行。

（3）沙燕风筝表面图案的绘制要与其边缘完美契合，只有少数经验丰富的老艺人才能够做到。

资讯 2　如何应用现代技术攻克沙燕风筝的制作难点

为了攻克沙燕风筝制作中的难点，本次学习引入了以下几项现代技术。

1．CAD 设计制图

CAD 是使用非常普遍的工业设计制图软件，人们可以方便地利用它进行图形绘制、图形编辑、图形建模、图片提取等。CAD 软件兼容多种平台，方便图形的制作和实现。在本次学习中，可以运用 CAD 软件设计沙燕风筝骨架模板、表面图案模板，进而通过模板和模具解决竹篾弯曲难、加工难、绑扎难、绘制难等问题。

2．激光切割技术

激光切割技术是现代数控机床的一种功能，可以将 CAD 软件设计的图纸变成现实。为了做出比例精准、大小合适的沙燕风筝骨架及零件，可使用激光切割技术为其制作模板与模具，从而降低加工难度，提高制作精度。

本次沙燕风筝需要用到捆绑装配模具、门条弯曲模具、上膀条弯曲模具、下膀条弯曲模具、翅翼模具及图案遮盖模板。翅翼模具如图 4-9 所示。

图 4-9　翅翼模具

3. 3D 打印笔

对过于精细、体积非常小的零件，先利用激光切割技术切割出模具，再运用 3D 打印笔进行填充制作，这样可以大幅提高制作成功率。

资讯 3　模板式的装配、绑轧、绘制图案与美化

通过捆绑装配模具中预留的孔洞提示，进行骨架装配与绑轧。

通过图案遮盖模板对沙燕风筝蒙皮进行裁剪、描绘与美化，如图 4-10 所示。

图 4-10　模板式的装配、绑轧、绘制图案与美化

资讯 4　沙燕风筝放飞的注意事项

（1）放飞的天气条件：风力最好为 2～4 级。

（2）放飞的场地条件：空旷的开阔地，周边没有高大树木，更不能有电线及高压线，地面平坦。

（3）安全注意事项：放飞时一定要远离行人、高大树木和电线。建议放风筝时戴手套，以防受伤。

第二阶段　工作实施

劳动任务 1　设计用现代技术优化沙燕风筝的制作方案

传统工艺与现代加工手段的对比如表 4-3 所示。

表 4-3　传统工艺与现代加工手段的对比

制作环节	传统工艺	现代加工手段
弯制竹篾	热弯	模具弯曲
翅翼制作	热弯	3D 打印笔制作
结构总装	对尺寸把握，对称性要求	根据模具制作
涂装美化	手绘	根据模具绘制

通过对比，用现代加工手段制作沙燕风筝更容易，主要有以下步骤：根据方案尺寸进行模具的设计与 CAD 制图，并通过激光切割技术加工，把模具准备好；用准备好的竹篾，把需要弯曲的门条、上膀条和下膀条零件通过模具制作出来；使用 3D 打印笔在翅翼模具上进行翅翼的制作；把制作好的风筝各部位零件通过捆绑装配模具进行总装；进行图案美化与裱糊；最后进行拴线和试飞。

劳动任务 2　制作沙燕风筝的关键零件

1. 模具设计与加工

1）模具的设计

首先通过 CAD 软件绘制沙燕风筝总体造型，骨架设计图如图 4-11 所示，单位是毫米。

根据骨架设计图来设计捆绑装配模具，如图 4-12 所示。模具设计分为两层，先将上层模具（见图 4-13）中黑线内部切下的废料移除，然后将上层模具粘贴在下层模具上（见图 4-14），注意要对齐激光雕刻出的图案（红色部分），这样在装配时风筝零件就可嵌入模具的定位槽内了。

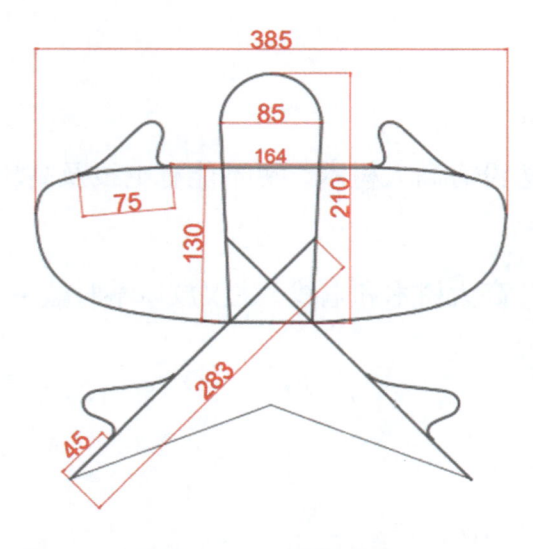

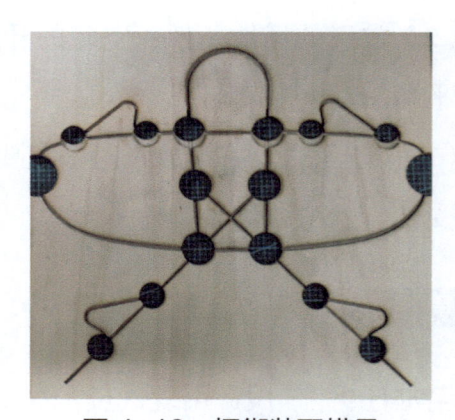

图 4-11　骨架设计图　　　　图 4-12　捆绑装配模具

图 4-13 模具上层　　　　图 4-14 模具下层

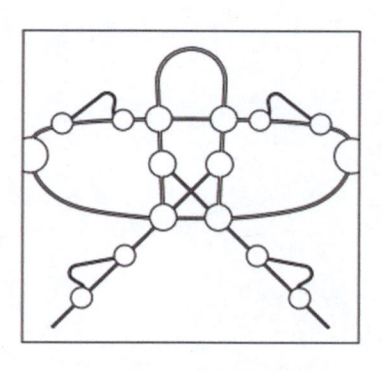

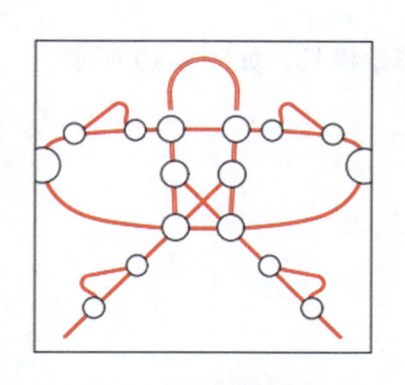

在冷弯工艺中，竹篾被弯曲后依然存在着回弹应力，所以模具的弯曲弧度要大于实际弧度，这样回弹后的竹篾会接近我们需要的造型。门条、上膀条和下膀条的模具如图 4-15 至图 4-17 所示。

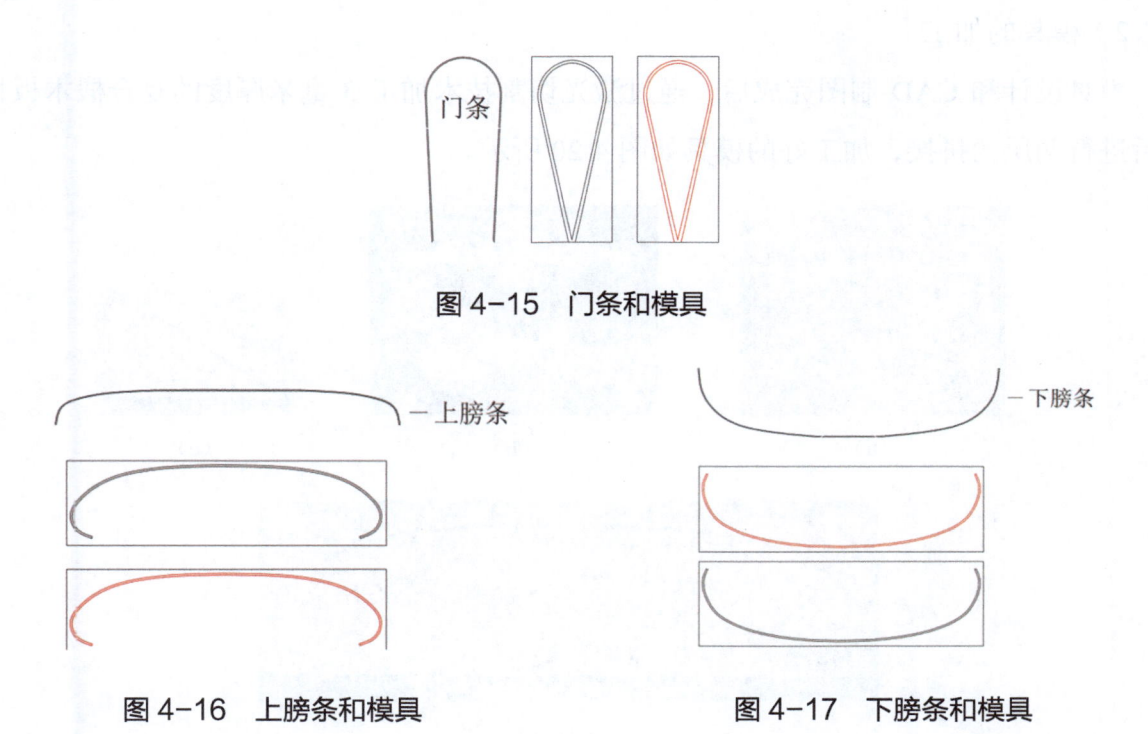

图 4-15 门条和模具

图 4-16 上膀条和模具　　　　图 4-17 下膀条和模具

用 3D 打印笔绘制翅翼模具，要对第一层进行分块处理，以便零件的取下，如图 4-18 所示。

图 4-18 翅翼和模具

绘制沙燕彩绘模具，如图4-19所示。

图 4-19 沙燕彩绘模具

2）模具的加工

模具设计和 CAD 制图完成后，通过激光切割技术加工 3 毫米厚度的复合椴木板材，然后进行两层的拼接，加工好的模具如图 4-20 所示。

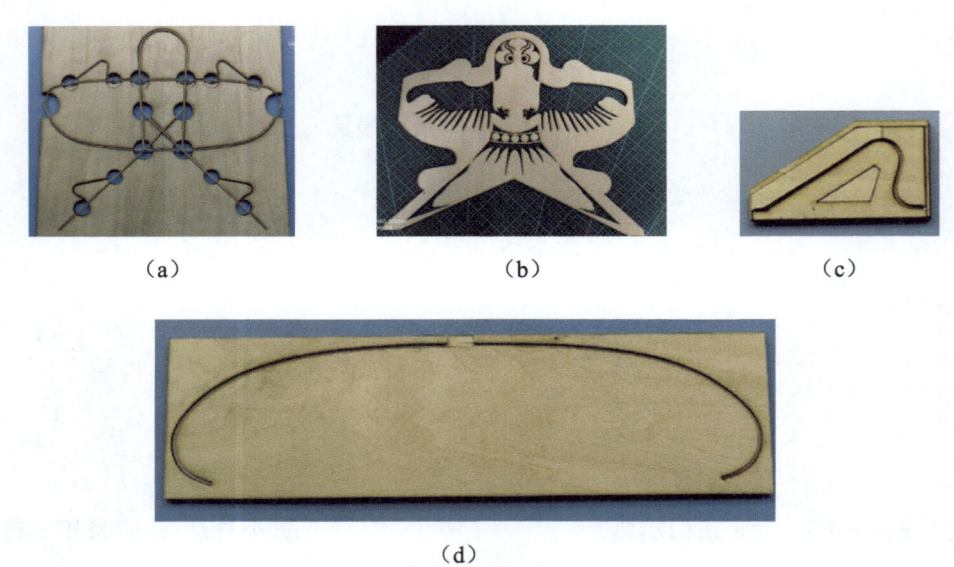

（a）　　　　　　　　（b）　　　　　　　　（c）

（d）

图 4-20 加工好的模具

2. 竹篾弯曲定型环节

本项目的沙燕风筝需要的竹篾如下：直径 3 毫米的竹篾 1 根，长度为 500 毫米；直径 2 毫米的竹篾 4 根，长度为 500 毫米。

由于采用冷弯工艺，需提前将选好的竹篾在水中浸泡一天，然后分别放入门条、上膀条和下膀条模具中定型，经过一天左右的自然风干（也可用吹风机加速这一过程）后竹篾即可弯曲定型，如图 4-21 所示。

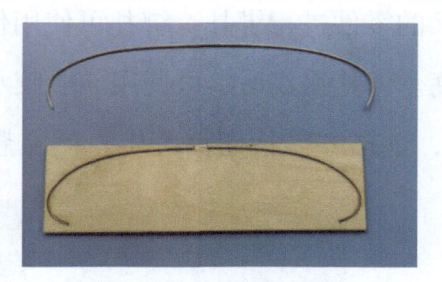

图 4-21　弯曲定型

3. 用 3D 打印笔制作翅翼环节

翅翼是沙燕风筝中制作难度最大的零件。因为尺寸较小，用热弯工艺加工，温度和弯曲力度都较难把握，所以市面上常见的沙燕风筝都省略了翅翼部分。

我们使用 3D 打印笔通过手动填充模具的方式制作翅翼，从而避免了竹篾弯曲的高难度操作，如图 4-22 和图 4-23 所示。

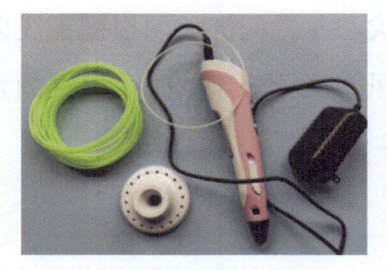

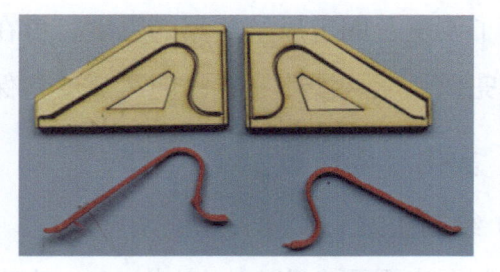

图 4-22　3D 打印笔　　　　图 4-23　加工成型的翅翼

劳动任务 3　总体装配、美化及绑拴提线

1. 总体装配

1）零件放入模具

把弯制好的零件放进捆绑装配模具的对应位置，圆孔代表绑点位置，如图 4-24 所示。

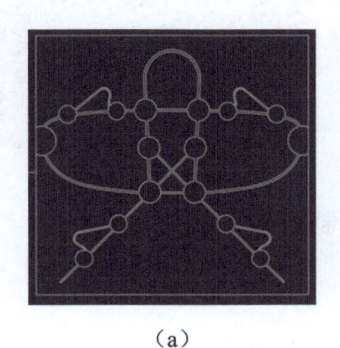

（a）　　　　（b）

图 4-24　捆绑装配模具的设计图与实物图

·045·

2）绑扎

在预留的圆孔处对有交叉的零件进行绑扎。绑扎可使用传统棉线，进行十字绑扎，以保证绑扎的牢固性及力的平衡。绑扎完成后，可使用502胶水进行加固。翅翼应采用十字交叉绑扎，而不是平面绑扎，这样才能让翅翼产生自然上翘的弧度，如图4-25所示。

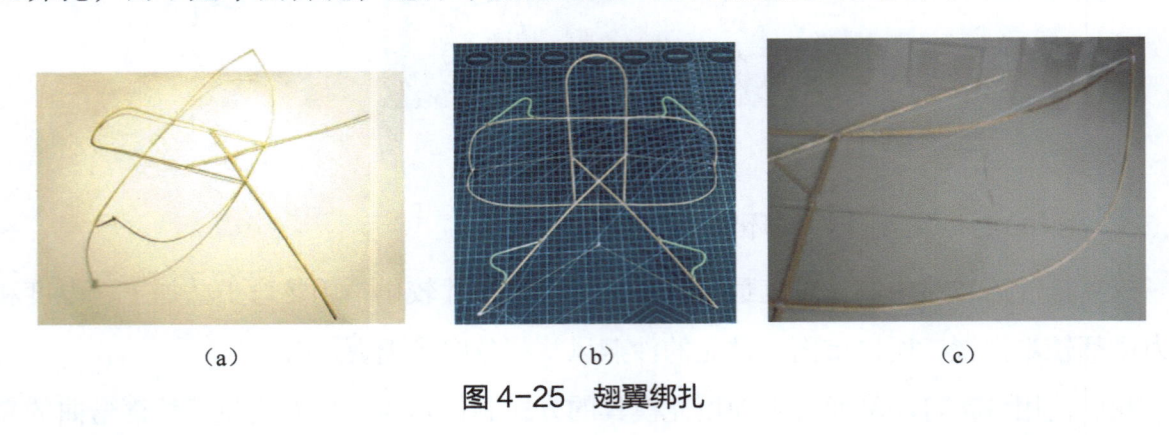

（a）　　　　　　　　　（b）　　　　　　　　　（c）

图4-25　翅翼绑扎

3）勒风筝膀线

为了调整及固定风筝翅翼的弧度，可在两个翅尖和龙骨间绑上两根固定线以拉出沙燕翅翼的兜风弧度。沙燕翅翼的兜风弧度是保证沙燕风筝飞行稳定的一个关键因素。

2. 美化

1）绘制图案

绘制图案需要一张380毫米×380毫米幅面的白色宣纸，将图案遮盖模板盖在裱糊前的纸张上进行绘制。采用图案遮盖模板是为了将图案的主要轮廓设计出镂空效果。描绘好轮廓后进行上色，如图4-26所示。

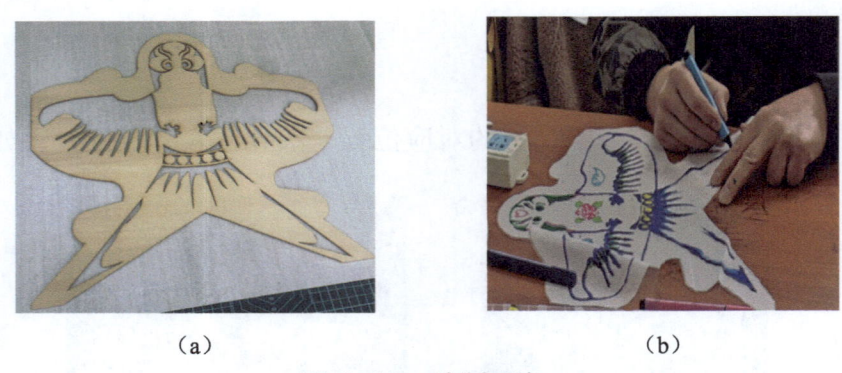

（a）　　　　　　　　　　　　　　　（b）

图4-26　绘制图案

2）风筝裱糊

裱糊：糊纸时除将纸边涂抹糨糊外，竹架部分也应该稍涂糨糊，然后黏接，并将裱纸多余部分卷曲裱糊于竹架上，增加裱糊强度。

磨边：在裱糊完成后，要用砂纸对附着于骨架的裱纸进行打磨，去除多余部分并使两者完全融合在一起，如图 4-27 和图 4-28 所示。

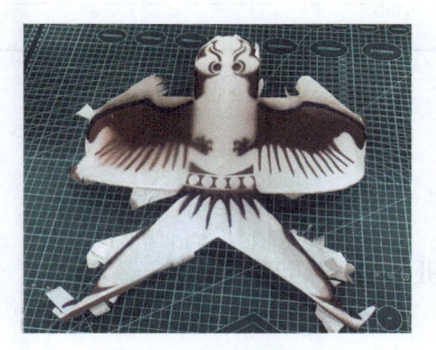

图 4-27　磨边前

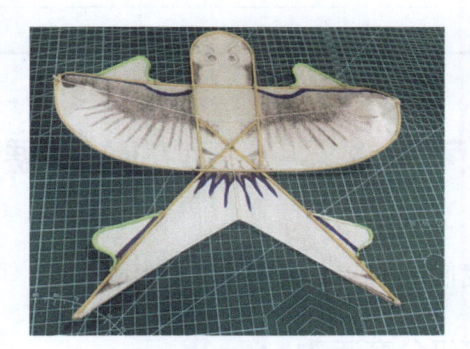

图 4-28　磨边后

3. 绑拴提线

提线是风筝与线轴相连接的关键部件，提线的绑拴及提线位置的选取是沙燕风筝是否能够顺利升空的关键因素之一。

风筝绑拴提线的方法：采用三点式的方法进行绑拴，一般采用上二下一的方式。绑点一般位于三点的前方，拉直后风筝要与水平面成 10°～15° 的角，这样便于风筝上升，如图 4-29 所示。

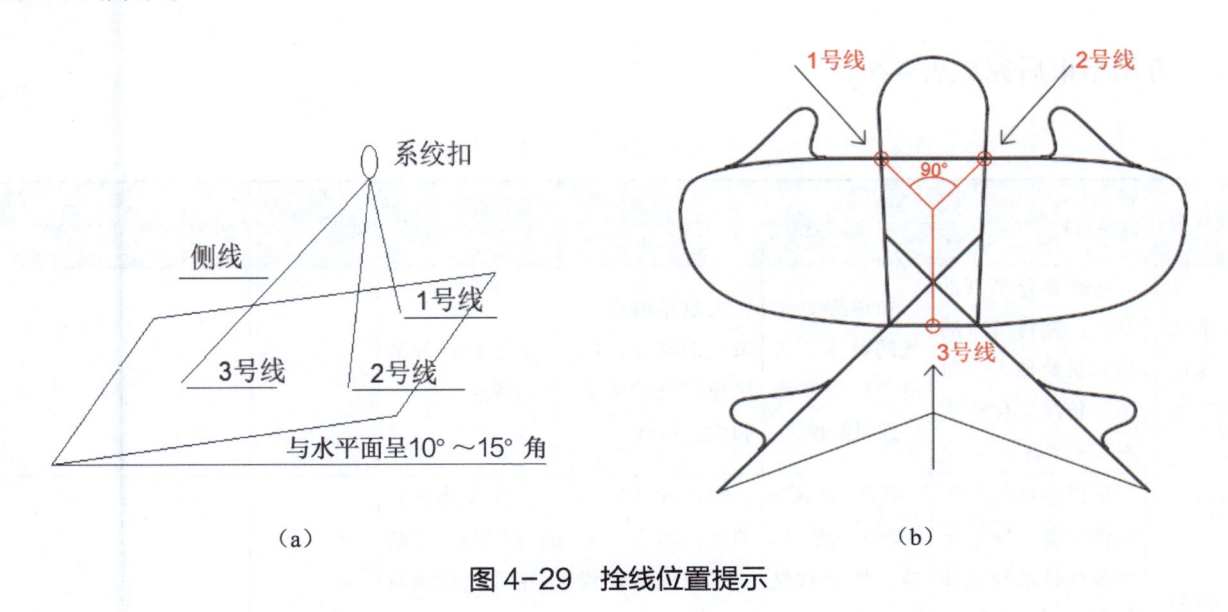

(a)

(b)

图 4-29　拴线位置提示

劳动任务 4　放飞沙燕风筝

放飞沙燕风筝，并记录放飞沙燕风筝的体验，填写表 4-4。

表 4-4　放飞沙燕风筝体验记录

沙燕风筝放飞是否成功	放飞体验	需要改进的方面

六、劳动成果——我的作品展示

我们的成果是制作好的沙燕风筝，可组织一次班级分享活动。

班级分享活动

（1）春分时节，踏青郊游并组织放风筝活动。

（2）展示沙燕风筝设计与制作成果。

（3）沙燕风筝制作研究报告集：沙燕风筝的发展历史研究报告、沙燕风筝各个环节的制作方法及工艺改进研究报告等。

七、劳动评价——我做得怎么样

劳动结束后完成表 4-5。

表 4-5　评价表

评价指标	评价分值				得分		
	16~20 分	11~15 分	6~10 分	1~5 分	学生自评	组内互评	教师评价
节气知识学习	熟悉春分节气的特点，能将节气的特点讲给他人，对中国传统文化有更深入的了解	知道春分节气的特点，能将节气的主要特点讲给他人	大致了解春分节气的特点，能讲出节气的时间和大致特点	不了解春分节气的特点			
劳动技能掌握	掌握沙燕风筝的制作步骤，能够运用现代技术攻克沙燕风筝的制作难点。制作的沙燕风筝结构合理、坚固，图案美观，轻重合适，放飞顺利	熟悉沙燕风筝的制作步骤，适当运用现代技术攻克沙燕风筝的制作难点。制作的沙燕风筝结构合理，图案美观，能放飞	知道沙燕风筝的制作步骤，基本可以运用现代技术攻克沙燕风筝的制作难点。制作的沙燕风筝结构基本合理，能放飞	了解沙燕风筝的制作步骤，了解运用现代技术攻克沙燕风筝的制作难点。制作的沙燕风筝结构合理，图案美观，不能放飞			

续表

评价指标	评价分值				得分		
	16~20 分	11~15 分	6~10 分	1~5 分	学生自评	组内互评	教师评价
创新实践体现	在完成任务的基础上,能够创新劳动方法和成果,并能将所学运用到生活中的其他方面	在完成任务的基础上,能够创新劳动方法,有新的成果	在完成任务的基础上,能够创新劳动方法	基本能够完成任务,没有新的劳动方法和成果			
劳动态度形成	深刻体会到劳动的价值,有成功的体验,很有获得感,能将劳动中学会的知识和技能运用到未来的生活中	能体会到劳动的价值,有成功的体验,很有获得感	知道劳动的价值,稍有成功的体验,也有一点儿获得感	知道劳动的价值,但是还没有成功的体验			
劳动成果展示	劳动规划合理,能大胆展示劳动成果,并能够用流畅的语言做详细解释	劳动规划合理,能展示劳动成果,并能做解释	劳动规划基本合理,能展示劳动成果	有劳动规划,能适当展示成果			
合计(将评价指标中五项的得分相加)								
总分=学生自评合计值×30%+组内互评合计值×30%+教师评价合计值×40%								
评价等级(优秀:85 分及以上;良好:75~84 分;达标:60~74 分;有待提高:60 分以下)								
学习回顾与反思							

八、知识拓展

村居

〔清〕高鼎

草长莺飞二月天,
拂堤杨柳醉春烟。
儿童散学归来早,
忙趁东风放纸鸢。

作者简介

高鼎(1828—1880),清代诗人。

诗词赏析

农历早春二月，青草开始生长，黄莺在田野里飞来飞去，杨柳柔软的枝条轻拂堤岸，似乎陶醉在春天的雾气中。孩子们早早放学回家，赶忙跑出去趁着东风放风筝。

诗词意境

这首诗生动地描写了乡村特有的明媚春光。刚冒出嫩芽儿的青草，边飞边唱的黄莺，河畔的杨柳在朦胧薄雾中轻舞着枝条，活泼的儿童放学后快乐地放着风筝。既有春景，又有童趣，一切都那么生机勃勃，充满朝气。

清明，向家人献上满满的爱意——青团制作

一、情境导入

清明（见图 5-1）是二十四节气中的第五个节气，也是二十四节气中唯一的"双节"——既是自然节气，又是传统节日。时在仲春与暮春之交，于每年公历 4 月 4—6 日交节，以 4 月 5 日最常见。每到清明时节，春光明媚，布谷声声，神州大地一派欣欣向荣、生机勃勃的景象，"万物至此皆洁齐而清明"。

清明一到，气温回升，正是春耕春种的大好时节，故有"清明前后，种瓜点豆"之说。清明食俗是伴随着祭祀活动形成的，"相传百五禁烟厨，红藕青团各祭先"，这首《吴门竹枝词》描写的正是人们在清明节用红藕、青团祭祀祖先的场景。一到清明，江南地区几乎家家户户都要蒸青团，"捣青草为汁，和粉作团，色如碧玉"，青团由此得名。做好的青团碧青油绿，糯韧绵软，甘甜细腻，清香爽口，从色彩到口感都有着春天的味道。青团寄托着对祖先的怀念，对收获的幸福和感恩，是深受人们喜爱的一道时令点心。

图 5-1 清明

二、明确任务——我要做什么

在清明时节，我们可以为家人包青团（见图 5-2），共同缅怀已经逝去的亲人，同时祈盼在这个万物复苏的季节，家人都能身体安康。青团流传已有上千年的历史，外形没有太多变化，一直用艾草粉或艾草汁和糯米粉制成。而馅料则呈多样化发展，不再限于红豆沙，在杭州一带馅料里面添加了腌菜、豆腐、腌肉等，还出现了蛋黄馅儿、抹茶馅儿、酸梅馅儿、咸肉馅儿、榴梿馅儿等。根据个人的喜好和身体健康状况，我们可做出不同馅料的青团。本项目的核心驱动问题为如何为家人制作软糯可口的青团。

图 5-2　青团

三、学习目标——我将收获什么

（1）自主学习，了解清明节气的相关知识，能说出青团的来历。

（2）能说出青团馅料的制作方法，并根据不同人群的需求，合理使用食材，独立完成青团馅料的制作。

（3）能说出青团的制作步骤，独立制作青团皮，完成青团的制作并蒸熟。在制作青团的过程中体会时间统筹的重要性，感受为他人服务的快乐和意义。

四、制订计划——我要怎么做

在此阶段，我们要从核心驱动问题出发，思考已经知道什么，还需要知道什么，完成表 5-1。

表 5-1　制作青团知需表

核心驱动问题	已经知道的信息（学生填写）	需要知道的问题
如何为家人制作软糯可口的青团	1. 2. 3.	1. 青团做给谁？ 2. 他/她想要什么馅料的青团？ 3. 如何调制这些馅料？ 4. 如何制作青团皮？ 5. 如何把青团制作出来

从需要知道的问题中，找到解决问题和劳动实践的方向。首先，我们需要获取相关资讯，做好关于劳动的知识准备；其次，明确开展哪些劳动任务来解决核心驱动问题；最后，每个劳动任务的完成都将产出劳动成果。制作青团计划表如表 5-2 所示。

表 5-2 制作青团计划表

资讯分析	工作实施	劳动成果
资讯 1：青团的相关知识	劳动任务 1：设计青团的制作方案	青团的制作方案
资讯 2：面团的和制方法	劳动任务 2：和制面团	面团
资讯 3：青团馅料的制作方法	劳动任务 3：制作青团馅料	红豆沙馅儿
资讯 4：青团皮的制作方法	劳动任务 4：制作青团皮	青团皮
资讯 5：青团的包制方法	劳动任务 5：包青团	青团生坯
资讯 6：青团的蒸制方法	劳动任务 6：蒸青团	青团成品

五、劳动过程——我如何做好这件事

第一阶段 资讯分析

资讯 1　青团的相关知识

青团是江南地区的人们在清明节常吃的一道传统点心，据考证青团之称大约始于唐代，已有 1000 多年的历史。古时候，青团主要用于祭祀，如今它作为祭祀品的功能已日益淡化，成了一道时令性很强的点心。

制作青团特有的食材是艾草粉。中医认为，艾草具有消炎抗菌、祛湿驱寒的作用，因此用艾草制作出的青团具有清热解毒、祛痰止咳的功效。清明时节的艾草最鲜嫩，用其制作出的青团软糯绵软，味道好，营养价值也高。用艾草制作出的艾草粉易保存，常规的购物平台均有销售。

制作青团的过程较烦琐，耗费时间较长，因此要注重时间的统筹：首先要准备好食材和工具，分别混合好湿性食材和干性食材，然后烫面、和面备用，再准备青团馅料，制作青团。学会合理安排时间，提高效率，并在生活中加以运用。

资讯 2　面团的和制方法

1. 烫面

在和制面团时，烫面主要烫的是小麦面粉。先将水加热至沸腾，一边缓慢倒入搅拌盆内的小麦面粉中，一边用电动打蛋器搅打，直至小麦面粉成絮状。在调制过程中，水温不同，调制出的面团软硬度也不同，主要是由水温对小麦面粉中所含的淀粉与蛋白质所起的物理和化学变化及其相互作用的影响形成的。在水温为 50℃～65℃时，淀粉颗粒会突然膨胀，体积可胀大几倍，吸水量大，黏度也大为增加，有一小部分溶于水中。在水温为66℃～67.5℃时，淀粉开始糊化。当水温继续升高时，淀粉颗粒就变成无定形的袋状，有更多的淀粉沉于水中，成为黏度更高的溶胶。淀粉的黏度在水温90℃以下是相同的，在水温90℃以上时黏度最大。所以，制作青团要先烫面，降低面团的硬度，使面团充分糊化、成熟，这样做出的产品会更松软可口。

2. 和面

混合好的湿性食材分三次加入烫好的面絮中，一边加湿性食材一边用电动打蛋器搅拌均匀，再加入干性食材，用硅胶刮刀搅拌至无干粉的状态。将搅拌好的面团放在面案上不断揉搓，直至面团质地均匀，色泽一致。为了增加面团的黏度，需要连续摔打20～30次，最后用保鲜膜包好，静置。

湿性食材混合：将和面用的水、稻米油和麦芽糖浆混合，放入微波炉中大火加热20秒，加热后搅拌均匀使麦芽糖浆完全溶解，备用。

干性食材混合：将糯米粉和艾草粉倒在一起，备用。

和面步骤归纳：加入湿性食材、加入干性食材、揉团、摔打、整形。

面团和好的标准：盆内无干粉，质地均匀，色泽一致，不沾手。

资讯3 青团馅料的制作方法

1. 准备制作青团馅料的食材和工具

需要了解制作青团馅料常用的基本食材，以及每种食材的功效。以红豆沙馅儿为例，如表5-3所示。

表5-3 红豆沙馅儿的食材功效分析表

食材	功效
红豆	膳食纤维丰富，有助于消化，口感好
细砂糖	增甜、增色、增香
盐	增强面筋弹性，使面筋膨胀而不断裂
牛奶	富含蛋白质、钙
无盐黄油	增强面团的延展性，使成品蓬松、柔软
麦芽糖浆	延缓老化，延长保质期，保持水分

2. 了解红豆沙馅儿的制作流程

红豆沙馅儿的制作流程包括煮红豆、混合食材，搅打、炒制等工序。

资讯 4 青团皮的制作方法

在烫面、和面的基础上，揉面制作，手工揪剂（为保证大小一致，需要一个个称重），滚圆，最后按压成厚片。

资讯 5 青团的包制方法

按照装馅料、捏合、搓圆、成形几个步骤完成青团的制作。

采用打窝法包制青团，先将青团皮压成直径约 8 毫米的厚片，接着像包汤圆一样打个窝（为了收口方便，要求窝的表面口子小，高度高于馅料），最后捏合收口即可。

资讯 6 青团的蒸制方法

在蒸锅中的水沸腾后，先放硅胶蒸垫，再将青团生胚收口朝下放在蒸屉上，盖上锅盖。待上汽后中火蒸 10 分钟，关火后立即取出青团。注意蒸制的时间不宜过长，防止馅料变软成品塌陷。

第二阶段 工作实施

制作青团分为六个环节：设计青团的制作方案、和制面团、制作青团馅料（以红豆沙馅儿为例）、制作青团皮、包青团、蒸青团。

劳动任务 1 设计青团的制作方案

制作前先要了解家人的需求、喜好、身体健康状况等。为了制作出大家都喜欢的青团，请你对喜爱吃青团的家人进行调研，根据示例完成表 5-4。

表 5-4 青团需求调研表

调研对象	年龄/岁	对馅料的喜好	是否有过敏原	是否有基础疾病	口味的喜好	青团馅料
姐姐	18	喜欢红豆沙馅儿	无	无	口味偏甜	红豆沙馅儿
爷爷	68	喜欢红豆沙馅儿和黑芝麻馅儿	无	有冠心病	口味偏甜	红豆沙馅儿、黑芝麻馅儿

对调研结果进行统计和梳理，根据示例方案完成表 5-5。

表 5-5 青团的制作方案

方案	喜好	馅料	配料表			
			青团馅料食材	用量	青团皮食材	用量
示例方案	(1)爷爷奶奶：喜欢软糯。 (2)爸爸妈妈：味道甜美，入口松软细腻。 (3)姐姐：营养丰富，容易消化吸收	红豆沙馅儿	主料 红豆	125克	主料 小麦面粉	95克
			辅料 水	320毫升	辅料 水（烫面用）	180毫升
			细砂糖	135克	艾草粉	18克
			盐	1克	水（和面用）	275毫升
			牛奶	25毫升	糯米粉（水磨）	310克
			无盐黄油	30克	稻米油	35克
			麦芽糖浆	25克	麦芽糖浆	60克
我的方案						

劳动任务 2　和制面团

1. 食材和工具准备

食材：小麦面粉、水（烫面用）、艾草粉、水（和面用）、糯米粉（水磨）、稻米油、麦芽糖浆，如图 5-3 所示。

图 5-3　面团食材

工具：案板、电磁炉、电动打蛋器、硅胶刮刀、搅拌盆、保鲜膜。

2. 具体操作步骤

1）烫面

用电磁炉将水煮沸并均匀倒进搅拌盆内的小麦面粉中，一边倒，一边用电动打蛋器搅拌，使淀粉受热均匀，如图 5-4 和图 5-5 所示。

图 5-4　倒入沸水

图 5-5　搅拌均匀

2）和面

将混合好的湿性食材分三次加进烫好的面絮中，边加入边用电动打蛋器搅拌。再将混合好的干性食材加入。用硅胶刮刀搅拌至无干粉，如图 5-6 和图 5-7 所示。

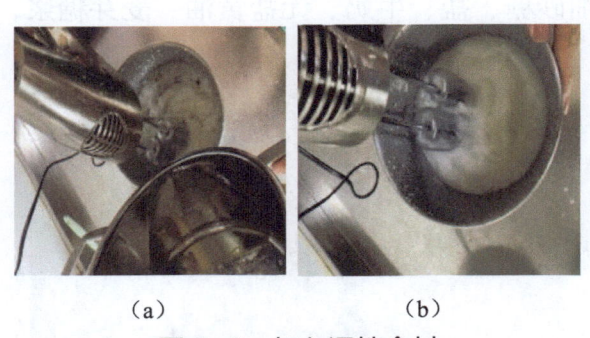

（a）　（b）

图 5-6　加入湿性食材

（a）　（b）　（c）

图 5-7　加入干性食材

3）揉制面团

在案板上将面团揉匀，直至质地均匀、色泽一致，如图 5-8 所示。反复摔打面团 20 ~

30次，增强面筋的韧性，如图5-9所示。随后用保鲜膜包好，待下一步使用。

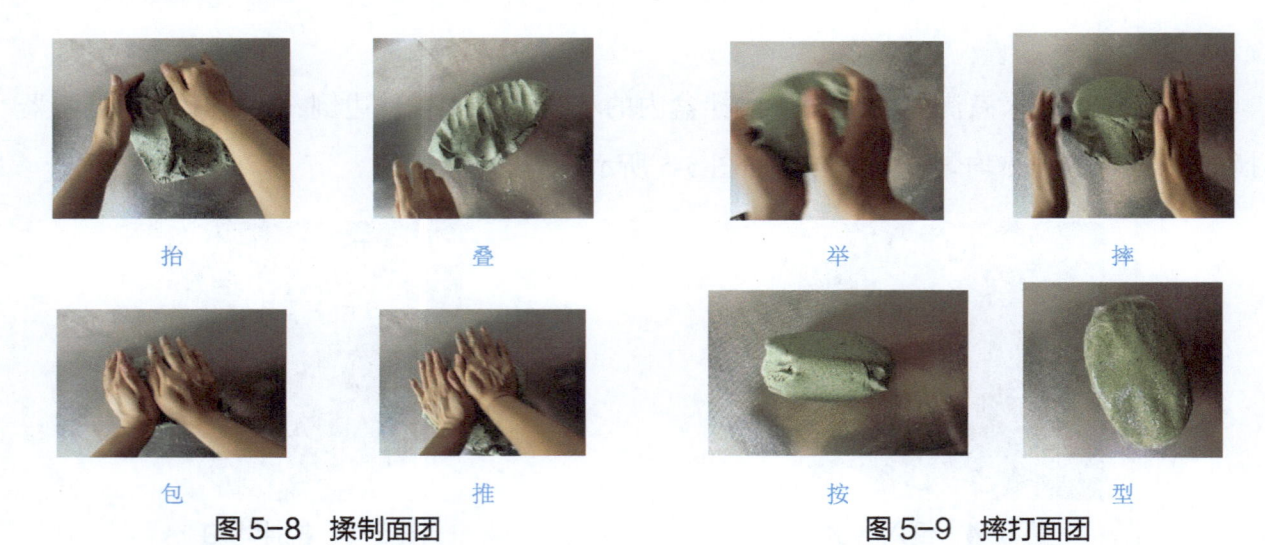

抬　　　　　叠　　　　　举　　　　　摔

包　　　　　推　　　　　按　　　　　型

图 5-8　揉制面团　　　　　图 5-9　摔打面团

劳动任务 3　制作青团馅料

1. 食材和工具准备

食材：红豆、水、细砂糖、盐、牛奶、无盐黄油、麦芽糖浆，如图5-10所示。

图 5-10　红豆沙馅儿原材料

工具：高压锅、破壁机、平底锅、保鲜膜。

2. 具体操作步骤

1）加工食材

先将红豆洗净，放入高压锅中，再加入水，用高压锅煮至软烂（40分钟），如图5-11所示。

(a) (b) (c)

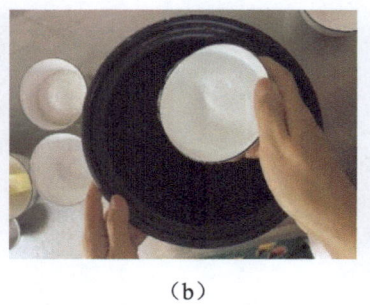

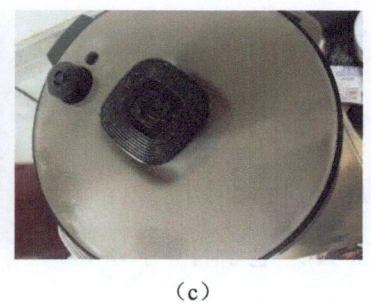

图 5-11 加工食材

2）调制青团馅料

将煮软的红豆倒入破壁机中，再加入牛奶、无盐黄油、盐、细砂糖、麦芽糖浆，搅拌成豆沙，如图 5-12 所示。

3）炒红豆沙馅儿

将搅拌均匀的豆沙放入平底锅中以小火炒制，直至豆沙成团。取出后用保鲜膜包好待下一步使用，如图 5-13 所示。

(a) (b) (c) (d)

(e) (f) (g)

图 5-12 调制青团馅料

(a) (b) (c)

图 5-13 炒红豆沙馅儿

劳动任务 4　制作青团皮

1. 食材和工具的准备

原材料：面团。

工具：电子秤。

2. 具体操作步骤

1）称量

将和好的面团，用电子秤称量为 45 克/个的面剂子，以保证成品大小一致，如图 5-14 所示。

2）搓圆

将称好的面剂子在手掌上顺时针旋转搓揉，直至形成光滑的圆球，如图 5-15 所示。

3）压片

用手将圆球按压成直径为 8 厘米大小的圆片，注意厚度保持一致，如图 5-16 所示。

图 5-14　称量 　　　图 5-15　搓圆 　　　图 5-16　压片

劳动任务 5　包青团

1）称量

在电子秤上称取红豆沙馅儿 25 克（山楂丸大小），如图 5-17 所示。

2）搓圆

将红豆沙馅儿在手掌上顺时针揉搓，形成红豆沙球，如图 5-18 所示。

3）打窝

一手握皮，一手捏皮打窝，打出的窝要足够高，开口不能太大，以能将红豆沙球放进去为宜。将红豆沙球放进捏好的面皮窝里，如图 5-19 所示。

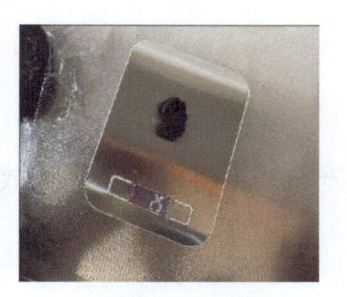

图 5-17 称量 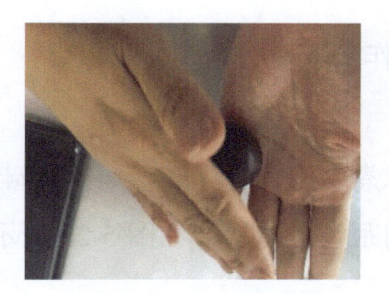　　图 5-18 馅料搓圆

图 5-19 打窝

4）包青团

一手托住底部，一手捏褶，捏出的褶要均匀，直到将红豆沙球完全包裹，如图 5-20 所示。

5）搓圆

在手掌上顺时针搓圆，如图 5-21 所示。

图 5-20 包青团 　　图 5-21 搓圆

劳动任务 6　蒸青团

1. 工具准备

工具：锅、硅胶蒸笼布。

2. 具体操作步骤

1）放生坯

将锅内的水煮至沸腾，先在蒸屉上放硅胶蒸笼布，再将生坯均匀摆放在蒸笼布上，要求生坯之间的间距为2厘米，如图5-22所示。

2）蒸青团

盖上锅盖，待上汽后，蒸10分钟。注意时间不宜过长，防止塌陷，如图5-23所示。

图 5-22　放生坯

图 5-23　蒸青团

3）刷油

蒸熟后，为了增加成品的亮度，在青团的表面抹一层稻米油，如图5-24所示。

4）摆盘

出锅摆盘，如图5-25所示。说明：青团冷却后食用口感最佳。

图 5-24　刷油

图 5-25　摆盘

六、劳动成果——我的作品展示

我们的成果是制作好的青团，可组织一次班级分享活动。

班级分享活动

（1）介绍青团的制作方案。

（2）展示制作的过程或成品。

（3）为家人制作青团，享受美食，获得愉悦的用餐感受。

（4）满意度调查，请家人对青团的口味等进行反馈。

七、劳动评价——我做得怎么样

劳动结束后完成表5-6。

表5-6 评价表

评价指标	评价分值				得分		
	16～20分	11～15分	6～10分	1～5分	学生自评	组内互评	教师评价
节气知识学习	熟悉清明节气的特点，能将节气的特点讲给他人，对中国传统文化有更深入的了解	知道清明节气的特点，能将节气的主要特点讲给他人	大致了解清明节气的特点，能讲出节气的时间和大致特点	不了解清明节气的特点			
劳动技能掌握	掌握青团的制作方法，根据人群不同，完成青团馅料的调制。制作的青团口味浓香、软糯润滑、饱满圆润、没有破损	熟悉青团的制作方法，完成青团馅料的调制。制作的青团口味浓香、软糯润滑、没有破损	知道青团的制作方法，完成青团馅料的调制。制作的青团口味适中、软糯适度	了解青团的制作方法，基本完成青团馅料的调制，制作的青团口味适中			
创新实践体现	在完成任务的基础上，能够创新劳动方法和成果，并能将所学运用到生活中的其他方面	在完成任务的基础上，能够创新劳动方法和成果，有新的成果	在完成任务的基础上，能够创新劳动方法	基本能够完成任务，没有新的劳动方法和成果			
劳动态度形成	深刻体会到劳动的价值，有成功的体验，很有获得感，能将劳动中学会的知识和技能运用到未来的生活中	能体会到劳动的价值，有成功的体验，很有获得感	知道劳动的价值，稍有成功的体验，也有一点儿获得感	知道劳动的价值，但是还没有成功的体验			
劳动成果展示	劳动规划合理，能大胆展示劳动成果，并能够用流畅的语言做详细解释	劳动规划合理，能展示劳动成果，并能做解释	劳动规划基本合理，能展示劳动成果	有劳动规划，能适当展示成果			
合计（将评价指标中五项的得分相加）							

续表

评价 指标	评价分值				得分		
	16~20 分	11~15 分	6~10 分	1~5 分	学生自评	组内互评	教师评价
总分=学生自评合计值×30%+组内互评合计值×30%+教师评价合计值×40%							
评价等级（优秀：85 分及以上；良好：75~84 分；达标：60~74 分； 有待提高：60 分以下）							
学习 回顾与 反思							

八、知识拓展

清明日

〔唐〕温庭筠

清娥画扇中，春树郁金红。

出犯繁花露，归穿弱柳风。

马骄偏避幰，鸡骇乍开笼。

柘弹何人发，黄鹂隔故宫。

作者简介

温庭筠（生卒年不详），唐代诗人、词人。

诗词赏析

清娥飞舞，如同扇子上画得一般；春树满园，郁金花红遍庭院。外出踏青时看到各色花瓣上的露水，归来时感受到拂过袅娜多姿弱柳下的风。骄傲的马在偏僻的帐幰旁昂首嘶鸣，惊骇的鸡群从刚打开的笼子里窜出。是什么人在用弹弓发射飞弹？吓得黄鹂赶紧飞入隔墙庭院。

诗词意境

这首诗情绪饱满，色彩明丽，诗人以旁观者的角度，写出了几个场景：人们结队出游、达官贵人的车马横冲直撞、斗鸡呱呱乱叫、打鸟的飞弹落在地上。这首诗既写出了清明怡人的景色及人们踏青时快乐的心情，又写出了上层社会的骄奢侈靡。

谷雨，花果茶送家人——花果茶制作

一、情境导入

谷雨（见图6-1）是二十四节气中的第六个节气，是农历春季的最后一个节气，于每年公历4月19—21日交节。谷雨取自"雨生百谷"之意。由于谷雨节气后降雨增多，空气中的湿度逐渐加大，人们应注意预防"湿邪"侵袭。在谷雨时节，有喝谷雨茶、走谷雨、吃春、赏花等习俗。谷雨茶就是用谷雨这天上午采的鲜茶叶制成的茶，其有多方面的养生功效。

图6-1 谷雨

明前雨后正是采茶的好时机。谷雨茶又称雨前茶、二春茶。谷雨时节雨量充沛，茶树芽叶肥硕，色泽翠绿，富含多种维生素和氨基酸，用其芽叶制成的菜滋味鲜活，香气怡人。

二、明确任务——我要做什么

谷雨将至，让我们亲手制作一杯花果茶（见图6-2），为家人健脾祛湿，疏肝清热。传统花果茶配方未必适合所有人，我们可以根据每个人对茶、花、水果的喜好，身体健康状况的差异，制作不同的花果茶。本项目的核心驱动问题为如何为家人制作一杯健康养生的花果茶。

图6-2 花果茶

三、学习目标——我将收获什么

（1）自主学习，了解谷雨节气的相关知识，知晓明前雨后是采茶的好时机，加深对中国传统茶文化的了解。

（2）调研 2~3 个人对茶、花、水果的喜好，身体健康状况，能根据不同的功效需求，合理选取茶、花、水果，掌握花果茶原材料的处理方法，独立制作健康养生的花果茶，让品茶人满意。

（3）通过调研品茶人的需求，设计并制作不同功效的养生花果茶，培养调研能力、观察能力、思考能力、动手能力，感受用劳动创造美好生活。

四、制订计划——我要怎么做

在此阶段，我们要从核心驱动问题出发，思考已经知道什么，还需要知道什么，完成表 6-1。

表 6-1　制作花果茶知需表

核心驱动问题	已经知道的信息（学生填写）	需要知道的问题
如何为家人制作一杯健康养生的花果茶	1. 2. 3.	1. 花果茶送给谁？ 2. 他/她需要什么功效？ 3. 如何设计具备这些功效的配方？ 4. 如何让花果茶更有文化感和设计感？ 5. 如何把花果茶制作出来

从需要知道的问题中，找到解决问题和劳动实践的方向。首先，我们需要获取相关资讯，做好关于劳动的知识准备；其次，明确开展哪些劳动任务来解决核心驱动问题；最后，每个劳动任务的完成都将产出劳动成果。制作花果茶计划表如表 6-2 所示。

表 6-2　制作花果茶计划表

资讯分析	工作实施	劳动成果
资讯 1：认识花果茶	劳动任务 1：设计花果茶的配方	花果茶的配方
资讯 2：花果茶原材料的加工方法	劳动任务 2：花果茶原材料加工	加工好的花果茶原材料
资讯 3：花果茶煮制的方法与技巧	劳动任务 3：花果茶煮制	茶汁、果汁
资讯 4：花果茶调兑方法	劳动任务 4：花果茶调兑	花果茶成品

五、劳动过程——我如何做好这件事

第一阶段 资讯分析

资讯1 认识花果茶

花果茶由水果搭配花和茶精制而成。水果中含有丰富的维生素、钙、铁、镁和膳食纤维；花的药用价值很高；中国是茶的故乡，茶能生津止渴，提神醒脑，提高免疫力。花果茶具有调和脾胃、润肺止咳、滋润肠道、排毒养颜等功效。

我们需要对家人的需求进行分析，考虑年龄、性别、身体健康状况、使用场景，以此来确定花果茶的功效。这里我们重点研制两类功效的花果茶：祛湿、养肝。

我们需要学习花果茶常用原材料的功效，如表 6-3 所示。

表 6-3 花果茶常用原材料的功效

原材料	功效
茉莉花茶	解郁散节、疏肝明目
绿茶	生津止渴、止痢除湿
枣	降胆固醇、保肝护肝
荔枝	补脾益肝、理气补血
橙子	消食下气、生津止渴
苹果	生津开胃、美容美颜
柠檬	促进消化、生津止渴
玫瑰花	理气解郁、利湿通淋
菊花	散风清热、平肝明目
薏米	利水消肿、健脾止泻
山楂	消食健胃、行气散瘀
蜂蜜	补中、润燥、止痛、解毒
草莓	护肝、调理肝火旺盛
金橘	开胃生津、美容护肤
枸杞子	滋肾补肝、润肺、明目
冰糖	润肺、化痰止咳

搭配原则：花果茶既是用来品尝的，又是用来欣赏的。将苹果切丁，橙子切块，柠檬切片，各具特色；苹果去皮，果肉呈白色，菊花呈黄色，枸杞子呈红色。绿茶绿叶绿汤，红茶红叶红汤。花果茶适合选用透明容器盛放，缤纷的色彩和多样形状的搭配组合，让人赏心悦目。

资讯2 花果茶原材料的加工方法

（1）新鲜水果需要清洗，去皮。

（2）果肉类需要切丁（块），如苹果、橙子；食用果汁类需要切片，如柠檬。

（3）玫瑰花等干花需要浸泡清洗。

（4）种子类需要炒至焦黄，如薏米、大麦等。

资讯3 花果茶煮制的方法与技巧

（1）取矿泉水或纯净水，烧开备用。

（2）种子类，如薏米等先煮5分钟。

（3）果肉类，如苹果等煮15分钟。

（4）花瓣类，如玫瑰花、菊花等在果肉类煮好后放入即可。

（5）茶类，需要清洗后浸泡，如果是茶叶袋可以直接浸泡。

资讯4 花果茶调兑方法

果汁与茶汁的比例为2∶1时，调兑出的花果茶口感最佳。例如，取果汁100毫升，加入50毫升的茶汁，调兑成一杯150毫升的花果茶。

第二阶段 工作实施

劳动任务1 设计花果茶的配方

（1）通过调研了解家人对花果茶的需求。我们需要选择一名或多名家人作为对象，如爸爸妈妈、兄弟姐妹及家里的其他长辈等。花果茶需求调研表如表6-4所示。

表6-4 花果茶需求调研表

调研对象		性别		年龄	
调研问题				记录关键信息	
1. 你有特别喜欢或特别不喜欢的香味吗？ 2. 你是否对某些味道或成分过敏？ 3. 你身体有什么不适吗？ 4. 你希望花果茶能解决什么问题？ 5. 在两种功效中，你更喜欢哪种功效呢						

（2）对调研结果进行统计和梳理，根据示例完成表6-5。

表 6-5　赠送对象情况表

赠送对象	年龄/岁	性别	对味道的喜好	是否有过敏原	是否有基础疾病	选择花果茶的功效	备注
姐姐	25	女	不喜欢菊花	无	无	祛湿	

（3）通过调研，根据表 6-5 的调研结果和表 6-6 中的示例配方设计花果茶的配方，根据示例完成表 6-6。

表 6-6　花果茶的配方

赠送对象	名称	功效	配方
姐姐	祛湿花果茶	健脾祛湿	橙子 150 克、玫瑰花 10 克、柠檬 15 克、薏米 5 克、绿茶 5 克或绿茶茶包 1 个、冰糖 10 克、蜂蜜 5 毫升、水 400 毫升

劳动任务 2　花果茶原材料加工

1. 准备原材料和工具

原材料：橙子、柠檬、玫瑰花、薏米、绿茶、冰糖、蜂蜜、水。

工具：案板、刀、炒锅。

2. 具体操作步骤

1）加工薏米

将薏米放入炒锅中，用小火炒 4～5 分钟，炒至焦黄即可，盛出备用，如图 6-3 所示。

2）加工水果、干花

将橙子、柠檬清洗干净，并在案板上用刀将橙子切成块、柠檬切成片，将玫瑰花清洗干净，如图 6-4 至图 6-6 所示。

图 6-3　加工薏米　　图 6-4　橙子块

图 6-5 柠檬片 　　　　　　图 6-6 玫瑰花

将绿茶、冰糖、蜂蜜、水分别取出待用，如图 6-7 至图 6-10 所示。

图 6-7 绿茶 　　　　　　图 6-8 冰糖

图 6-9 蜂蜜 　　　　　　图 6-10 水

劳动任务 3　花果茶煮制

1. 工具准备

花果茶壶

2. 具体煮制步骤

1）烧水

将水放入花果茶壶中烧开备用。

2）制作果汁

将薏米先大火煮 5 分钟，然后将橙子块、柠檬片、玫瑰花、冰糖放入其中，小火煮 10 分钟备用，如图 6-11 所示。

3）制作茶汁

用 85℃的热水将绿茶浸泡 4 分钟，过滤取汁备用，如图 6-12 所示。

图 6-11　制作果汁　　　　　图 6-12　制作茶汁

劳动任务 4　花果茶调兑

按照果汁与茶汁 2∶1 的比例，取果汁 100 毫升，茶汁 50 毫升，加入蜂蜜，即可饮用，如图 6-13 所示。

图 6-13　调兑的花果茶

六、劳动成果——我的作品展示

我们的成果是为家人设计的健康养生花果茶，可组织一次班级分享活动和品茶活动。

班级分享活动

（1）介绍花果茶的配方、功效。

（2）展示花果茶成品。

品茶活动

（1）为家人冲调花果茶，一起品茶。

（2）满意度调查，请家人对花果茶进行反馈。

七、劳动评价——我做得怎么样

劳动结束后完成表 6-7。

表 6-7 评价表

评价指标	评价分值				得分		
	16~20 分	11~15 分	6~10 分	1~5 分	学生自评	组内互评	教师评价
节气知识学习	熟悉谷雨节气的特点，能将节气的特点讲给他人，对中国传统文化有更深入的了解	知道谷雨节气的特点，能将节气的主要特点讲给他人	大致了解谷雨节气的特点，能讲出节气的时间和大致特点	不了解谷雨节气的特点			
劳动技能掌握	掌握多种功效花果茶的配方与制作，掌握花果茶原材料的处理方法。制作的花果茶酸甜适中，配方合理，功效强，外观赏心悦目	熟悉两至三种功效花果茶的配方与制作，掌握花果茶原材料的处理方法。制作的花果茶配方合理，功效强，外观美	知道一两种功效花果茶的配方与制作，掌握花果茶原材料的处理方法。制作的花果茶酸甜适中，配方合理，功效强	了解花果茶的配方与制作。制作的花果茶配方基本合理，外观赏心悦目			
创新实践体现	在完成任务的基础上，能够创新劳动方法和成果，并能将所学运用到生活中的其他方面	在完成任务的基础上，能够创新劳动方法，有新的成果	在完成任务的基础上，能够创新劳动方法	基本能够完成任务，没有新的劳动方法和成果			
劳动态度形成	深刻体会到劳动的价值，有成功的体验，很有获得感，能将劳动中学会的知识和技能运用到未来的生活中	能体会到劳动的价值，有成功的体验，很有获得感	知道劳动的价值，稍有成功的体验，也有一点儿获得感	知道劳动的价值，但是还没有成功的体验			
劳动成果展示	劳动规划合理，能大胆展示劳动成果，并能够用流畅的语言做详细解释	劳动规划合理，能展示劳动成果，并能做解释	劳动规划基本合理，能展示劳动成果	有劳动规划，能适当展示成果			
合计（将评价指标中五项的得分相加）							
总分=学生自评合计值×30%+组内互评合计值×30%+教师评价合计值×40%							
评价等级（优秀：85 分及以上；良好：75~84 分；达标：60~74 分；有待提高：60 分以下）							
学习回顾与反思							

八、知识拓展

七言诗

〔清〕郑板桥

不风不雨正晴和，翠竹亭亭好节柯。

最爱晚凉佳客至，一壶新茗泡松萝。

几枝新叶萧萧竹，数笔横皴淡淡山。

正好清明连谷雨，一杯香茗坐其间。

作者简介

郑板桥（1693—1766），清代书画家、文学家。

诗词赏析

在清明、谷雨时节，天气晴朗无风，看院子里的亭亭翠竹，兴致盎然。最开心的是傍晚凉爽的天气中有客来访，泡一壶松萝新茶来招待。在新茶缭绕的香气中，铺纸泼墨，先画几枝新竹叶，再用淡墨勾画淡淡春山。此时清明已过，临近谷雨时节，捧一杯香茶，坐在竹石画间，多么寂静！

诗词意境

这首诗描述了谷雨将至，诗人会客、画竹山、品香茶的情景。山水竹枝，无风无雨，天气晴朗温和，翠竹高耸直立，竹节交叉摇曳。风景如画，景色渐迷人眼，最开心的是有客来访，泡一壶新茶，与客人促膝长谈，共话衷肠。

夏季篇

培育劳动秧苗
——夏满芒夏暑相连

"夏满芒夏暑相连",夏季是万物蓬勃生长、农作物丰收的季节。在夏季,人们插秧忙碌,怎一个"热"字了得?雨水中的播种,汗水中的收获,泪水中的欢笑,构成了夏天的诗情画意。我们可以去田间亲手插一片秧苗,体验插秧的快乐;在厨房为家人做一锅香喷喷的米饭,用劳动为家人带来欢乐;我们还可以尝试着制作一款水车、一款花馍、一碗炸酱面、一把团扇,体验劳动的收获。劳动最光荣,让我们在烈日炎炎的夏天享受劳动的乐趣吧!

立夏，风暖昼长，万物繁茂——水稻插秧

一、情境导入

立夏（见图7-1）是二十四节气中的第七个节气，也是农历夏季的第一个节气，于每年公历5月5—7日交节。立夏标志着夏季的开始。立夏以后，正式进入雨季，降雨明显增多，是适合许多农作物生长的最好季节，自此风暖昼长，万物繁茂。

"立夏麦苗节节高，平田整地栽稻苗。"这是《二十四节气农事歌》中的一句，描述了立夏之时繁忙的农事活动，麦苗生长旺盛，水稻到了插秧的时节，农民们弯腰插秧、辛勤劳作的身影，勾勒出一幅美丽的风景画。

图7-1 立夏

二、明确任务——我要做什么

水稻种植是农事活动的重要内容之一，香喷喷的米饭就来自饱满的稻谷。水稻种植的关键是插秧，插秧是指将培育好的秧苗移栽到田里。适时插秧、合理密植是水稻生长和丰产的基础，如图7-2所示。本项目的核心驱动问题为如何插秧。

图7-2 插完秧的水稻稻田

三、学习目标——我将收获什么

（1）自主学习，了解立夏节气的相关知识，水稻种植的历史及水稻的分类、播种方式，能依据不同地区的气候，准确选择插秧的时间。

（2）通过学习三种水稻的插秧方法，能总结其各自的特点，会运用其中一种方法进行插秧。

（3）通过体验插秧，体会精耕细作的农业文化，感知劳动的艰辛，养成爱惜粮食、尊重劳动的良好习惯。

四、制订计划——我要怎么做

在此阶段，我们要从核心驱动问题出发，思考已经知道什么，还需要知道什么，完成表 7-1。

表 7-1　水稻插秧知需表

核心驱动问题	已经知道的信息（学生填写）	需要知道的问题
如何插秧	1. 2. 3. 4.	1. 水稻的插秧方法有哪几种，各有什么特点？ 2. 水稻插秧的具体流程有哪些？ 3. 水稻插秧时需要准备哪些工具？ 4. 水稻秧苗的行距、株距、深度、穴位、穴数等是怎样确定的

从需要知道的问题中，找到解决问题和劳动实践的方向。首先，我们需要获取相关资讯，做好关于劳动的知识准备；其次，明确开展哪些劳动任务来解决核心驱动问题；最后，每个劳动任务的完成都将产出劳动成果。水稻插秧计划表如表 7-2 所示。

表 7-2　水稻插秧计划表

资讯分析	工作实施	劳动成果
资讯 1：水稻的相关知识 资讯 2：稻田插秧布局方法	劳动任务 1：设计水稻插秧方案	水稻插秧方案
资讯 3：水稻插秧工具的用途及使用方法	劳动任务 2：准备插秧工具	插秧工具
资讯 4：水稻插秧的实施	劳动任务 3：完成水稻插秧	完成插秧的稻田

五、劳动过程——我如何做好这件事

第一阶段 资讯分析

资讯 1 水稻的相关知识

1. 水稻种植的历史与发展

现今世界上栽种的水稻，皆由野生水稻驯化而来，历史悠久。考古发现的炭化水稻遗存证明，中国栽种水稻已有 7000 多年的历史了。

我国地域广阔，由于地域条件的不同，特别是气温和降水的差异，水稻种植呈现出不同的景象。长江以南地区种植双季稻甚至三季稻；淮河流域及以北地区，则种植单季稻或水旱轮作，其中稻麦轮作、稻棉轮作对提高产量和减少病虫害等都大有益处。

2. 水稻的分类

水稻按照种植的时间可分为早稻、中稻和晚稻三类。水稻的播种时间视不同地区回暖的具体情况而定，年际间时间不同，日平均气温稳定超过 5℃ 就可以播种。

以南方地区为例，早稻一般在 3 月底至 4 月初播种，4 月下旬至 5 月上旬插秧；中稻一般在 4 月中旬播种，5 月中旬插秧；晚稻一般在 6 月底播种，7 月下旬插秧。早稻、中稻、晚稻的秧龄一般不能超过 1 个月（25～30 天）。与南北向栽插相比，水稻东西向栽插受光效果更好，能够加速稻株的物质积累，从而提高产量。北方地区一般种植中稻或晚稻，水稻出苗 10～15 厘米即可进行插秧，宜早插，不宜晚插。

3. 水稻的播种方法及其优缺点

水稻的播种方法包括直播和插秧两种，具体如表 7-3 所示。

表 7-3 水稻的播种方法

播种方法	具体做法	优点	缺点
直播	直接将种子播种到稻田中，而不经过育苗、插秧的过程	省去了育苗、插秧的过程，省时省工；不存在返青和拔秧植伤的过程，生育期要比同期插秧的水稻短；简单、方便，有利于规模化种植	无法保证所有秧苗的完整，如果水稻种子质量不好、生长环境不佳，就会出现缺苗的情况；容易出现杂草，需多次除草，防草害；种子抗逆性差，出现倒春寒时，容易出现冻害，严重的还会被冻死
插秧	经过育苗后，将秧苗移栽到水田中，或者把水稻秧苗从秧田移栽到稻田里	确保全苗，有利于水稻的高产、稳产；人工育苗能有效避开不适宜秧苗生长的时间段；秧苗抗逆性比较强，环境适应能力较强	与直播相比，要消耗较多的时间、物力；插秧机的行距比较稀，不适合种植双季稻；育秧密度过大时，易出现立枯病、绵腐病

4. 水稻的育苗方法

育苗方法包括水育秧、湿润育秧和旱育秧三种方法。三种方法各有优势，具体选择哪种方法，需要根据实际情况确定。

5. 水稻的插秧方法及特点

水稻的插秧方法包括手动插秧、机械插秧、抛插秧三种方法，具体如表 7-4 所示。

表 7-4　水稻的插秧方法

插秧方法	具体做法	特点
手动插秧	一般是以 2 个手指横着贴向地面浅插秧苗，深度不能超过 2 厘米	不受地形限制且能有效防止漂苗
机械插秧	驱使插秧机进行插秧，技术含量较高，适于大规模稻田种植	具有效率高、出苗均匀、四边整齐等特点；但也存在一定的空插率，投入成本较大，不适于小块地种植
抛插秧	采用钵体育苗盘培育秧苗，然后将秧苗连同营养土一起均匀撒抛到空中 1～2 米高，使其根部随重力落入田间定植	一般适用于地多人少的地区，具有节省人力成本、提早插秧期的特点；但不容易抛均匀

资讯 2　稻田插秧布局方法

设计稻田插秧布局是指在现有稻田中规划秧苗的位置（行距、株距、深度等）及秧苗数量等。

1. 相关名词解释

行距是指秧苗邻近两行之间的距离，又称行间距离。

株距是指行内秧苗与秧苗之间的栽种距离，又称株间距离。

深度是指插秧时秧苗根系距生长点的距离。

穴位是指插秧时秧苗栽种的具体位置。

穴数是指插秧时稻田的穴位数量。

秧苗数量是指插秧时稻田所需的秧苗数量。

2. 规划秧苗的行距、株距、深度等

以在 667 平方米的稻田上栽种北京京西稻为例，要素数值确定如表 7-5 所示。

表 7-5　要素数值确定

要素	确定方法	常规数值	备注
行距	插秧时沿着稻田边缘用尺子进行测量、定位	北京京西稻插秧，区别于南方插秧常采用的宽窄行插秧，定植行距通常为 15～30 厘米	行距数值一般根据水稻通风、营养需求而定
株距	插秧时基于行内秧苗穴位用尺子进行测量、定位	定植株距通常为 10～13 厘米	株距数值一般根据稻田肥力、地域特点和水稻品种而定
深度	插秧深度一般为 2～3 厘米	北京京西稻稻田放水一般为 1 厘米，即插秧时根系深入泥土 1～1.5 厘米	深度根据水田硬度及放水深度而定
穴数	根据水稻品种特性、稻田肥力和管理水平等因素来确定插秧穴数，一般为 12 000～20 000 穴	北京京西稻插秧，统一取 15 000 穴	在实际种植过程中，可根据株距、行距计算出穴数
秧苗数量（实际值）	每穴实际秧苗株数×穴数	3 株/穴×15 000 穴=45 000 株	根据水稻品种、分蘖需求确认每穴秧苗数；一般为 3～5 株/穴，北京京西稻按照 3 株/穴插秧
秧苗数量（计算值）	每穴预备秧苗株数×穴数	10 株/穴×15 000 穴=150 000 株	考虑分苗过程中造成的秧苗损失和浪费，秧苗实际值按照 10 株/穴计算

资讯 3　水稻插秧工具的用途及使用方法

卷尺：用于田间尺寸测量及确定拉线的位置。

稻田靴：采用 PVC 塑胶制成，柔韧性好，便于田间劳作，具有防水、防滑、护脚的作用。

手套：采用乳胶制成，拉伸韧性强，具有防渗、防污、护手的作用。

驱蚊水：进入田间劳动，要提前喷抹驱蚊水，以免被蚊虫叮咬。

拉线绳：人工拉绳栽秧的重要工具之一，用以确保行直穴匀，避免发生缺穴、漂苗的情况。

定尺：在插秧过程中，确定行距和株距的工具。一般用一段木棍或树枝等原材料即可，用卷尺量出具体数值，标记在原材料上，就可以充当定尺。

资讯 4　水稻插秧的实施

1. 水稻插秧的质量要求标准

水稻插秧是水田生产的特殊作业，标准化程度高。主要要求如下：地平如镜，埂直如线；渠系配套，穴行一致；密度合理，保苗程度高；在有水层条件下作业，秧苗必须健壮；泥烂适中，上糊下松（泥烂糊状有利于插秧固苗，下松通气有利于发根）。

2. 水稻插秧质量保障的关键

水稻插秧要根据品种、产量、施肥水平等要求，确定合理的插秧密度、插秧方法和每穴插秧苗数；秧苗要全根下地，运秧、插秧不伤根，插秧深度控制在 2～3 厘米，做到浅插不漂苗，坚决克服深插，同时防止插窝脖秧。发现缺苗要及时补充，补苗是插秧质量保障的关键。

3. 水稻插秧的具体流程

1）分散秧苗

提前将备用秧苗平均分成 40～50 个秧苗堆，散放到稻田各处，便于插秧时随时拾取。

在插秧的过程中，插秧者手里没有办法拿大捆秧苗，只能拿一把，因此需要提前把秧苗散放到稻田里，便于操作。同时，考虑到秧苗直接在太阳下暴晒容易脱水造成损耗，提前将秧苗散放到稻田有水的环境中，有利于秧苗的成活。

2）拉线

正式插秧前根据行距、株距要求在田间拉线，以确保行距、株距的准确性。

3）确定穴位

使用定尺确定穴位，熟练掌握后可用肉眼判断。

4）分离秧苗

从就近的秧苗堆中选取一把秧苗，从中挑选长短差不多的壮实秧苗。

5）插秧

一只手拿着挑选好的壮实秧苗，另一只手取其中 3 株（分苗时切记不能把秧苗弄断），用食指和中指钳住秧苗的根部（掌心朝向秧苗）将其竖直朝下插入泥土中 2～3 厘米即可。

插秧时，为保证能随时观测所插秧苗是否整齐，也为了避免移动过程中踩坏秧苗，一般采用倒退法插秧，即边倒退边插秧。若田间画有直线印记，也可采用前进法插秧，即向前插秧。插秧可沿着拉线绳单插一行，也可根据操作范围同时插三行。

6）补苗

插秧后，如果发现缺苗，要及时补苗。要求插后 3 天内完成此项作业，注意补充后封

好窝，以防漂苗。

第二阶段 工作实施

劳动任务 1　设计水稻插秧方案

在插秧前，我们要对稻田进行规划，计算秧苗数量，根据资讯 2 中给出的计算方法，我们以 667 平方米为例对稻田进行规划，参考方案如表 7-6 所示。

表 7-6　水稻插秧参考方案

稻田面积	行距和株距	行距、株距参考对照物的选取	秧苗穴位数量	秧苗/穴位	需要秧苗总量
667 平方米	行距：30 厘米 株距：10~13 厘米	定尺选择为 30 厘米长的木棍	约 15 000 穴	实际插秧 3 株/穴 按照 10 株/穴准备	150 000 株

请结合表 7-6 水稻插秧参考方案，设计自己的水稻插秧方案，完成表 7-7。

表 7-7　水稻插秧方案

稻田面积	行距和株距	行距、株距参考对照物的选取	秧苗穴位数量	秧苗/穴位	需要秧苗总量

劳动任务 2　准备插秧工具

以参考方案为依据，开展插秧工作，表 7-8 中为一人份工具准备，秧苗为本地块插秧所需准备数量。

表 7-8　插秧工具准备

序号	工具种类	单位	数量	备注
1	卷尺	个	1	
2	稻田靴	双	1	
3	手套	副	1	
4	驱蚊水	瓶	1	
5	拉线绳	根	1	
6	定尺	个	1	
7	秧苗	株	150 000	

劳动任务3　完成水稻插秧

在插秧前，穿好稻田靴、戴好手套、喷好驱蚊水。

1. 分散秧苗

提前将所有的秧苗分散到稻田中，便于插秧时随时拾取，如图7-3所示。

图7-3　分散秧苗

2. 拉线

正式插秧前根据行距、株距要求用拉线绳在田间拉线，每行间隔30厘米（用卷尺测量），以确保行距、株距的准确性，如图7-4所示。

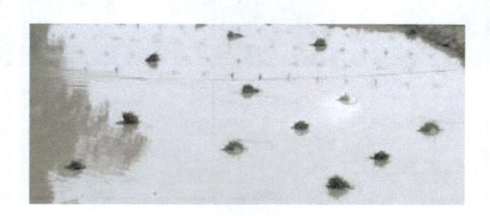

图7-4　拉线

3. 确定穴位

使用定尺确定穴位，每株间隔10厘米，如图7-5所示，熟练掌握后可用肉眼判断。

4. 分离秧苗

从秧苗堆中选取一把秧苗，从中挑选苗长短差不多的壮实秧苗，如图7-6所示。

图7-5　确定穴位 　　　　图7-6　分离秧苗

5. 插秧

一只手拿着挑选好的壮实秧苗，另一只手取其中 3 株（分苗时切记不能把秧苗弄断），用食指和中指钳住秧苗的根部（掌心朝向秧苗），将其竖直朝下插入泥土中 2～3 厘米即可，如图 7-7 所示。

图 7-7　插秧

6. 补苗

插秧后，如果发现缺苗，要及时补苗。

六、劳动成果——我的作品展示

我们的劳动成果是水稻插秧方案和完成插秧的稻田，可组织一次班级分享活动。

班级分享活动

（1）使用 PPT 展示自己设计的水稻插秧方案和完成插秧的稻田。

（2）分享自己进行插秧的方法、流程和心得。

七、劳动评价——我做得怎么样

劳动结束后完成表 7-9。

表 7-9　评价表

评价指标	评价分值				得分		
	16～20 分	11～15 分	6～10 分	1～5 分	学生自评	组内互评	教师评价
节气知识学习	熟悉立夏节气的特点，能将节气的特点讲给他人，对中国传统文化有更深入的了解	知道立夏节气的特点，能将节气的主要特点讲给他人	大致了解立夏节气的特点，能讲出节气的时间和大致特点	不了解立夏节气的特点			

续表

评价指标	评价分值				得分		
	16~20 分	11~15 分	6~10 分	1~5 分	学生自评	组内互评	教师评价
劳动技能掌握	掌握水稻相关知识及插秧的知识、方法，水稻插秧方案设计合理，秧苗插直、插稳	熟悉水稻相关知识及插秧的知识、方法，水稻插秧方案设计基本合理，秧苗插直、插稳	知道水稻相关知识及插秧的知识、方法，秧苗插直、插稳	知道水稻相关知识及插秧的知识、方法			
创新实践体现	在完成任务的基础上，能够创新劳动方法和成果，并能将所学运用到生活中的其他方面	在完成任务的基础上，能够创新劳动方法，有新的成果	在完成任务的基础上，能够创新劳动方法	基本能够完成任务，没有新的劳动方法和成果			
劳动态度形成	深刻体会到劳动的价值，有成功的体验，很有获得感，能将劳动中学会的知识和技能运用到未来的生活中	能体会到劳动的价值，有成功的体验，很有获得感	知道劳动的价值，稍有成功的体验，也有一点儿获得感	知道劳动的价值，但是还没有成功的体验			
劳动成果展示	劳动规划合理，能大胆展示劳动成果，并能够用流畅的语言做详细解释	劳动规划合理，能展示劳动成果，并能做解释	劳动规划基本合理，能展示劳动成果	有劳动规划，能适当展示成果			
合计（将评价指标中五项的得分相加）							
总分=学生自评合计值×30%+组内互评合计值×30%+教师评价合计值×40%							
评价等级（优秀：85 分及以上；良好：75~84 分；达标：60~74 分；有待提高：60 分以下）							
学习回顾与反思							

八、知识拓展

农业科学家袁隆平

袁隆平（1930 年 9 月 7 日—2021 年 5 月 22 日），汉族，江西省九江市德安县人。1953 年毕业于西南农学院（现西南大学），1995 年被选为中国工程院院士。

培育劳动秧苗——夏满芒夏暑相连 夏季篇

袁隆平是杂交水稻研究的开创者，发明了"三系法"籼型杂交水稻，成功培育出"两系法"杂交水稻，使我国杂交水稻研究及应用领先世界。他一生都在为保障中国粮食安全不懈努力，不断探索水稻的增产道路，解决中国人的粮食问题。他是享誉海内外的著名农业科学家，被誉为"杂交水稻之父"，获得了农业领域的国际最高荣誉"世界粮食奖"。

小满，小满动三车——古代水车模型制作

一、情境导入

小满（见图8-1）是二十四节气中的第八个节气，于每年公历5月20—22日交节。"小满"之名有两层含义：一是与降雨有关，小满后南方降雨频繁，暴雨开始增多，有"小满小满，江河渐满"的说法；二是与农耕生产有关，北方地区以种植小麦为主，"满"是指麦穗的饱满程度。同时，北方还有"小满前后，点瓜种豆"的说法，这说明夏季农作物在小满时到了播种的关键节令。而此时南方水稻正值抽穗灌浆的关键期，如果降雨偏少，农民就需要用水车给稻田灌溉。

图8-1 小满

"小满动三车，忙得不知他"，这句民间谚语充分说明了小满节气繁忙的农耕景象：油菜籽已经晾晒好，可以用油车来榨油了；蚕茧需要抽丝，该修理丝车干活了。清代诗人蒋士瑛在《南园戽水谣》中写道："日脚杲杲晒平地，东家插秧西家莳。养苗蓄水水易干，农夫踏车声如沸。车轴欲折心摇摇，脚跟皲裂皮肤焦。堤水如汗汗如雨，中田依旧成槁土。"这首诗生动刻画了农民们用水车灌溉农作物时火热艰辛的场景。

二、明确任务——我要做什么

小满正值农作物生长发育的关键时期，水车是把水从低处水渠运往高处农田，进行灌溉的重要农耕工具。本项目的核心驱动问题为如何运用激光切割技术制作一款古代水车模型（见图8-2）。

图 8-2　古代水车模型

三、学习目标——我将收获什么

（1）自主学习，了解小满节气的相关知识。独立查找资料，自主学习中国古代灌溉用水车的发展进程，了解水车的基本结构及传动原理，感受中国古代劳动人民的智慧。

（2）自主学习机械图的基础知识，能够识别三视图并能对零件进行拆离和安装。

（3）通过制作古代水车模型，养成认真细致、一丝不苟的劳动习惯，感受农耕文化，弘扬中国智慧。

四、制订计划——我要怎么做

在此阶段，我们要从核心驱动问题出发，思考已经知道什么，还需要知道什么，完成表 8-1。

表 8-1　制作古代水车模型知需表

核心驱动问题	已经知道的信息（学生填写）	需要知道的问题
如何运用激光切割技术制作一款古代水车模型	1. 2. 3. 4.	1. 中国古代灌溉用水车的发展进程是怎样的？ 2. 古代灌溉用水车的基本结构是怎样的？ 3. 用什么原材料来制作？ 4. 怎样运用激光切割技术进行制作

从需要知道的问题中，找到解决问题和劳动实践的方向。首先，我们需要获取相关资讯，做好关于劳动的知识准备；其次，明确开展哪些劳动任务来解决核心驱动问题；最后，

每个劳动任务的完成都将产出劳动成果。制作古代水车模型计划表如表 8-2 所示。

表 8-2 制作古代水车模型计划表

资讯分析	工作实施	劳动成果
资讯 1：中国古代灌溉用水车的发展进程	劳动任务 1：设计古代水车模型的制作图	古代水车模型的制作图
资讯 2：机械图	劳动任务 2：制作水车零件	水车零件
资讯 3：激光切割技术	劳动任务 3：组装古代水车模型	古代水车模型
	劳动任务 4：古代水车模型测试与改进	改进后的古代水车模型

五、劳动过程——我如何做好这件事

第一阶段 资讯分析

资讯 1 中国古代灌溉用水车的发展进程

古人为了生存，选择临水而居，为了抵御洪水，又修筑河堤，并在水源附近的高处居住、进行农耕，但高处无水又不利于生活与农作物生长。用水罐、水桶等工具一点点往高处拎水的效率太低，这就促使人们去研究提高运水效率的工具。《庄子·外篇·天地》记载，中国民间最早的让水往高处流的工具叫"桔槔"，如图 8-3 所示，它利用杠杆原理，用一条横木搭在木架之上，一端系木桶，一端着石头等重物，将水运到高处以灌溉农作物，这为后来水车的发明奠定了基础。

到了东汉时期，汉灵帝下令制造一种由轮、轴、槽、板等基本机械零件组成的"翻车"，利用链轮转动的原理，"设机引水"，以人力（脚踏或手摇）、畜力将水提升至高处，导入水渠或直接灌溉。翻车也叫龙骨水车，如图 8-4 所示，这是世界上出现最早、流传最久远的一种提水机械。

到了唐宋时期，轮轴的应用使水车的结构得以改善，在水资源丰富的南方，人们开始使用一种以水力为自然动力的"筒车"，如图 8-5 所示。筒车配合着水的走势和边筒，使往高处运水成了常态。

通过对筒车的观察，我们可以发现古代水车由三大部分组成，如图 8-6 所示。第一部分是支架，多放置在水中或岸边，目的是让水轮可以浸在水中并持续稳定地转动；第二部

分是水轮,即浸在水中可持续转动的轮子;第三部分是水斗,从低处取水并运载到高处再放水的容器。

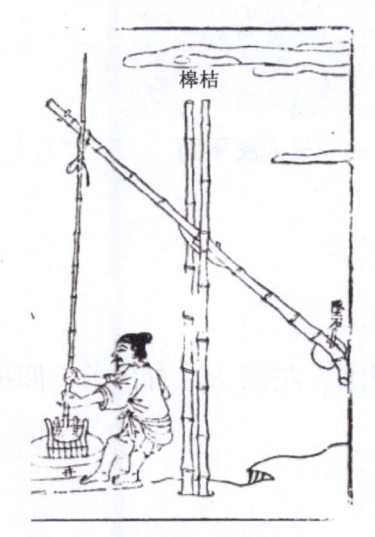

图 8-3　桔槔

图 8-4　龙骨水车

图 8-5　筒车

图 8-6　古代水车模型

资讯 2　机械图

机械图是现代机械设计与制造中采用的机械结构的图形化表示方式。人们将机械的详细结构精准绘制成平面图,并对各组成零件的尺寸、原材料、制造精度等进行标注,以便生产加工。平面图只能进行二维表现,因此在绘制机械图时需要把一个三维物体从不同角度投影到一张二维图纸上,并分成几个方向分别进行绘制。一般对一个三维物体至少需要绘制俯视图、前视图及侧视图(左视图或右视图)三个基本图案,才能完整表现三维立体结构,如图 8-7 和图 8-8 所示。

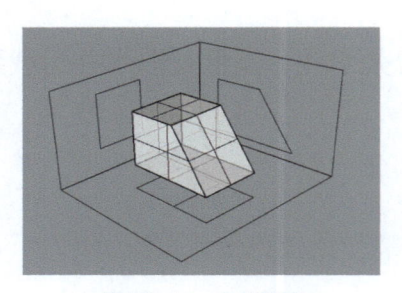

图 8-7　三视图

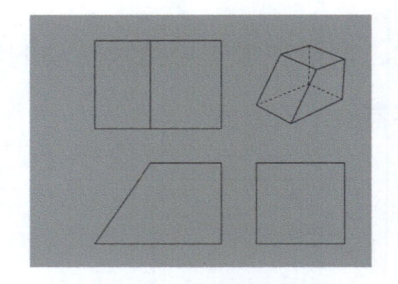

图 8-8　三视图平面

要想看懂机械图，我们需要做到以下几点。

1. 看懂三视图

（1）需要知道你观察的图案是哪个角度的视图，包括前视图、左视图、右视图、仰视图、俯视图、后视图。

（2）需要知道三视图间的规律：长对正、高平齐、宽相等。

2. 能够从图纸中了解零件的基本信息

（1）看懂零件的整体尺寸与外形结构。

（2）看懂零件的各部分精准尺寸。

图 8-9 所示为零件标注示意图，包括各部分的精准尺寸，单位是毫米。

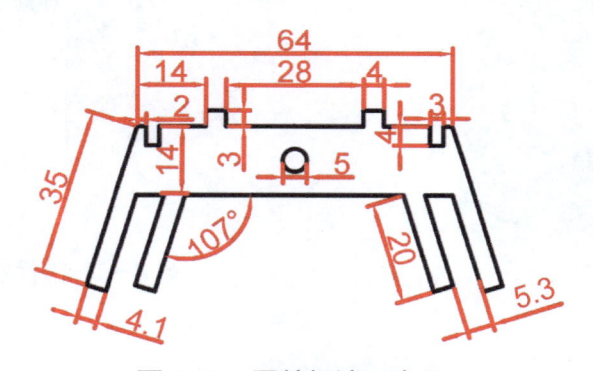

图 8-9　零件标注示意图

资讯 3　激光切割技术

激光切割技术是使用激光切割机，将激光束投射到竹木制品、亚克力、塑料板、棉布、皮革等非金属原材料之上，进行表面雕刻或切割的技术。人们可以在电脑中利用 CAD、CAMA 等多种软件进行图纸设计、图形描绘，再利用激光切割机进行图形打印与原材料切割，经过拼装与黏接后即可制作出具有各种功能的平面或三维结构的作品。

激光切割技术的特点是加工速度快、精度高、功耗低，机器占地面积小，加工环境要

求低，加工原材料广泛，切割边缘无毛刺、免打磨，低噪音，无尘屑等。

激光切割过程主要分为以下三步。

（1）使用 CAD 软件绘制零件加工图，如图 8-10 所示。

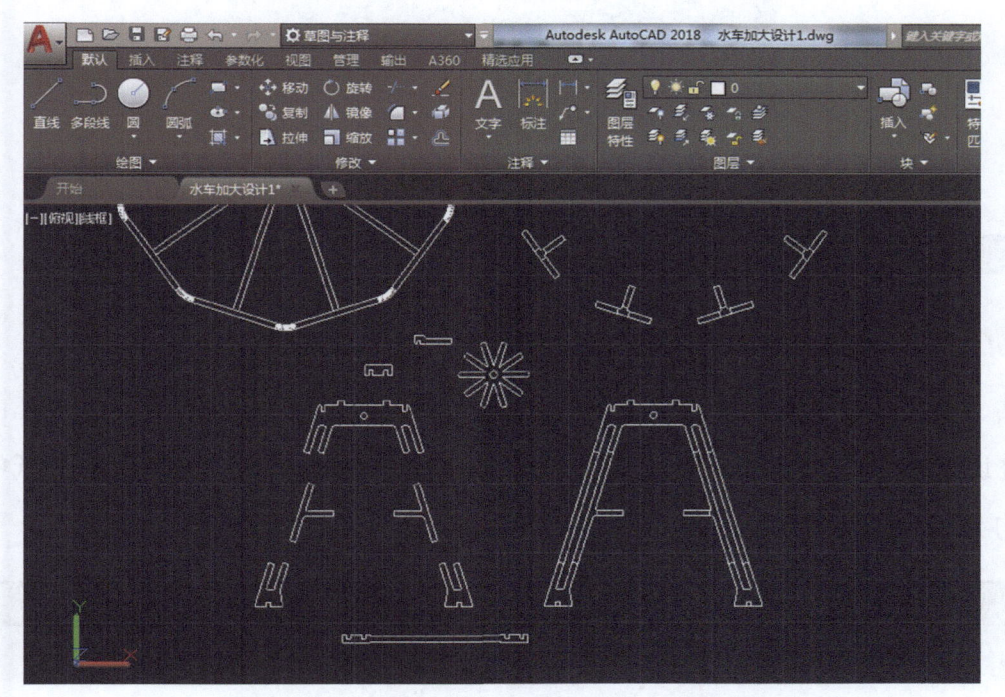

图 8-10　使用 CAD 软件绘制零件加工图

（2）将零件加工图导入激光切割软件中，如图 8-11 所示。

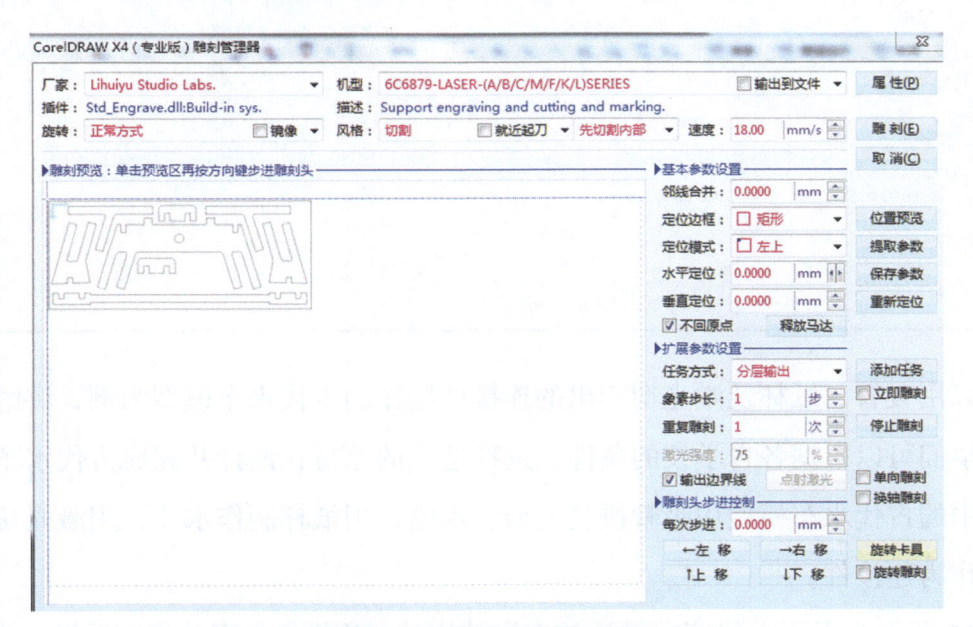

图 8-11　导入零件加工图

（3）设置参数，并进行激光切割，如图 8-12 所示。

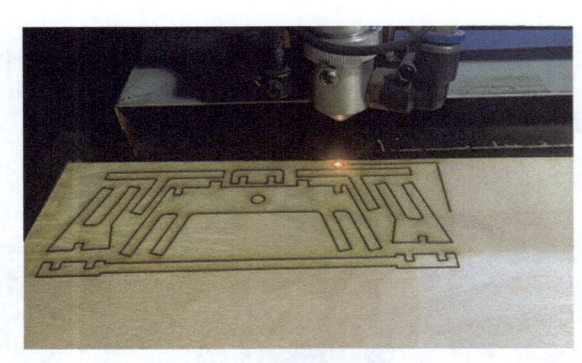

图 8-12 激光切割

第二阶段 工作实施

劳动任务1　设计古代水车模型的制作图

阅读"资讯1"了解了中国古代灌溉用水车的发展进程，明白了古代水车的基本结构，通过识读水车结构图来设计一幅古代水车模型的制作图（注：提供的图纸中所有尺寸单位均为毫米）。

设计图纸

下面以用吸管、纸杯及激光切割出的连接件制作的古代水车模型为例，讲解基本制作过程，同学们可以根据各自学校的条件，选择适当的原材料设计并完成古代水车模型的制作。本例中的古代水车模型用吸管拼装支架、水轮，用纸杯制作水斗，用激光切割的3毫米复合板作为连接件。

图 8-13 所示为根据古代筒车设计的水车结构的三视图，观察并尝试看懂三视图，分析水车的结构。其中，红色代表支架部分，黑色代表水轮部分，蓝色代表水斗部分。

培育劳动秧苗——夏满芒夏暑相连 **夏季篇**

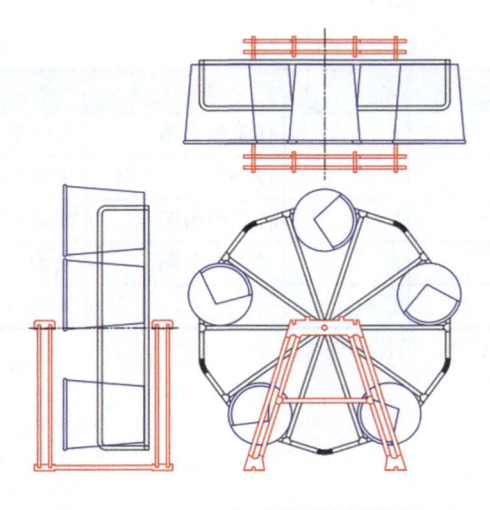

图 8-13 水车结构的三视图

根据三视图分析古代水车模型的特点，为了保证主体结构的稳定性，支架由四层零件构成。水轮采用吸管制作，弯曲部分利用吸管自身可以弯曲的那一小段。水斗采用纸杯和激光切割的 3 毫米板材制作。

接下来我们对图纸中三大部分的每个零件进行分解和拆离，具体如表 8-3 和图 8-14 所示。其中，吸管和吸管之间的连接件用激光切割技术来制作，如不具备激光切割技术，也可以手工加工的方式来制作。

表 8-3 零件及原材料表

零件分类	零件名称	数量/个	规格尺寸/毫米	零件加工方式
支架连接件	支架上部连接件	4	详见参考图	按图手工加工或激光切割加工
	支架中部连接件	8	详见参考图	按图手工加工或激光切割加工
	支架底部连接件	8	详见参考图	按图手工加工或激光切割加工
	支架顶部横向连接件	4	详见参考图	按图手工加工或激光切割加工
	支架底部横向连接件	2	详见参考图	按图手工加工或激光切割加工
支架吸管	支架外侧连接吸管	8	120×5	采购并按长度要求裁剪
	支架上段连接吸管	8	60×5	采购并按长度要求裁剪
	支架下段连接吸管	8	53×5	采购并按长度要求裁剪
	支架横连接吸管	4	80×5	采购并按长度要求裁剪
水轮连接件	水轮"T"字连接件	10	详见参考图	按图手工加工或激光切割加工
	水轮"一"字连接件	10	详见参考图	按图手工加工或激光切割加工
	水轮中心连接件	2	详见参考图	按图手工加工或激光切割加工
水轮吸管	水轮弯曲长吸管	10	详见参考图	采购并按长度要求裁剪
	水轮长吸管	10	105×5	采购并按长度要求裁剪
	水轮弯曲短吸管	10	详见参考图	采购并按长度要求裁剪

续表

零件分类	零件名称	数量/个	规格尺寸/毫米	零件加工方法
主轴与垫片	主轴垫片	4	详见参考图	按图手工加工或激光加工
	水车主轴吸管	1	125×5	采购并按长度要求裁剪
水斗	水斗挡盖	5	详见参考图	按图手工加工或激光加工
	水斗纸杯	5	详见参考图	采购
其他	热熔胶棒	1	—	采购

注：规格尺寸中的5为直径，120为长度，单位为毫米。

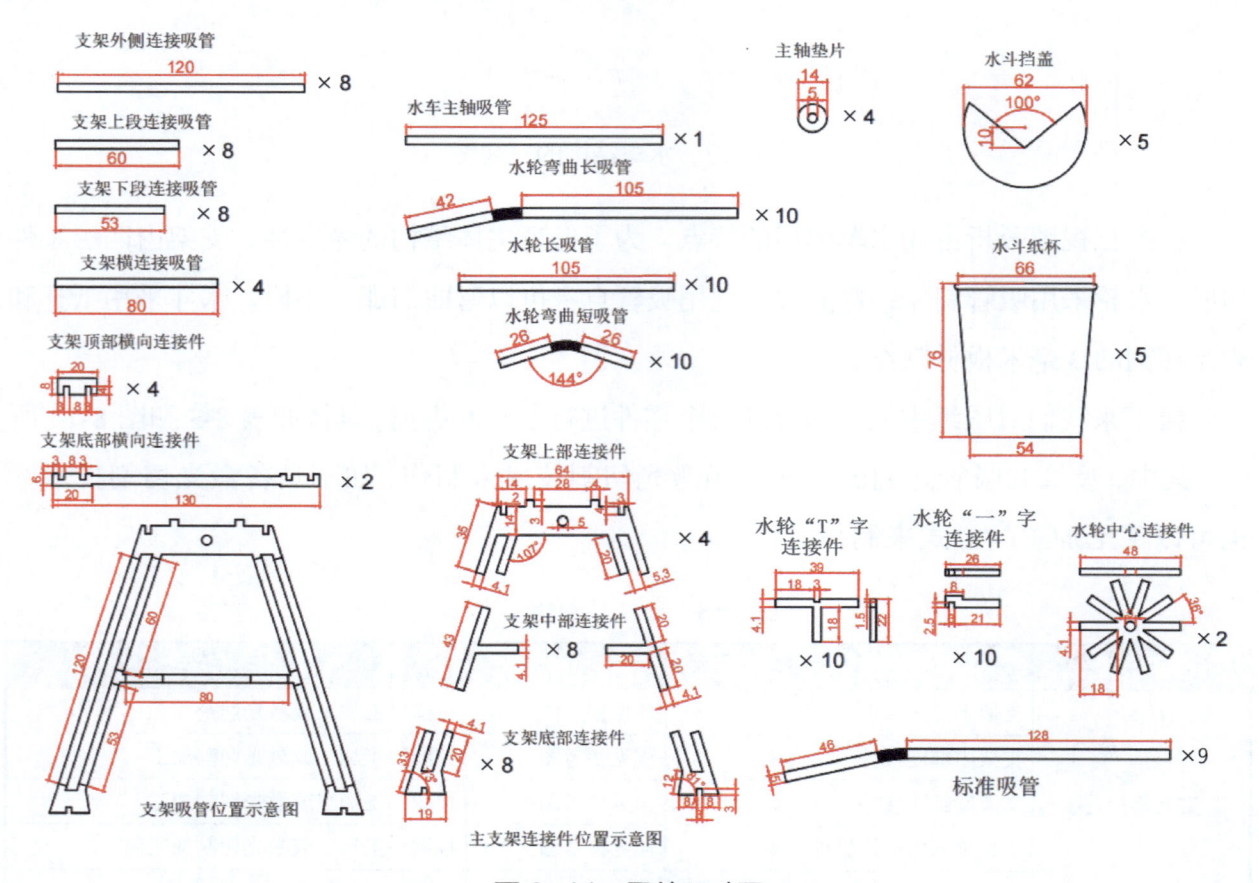

图 8-14　零件尺寸图

劳动任务 2　制作水车零件

请根据提供的零件尺寸图进行零件加工。

1. 制作支架零件

水车支架如图 8-15 所示。

1）制作支架连接件

支架连接件包括支架上部连接件、支架中部连接件、支架底部连接件、支架顶部横向连接件和支架底部横向连接件，具体尺寸如图 8-16 和图 8-17 所示。

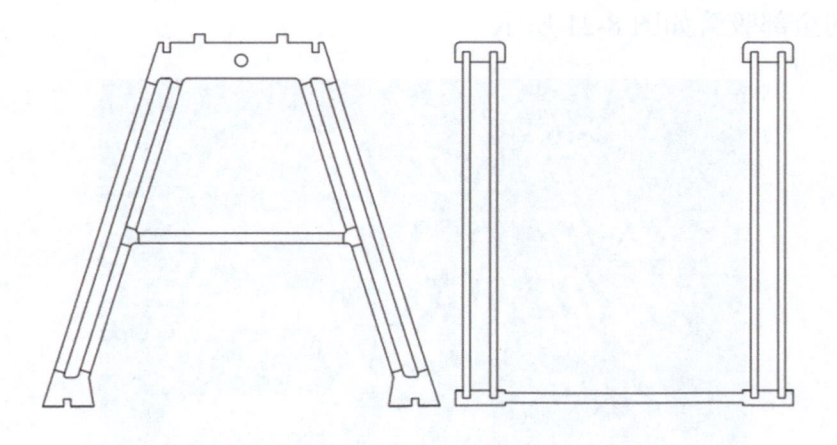

图 8-15 水车支架

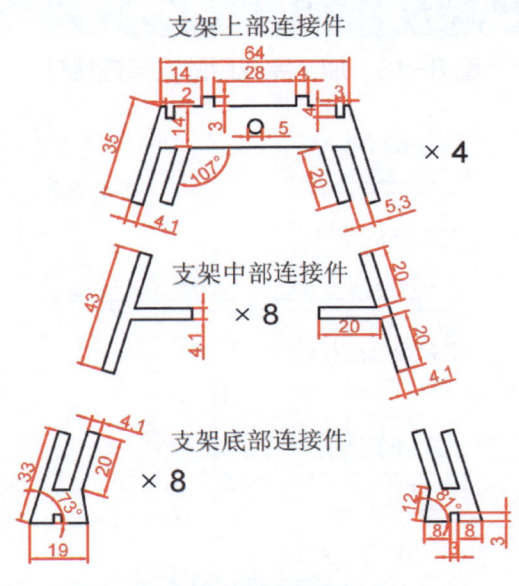

图 8-16 支架连接件尺寸（一）

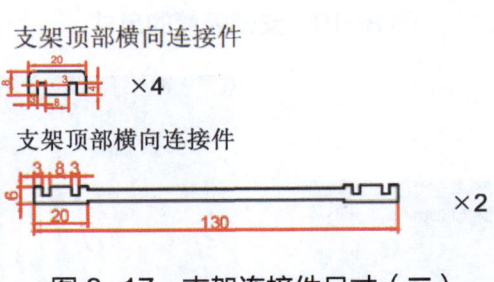

图 8-17 支架连接件尺寸（二）

图 8-16 和图 8-17 所示为支架连接件的尺寸图，图中×8、×4、×2 代表该零件的加工数量，加工完成后如图 8-18 所示。

2）支架吸管原材料的加工

图 8-19 所示为支架吸管的尺寸，即需要把吸管裁剪至对应长度。裁剪吸管如图 8-20

所示，裁剪后的全部吸管如图 8-21 所示。

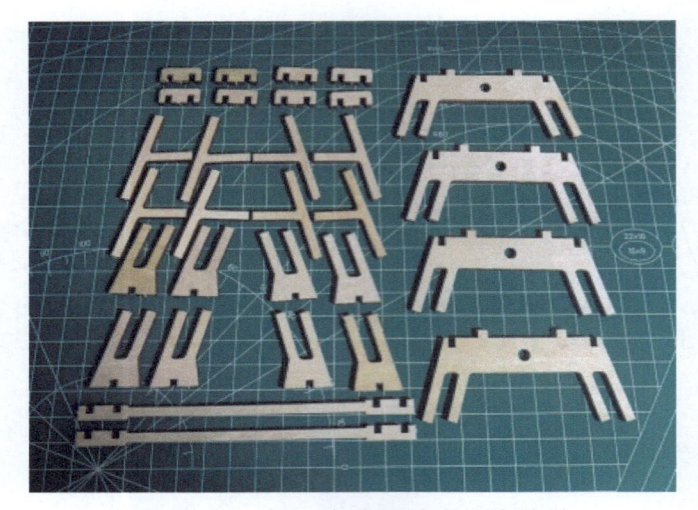

图 8-18　加工完成后的支架连接件

水车主轴吸管　125　×1
支架外侧连接吸管　120　×8
支架上段连接吸管　60　×8
支架下段连接吸管　53　×8
支架横连接吸管　80　×4

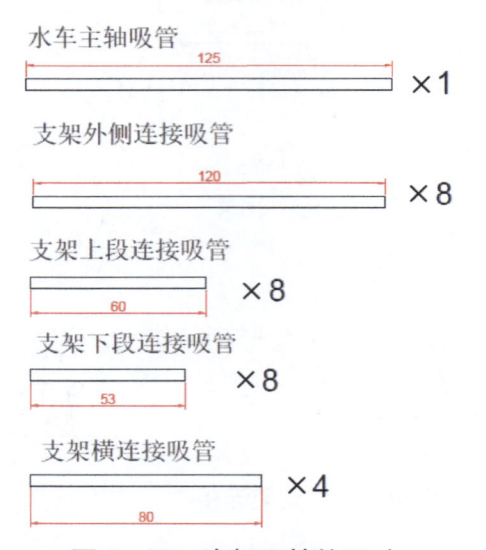

图 8-19　支架吸管的尺寸

图 8-20　裁剪吸管

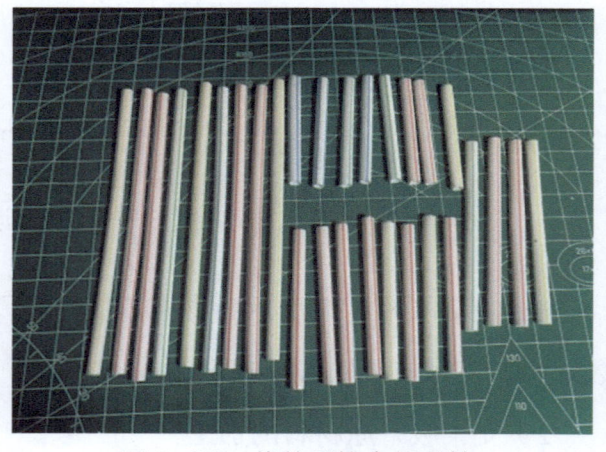

图 8-21　裁剪后的全部吸管

2. 制作水轮零件

水轮主要由吸管制作而成，水轮设计图如图8-22所示。

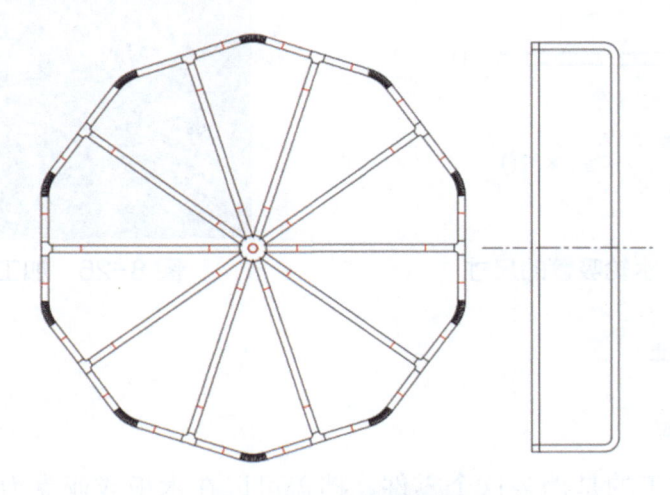

图 8-22 水轮设计图

1）制作水轮连接件

水轮连接件需要利用激光切割技术完成，具体尺寸如图8-23所示，加工完成后如图8-24所示。

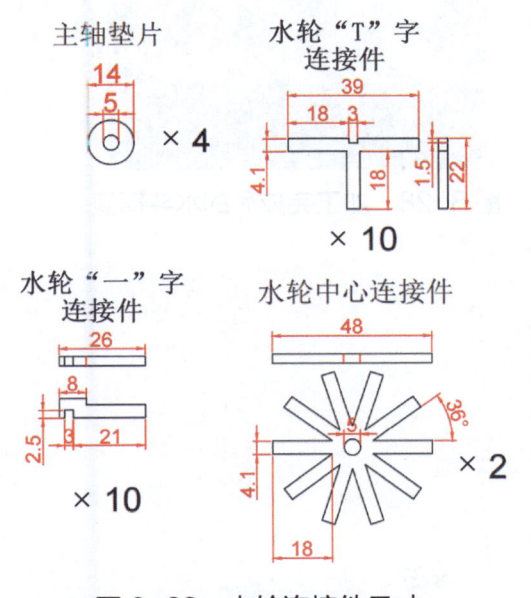

图 8-23 水轮连接件尺寸

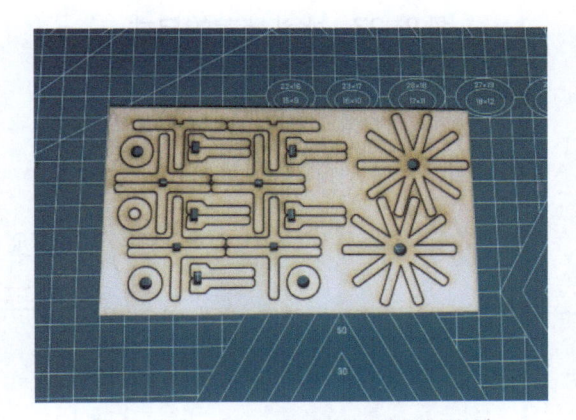

图 8-24 加工完成的水轮连接件

2）水轮吸管的加工

水轮合理利用了吸管弯曲段，长吸管弯曲成90°使用，短吸管弯曲成144°使用，水轮吸管的尺寸如图8-25所示，加工后的水轮吸管如图8-26所示。

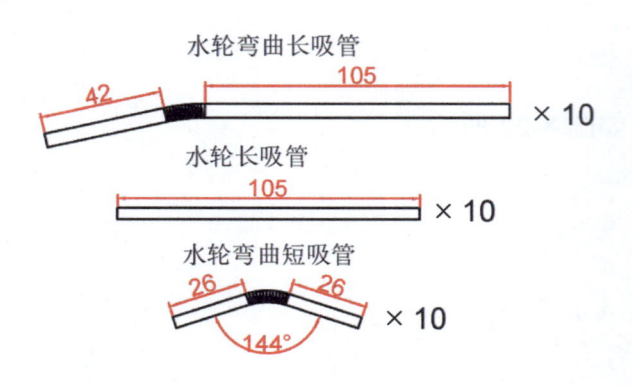

图 8-25 水轮吸管的尺寸

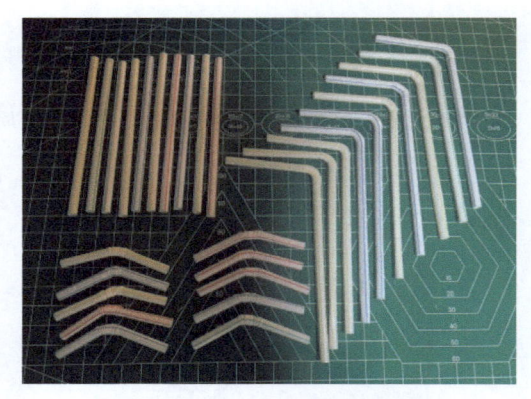

图 8-26 加工后的水轮吸管

3. 制作水斗零件

1）制作水斗挡盖

水斗部分需要加工的是挡盖这个零件，挡盖可以在木板或亚克力板上使用激光切割技术制作而成。鉴于纸杯原材料表面有防水涂层，黏接挡盖时用热熔胶效果最佳。水斗挡盖的尺寸如图 8-27 所示，加工完成后如图 8-28 所示。

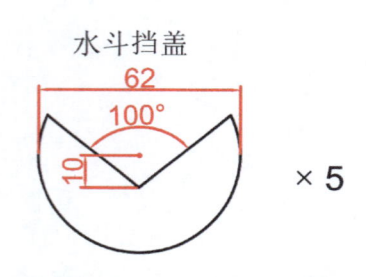

图 8-27 水斗挡盖的尺寸

图 8-28 加工完成后的水斗挡盖

2）水斗纸杯

水斗纸杯的尺寸如图 8-29 所示。

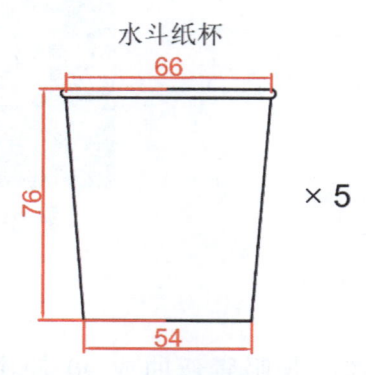

图 8-29 水斗纸杯的尺寸

劳动任务 3　组装古代水车模型

1. 组装水轮

（1）插接水轮吸管到水轮连接件上，注意控制力度、保持一致性。其中，水轮由前后两部分构成，它们的核心连接件是一样的，不同的是一部分要插上十根弯曲长管，另一部分需要连接外圆使其封闭，这就需要用到水轮"T"字连接件、水轮"一"字连接件和水轮中心连接件。依次把长度为 105 毫米的吸管插入水轮中心连接件，具体如图 8-30 所示。

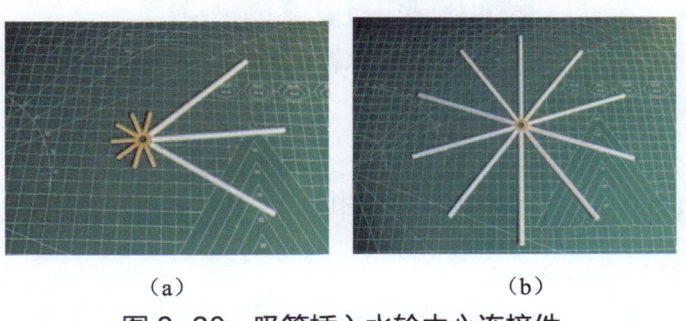

（a）　　（b）

图 8-30　吸管插入水轮中心连接件

（2）连接水轮"T"字连接件：把弯曲成 144°的短吸管插入水轮"T"字连接件，然后和前一步的零件组合，完成后如图 8-31 所示。

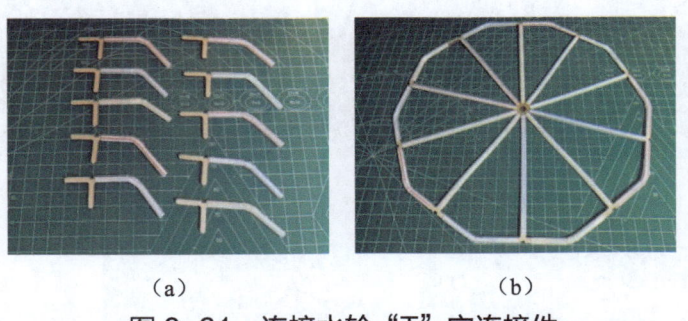

（a）　　（b）

图 8-31　连接水轮"T"字连接件

（3）连接水轮"一"字连接件：把弯曲成 90°的吸管长边与另一个水轮中心连接件连接，在短边插入水轮"一"字连接件，如图 8-32 所示。

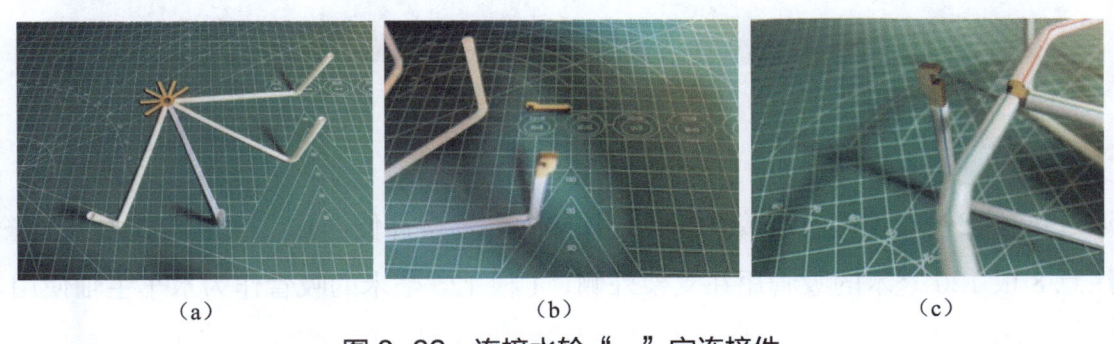

（a）　　（b）　　（c）

图 8-32　连接水轮"一"字连接件

（4）拼装两部分水轮零件，注意水轮"一"字连接件的插口要和水轮"T"字连接件相扣，完成后如图 8-33 所示。

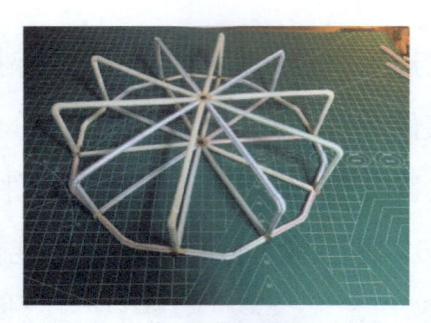

图 8-33 水轮拼装完成图

2. 安装支架

支架安装如图 8-34 所示，支架主体一共有 4 片，左右各安装 2 片以保持支架的稳定性。

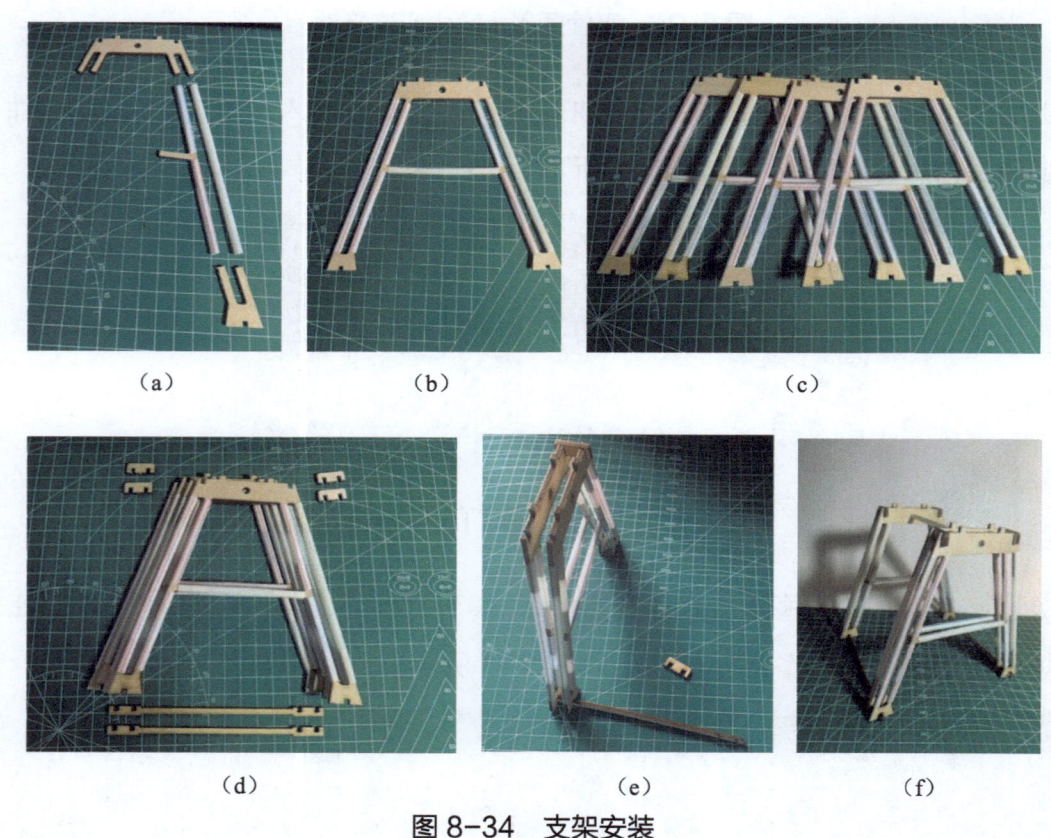

（a）　　　（b）　　　（c）

（d）　　　（e）　　　（f）

图 8-34 支架安装

通过拼插支架底部横向连接件和支架顶部横向连接件使 4 片支架主体成为 1 个整体结构。注意 8 根 120 毫米的吸管用在支架外侧，1 根 125 毫米的吸管作为水车主轴使用。

3. 安装水斗

纸杯表面有防水涂层,因此要使用热熔胶来安装水斗,如图 8-35 所示。使用热熔胶枪时要注意安全,避免烫伤。黏接水斗的挡盖在水杯内部,注意要保持挡盖和杯口的水平度。

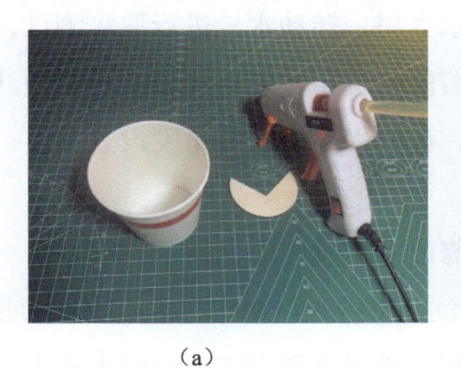

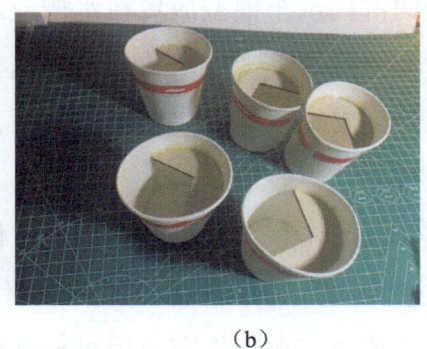

(a)　　　　　　　　　　　(b)

图 8-35　安装水斗

4. 水车整装

使用热熔胶黏接水斗到水轮上,在水斗和水轮的接触位置点胶。注意观察设计图中每个水斗的位置,以及水斗挡盖和水轮的相对角度,具体过程如图 8-36 所示。

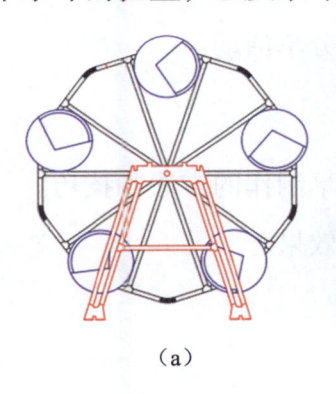

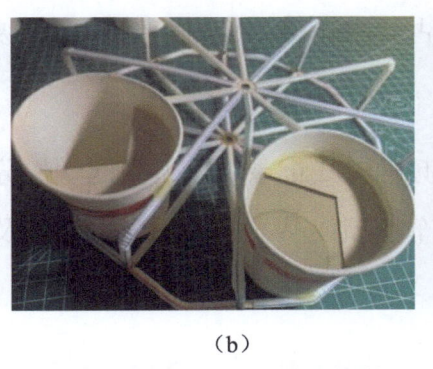

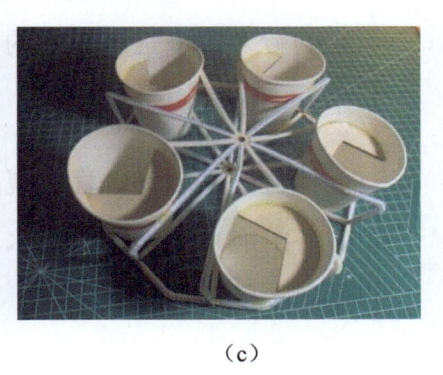

(a)　　　　　　　　(b)　　　　　　　　(c)

图 8-36　水斗整装

用长度 125 毫米的吸管做水车主轴,装配水轮到支架上,完成水车主体装配,如图 8-37 所示。注意使用垫片,避免水轮或水斗在旋转时碰撞到支架。

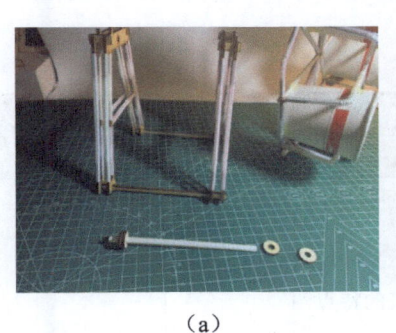

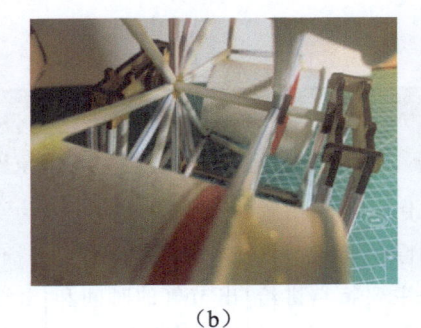

(a)　　　　　　　　(b)　　　　　　　　(c)

图 8-37　连接水轮与支架

劳动任务 4　古代水车模型测试与改进

（1）结构测试：测试古代水车模型运行是否顺畅。

（2）功能测试：测试古代水车模型汲水与运水功能是否能够实现。

将装配好的古代水车模型放置在水槽或水盆里，转动水轮进行取水测试，盆中的水位与支架上的横支撑持平。观察水斗出水时挡盖的角度，转到支架顶端时必须开口向上才算成功。如果还未到支架顶端开口已斜转向下，说明水斗挡盖的角度设置有误，可以根据观察到的结果进行调整与改进。

（3）结构修改与调整：根据测试情况，修改和调整水车结构。

（4）再次测试：修改与调整后再次测试古代水车模型的结构与功能，直到达到设计标准。

（5）定型与装饰：在制作完成后对部分结构进行重新固定，并对古代水车模型加以装饰，达到美观的效果。

六、劳动成果——我的作品展示

我们的劳动成果是制作好的古代水车模型，可组织一次班级分享活动。

班级分享活动

（1）请将作品制作过程以视频的方式记录下来，向同学们分享制作的方法和技巧。

（2）各组展示制作的古代水车模型成品，并验证汲水功能及效果。

（3）评选优秀作品。

七、劳动评价——我做得怎么样

劳动结束后完成表8-4。

表8-4　评价表

评价指标	评价分值				得分		
	16～20分	11～15分	6～10分	1～5分	学生自评	组内互评	教师评价
节气知识学习	熟悉小满节气的特点，能将节气的特点讲给他人，对中国传统文化有更深入的了解	知道小满节气的特点，能将节气的主要特点讲给他人	大致了解小满节气的特点，能讲出节气的时间和大致特点	不了解小满节气的特点			

续表

评价指标	评价分值				得分		
	16~20分	11~15分	6~10分	1~5分	学生自评	组内互评	教师评价
劳动技能掌握	掌握机械图、识图及三视图的基础知识，掌握零件拆离技能、裁剪加工技能、装配与安装技能，能够独立完成古代水车模型的制作与调试	熟悉机械图、识图及三视图的基础知识，基本掌握零件拆离技能、裁剪加工技能、装配与安装技能，能够基本完成古代水车模型的制作与调试	知道机械图、识图及三视图的基础知识，理解零件拆离技能、裁剪加工技能、装配与安装技能，基本完成古代水车模型的制作与调试	了解机械图、识图及三视图的基础知识，理解零件拆离技能、裁剪加工技能、装配与安装技能			
创新实践体现	在完成任务的基础上，能够创新劳动方法和成果，并能将所学运用到生活中的其他方面	在完成任务的基础上，能够创新劳动方法和成果，有新的成果	在完成任务的基础上，能够创新劳动方法	基本能够完成任务，没有新的劳动方法和成果			
劳动态度形成	深刻体会到劳动的价值，有成功的体验，很有获得感，能将劳动中学会的知识和技能运用到未来的生活中	能体会到劳动的价值，有成功的体验，很有获得感	知道劳动的价值，稍有成功的体验，也有一点儿获得感	知道劳动的价值，但是还没有成功的体验			
劳动成果展示	劳动规划合理，能大胆展示劳动成果，并能够用流畅的语言做详细解释	劳动规划合理，能展示劳动成果，并能做解释	劳动规划基本合理，能展示劳动成果	有劳动规划，能适当展示成果			
合计（将评价指标中五项的得分相加）							
总分=学生自评合计值×30%+组内互评合计值×30%+教师评价合计值×40%							
评价等级（优秀：85分及以上；良好：75~84分；达标：60~74分；有待提高：60分以下）							
学习回顾与反思							

八、知识拓展

五绝·小满

〔宋〕欧阳修

夜莺啼绿柳，

皓月醒长空。

　　最爱垄头麦,

　　迎风笑落红。

作者简介

欧阳修(1007—1072),北宋政治家、文学家、史学家,"唐宋八大家"之一。

诗词赏析

夜莺在茂盛的绿柳枝头自由自在地啼鸣,明月照亮了万里长空。我最喜欢观看这个时节田垄前的麦子,它们在初夏的风中轻轻摇曳着笑看那满地落红。

诗词意境

欧阳修这首小满绝句,充满了色彩之美。大自然里的动物、植物生生不息,夜莺、绿柳、垄头麦描述了小满时节万物生长的景象。落红满地说明花落、叶长、果实悄悄孕育,是生命的另一种呈现。

培育劳动秧苗——夏满芒夏暑相连 **夏季篇**

芒种，芒种忙，麦登场——花馍制作

一、情境导入

芒种（见图 9-1）是二十四节气的第九个节气，于每年公历 6 月 5—7 日交节。芒种是指有芒的作物（如大麦、小麦等）成熟了，夏播作物可以播种了，忙收又忙种。这时，中国很多地区的农业生产正处于夏收、夏种、夏管的"三夏"大忙季节，农谚"栽秧割麦两头忙，芒种打火夜插秧"描绘的就是芒种繁忙的景象。

"芒种前后麦上场，男女老少昼夜忙"，描写的是芒种节气，家家户户热火朝天收小麦的场景。芒种时节，新麦收获，农民用新麦磨制的面粉做成五谷六畜、瓜果蔬菜样式的花馍，庆祝丰收。而在山东、山西、陕西等地，过年时以面粉为主要食材制作的花馍还承载着人们的心愿。其中，山西闻喜花馍于 2008 年被列为第二批国家级非物质文化遗产，蕴含着丰富的民俗文化内涵，是世代相传的民间艺术。

图 9-1 芒种

二、明确任务——我要做什么

芒种时节，我们可以用新麦磨制的面粉制作花馍（见图 9-2），在劳动中体验丰收的喜悦。本项目的核心驱动问题为如何根据使用场合设计制作一款花馍。

图 9-2 花馍

三、学习目标——我将收获什么

（1）自主学习，了解芒种节气的相关知识，能说出花馍的寓意，弘扬民间艺术。

（2）学习花馍制作的相关知识，掌握任意一款花馍，如枣花馍制作的基本手法，能独立制作一款花馍，体会劳动的快乐。

（3）通过制作花馍，培养一丝不苟的精神，传承我国花馍非遗文化，感受劳动的美。

四、制订计划——我要怎么做

在此阶段，我们要从核心驱动问题出发，思考已经知道什么，还需要知道什么，完成表 9-1。

表 9-1　制作花馍知需表

核心驱动问题	已经知道的信息（学生填写）	需要知道的问题
如何根据使用场合设计制作一款花馍	1. 2. 3. 4.	1. 不同花馍的用途和意义分别是什么？ 2. 怎样制作发面？ 3. 怎样制作花馍造型？ 4. 枣花馍蒸制的技巧有哪些

从需要知道的问题中，找到解决问题和劳动实践的方向。首先，我们需要获取相关资讯，做好关于劳动的知识准备；其次，明确开展哪些劳动任务来解决核心驱动问题；最后，每个劳动任务的完成都将产出劳动成果。制作花馍计划表如表 9-2 所示。

表 9-2　制作花馍计划表

资讯分析	工作实施	劳动成果
资讯1：花馍的种类、用途和意义	劳动任务1：设计花馍制作方案	花馍制作方案
资讯2：制作发面的技巧	劳动任务2：制作发面	发面
资讯3：制作花馍造型的基本技法	劳动任务3：制作枣花馍造型	枣花馍生坯
资讯4：花馍蒸制技巧	劳动任务4：蒸制枣花馍	枣花馍

五、劳动过程——我如何做好这件事

第一阶段 资讯分析

资讯 1　花馍的种类、用途和意义

花馍是一种蒸食，寓意蒸蒸日上。它栩栩如生的艺术造型、丰富的形态、多样的装饰物，蕴含着不同的寓意，但都表达了人们对美好生活的热爱和向往。

花馍的种类繁多，不同的花馍适用于不同的场合。花馍包括孩子出生时的圈圈馍、孩子满月时的道喜花馍、孩子周岁时的插花老虎花馍、老人过寿时的寿诞花馍、订婚/结婚时的婚嫁花馍、乔迁暖房时的乔迁花馍、上梁时的上梁花馍等。在部分地区有"有馍就有事，有事就有馍"的说法，花馍已经与人们的日常生活密不可分。

1) 寿诞花馍

寿诞花馍有福寿安康的寓意，通常有"福""寿""安""康"等字样，也会有桃子、元宝、福袋等元素，一般在给家中老人祝寿时使用，以祝福长辈福寿安康、健康长寿，如图 9-3 所示。

图 9-3　寿诞花馍

2) 乔迁花馍

乔迁花馍有招财、平安吉祥、富贵等寓意，通常有元宝、福袋、葫芦等招财进宝的元素，花元素代表花开富贵，动物元素如鱼表示年年有余，祝福人们在新家财源广进，万事顺心，如图 9-4 所示。

3) 其他花馍

随着人们生活消费方式的改变，除了传统的花馍使用场合，在人们觉得重要的其

他日子都可以用花馍来表达祝福，于是有了很多现代的花馍，如花束花馍、花篮花馍（见图 9-5）等。

图 9-4　乔迁花馍 　　　　图 9-5　花篮花馍

针对不同的场合，我们要结合场景和对象的特点选择合适的花馍造型。常见的花馍造型及寓意如表 9-3 所示。

表 9-3　常见的花馍造型及寓意

花馍造型	寓意	建议使用场合
金虎	虎虎有生	升学、升职等
寿桃	福寿延年	老人祝寿
石榴	多子多福	婚姻嫁娶
柿子	事事如意	各种场合
福袋	代代有福	春节、生子等
元宝	招财进宝	春节、开业等
锦鲤	年年有余	春节等
枣花	步步高升、蒸蒸日上	春节等
牡丹	富贵吉祥	各种场合

资讯 2　制作发面的技巧

酵母最适宜的发酵温度是 40℃～42℃，如果低于 10℃或超过 45℃，酵母的活性会大大降低，在 4℃以下酵母会停止发酵，超过 55℃酵母会快速死亡。因此，最好用温水和面，温度在 40℃左右为宜。

酵母发酵需要能量，可以加入适量白砂糖，加快酵母的发酵速度，加快二氧化碳的释放速度，从而增大气体体积，缩短醒发时间。

资讯 3　制作花馍造型的基本技法

制作花馍造型的基本技法：揉、搓、擀、剪、捏、卷、压、按、切等，根据造型的不

同可以采用不同的技法，如图 9-6 所示。

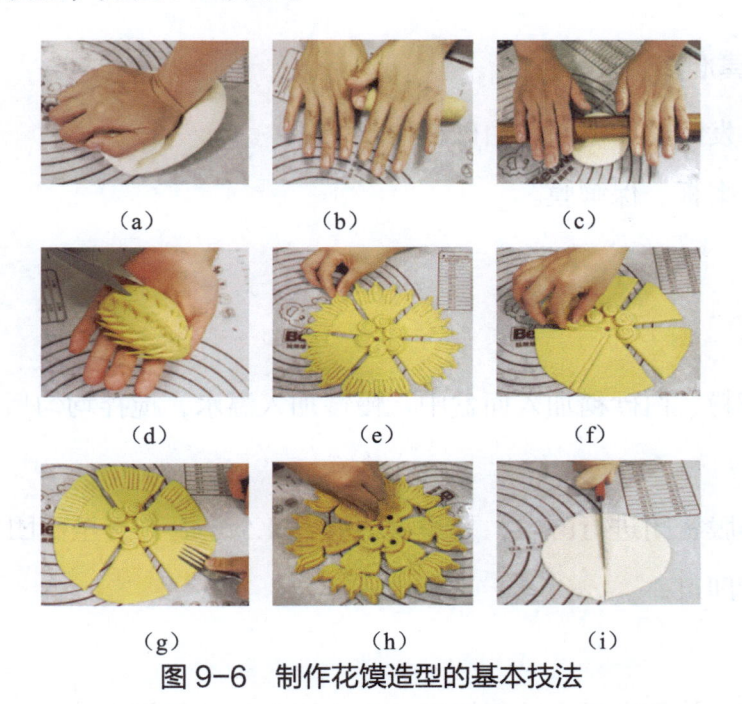

图 9-6　制作花馍造型的基本技法

资讯 4　花馍蒸制技巧

花馍上屉后不要马上开火，要二次醒发 15 分钟左右。待生坯体积明显增大后，再开大火蒸 20～25 分钟。为防止关火开盖时花馍遇冷收缩，关火后静置 5 分钟左右再开盖。

第二阶段　工作实施

劳动任务 1　设计花馍制作方案

根据使用场合设计花馍制作方案。以枣花馍为例，制作方案如表 9-4 所示。

表 9-4　枣花馍的制作方案

场合	过年
寓意	团团圆圆、幸福美满
食材	面粉 500 克、发酵粉 6 克、温水 250 毫升、白砂糖 5 克、红枣 40 克
花馍设计图	

劳动任务 2　制作发面

1. 食材和工具准备

食材：面粉、发酵粉、温水、白砂糖。

工具：面盆、案板、保鲜膜。

2. 制作过程

1）和面

将面粉、发酵粉、白砂糖加入面盆中，慢慢加入温水，搅拌均匀后用手揉匀面团。

2）发面

将面团用保鲜膜密闭进行醒发，夏季大约醒发 1.5 小时，直至面团体积变成 2 倍大，其横切面呈蜂窝状即可。

3）揉面排气

将醒发后的面团放到案板上反复揉压，将面团中的空气排出。

发面的制作过程如图 9-7 所示。

图 9-7　发面的制作过程

劳动任务 3　制作枣花馍造型

花馍的种类繁多，我们以最常见的枣花馍为例，详述制作过程。

1. 食材和工具准备

食材：劳动任务 2 中的发面、红枣。

工具：擀面杖、刀、梳子、筷子、叉子、案板。

2. 制作过程

具体制作过程如图 9-8 所示。

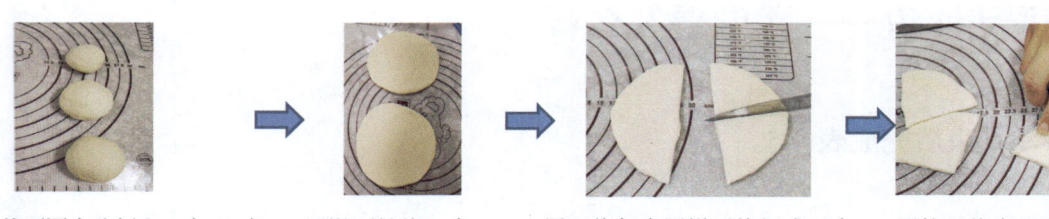

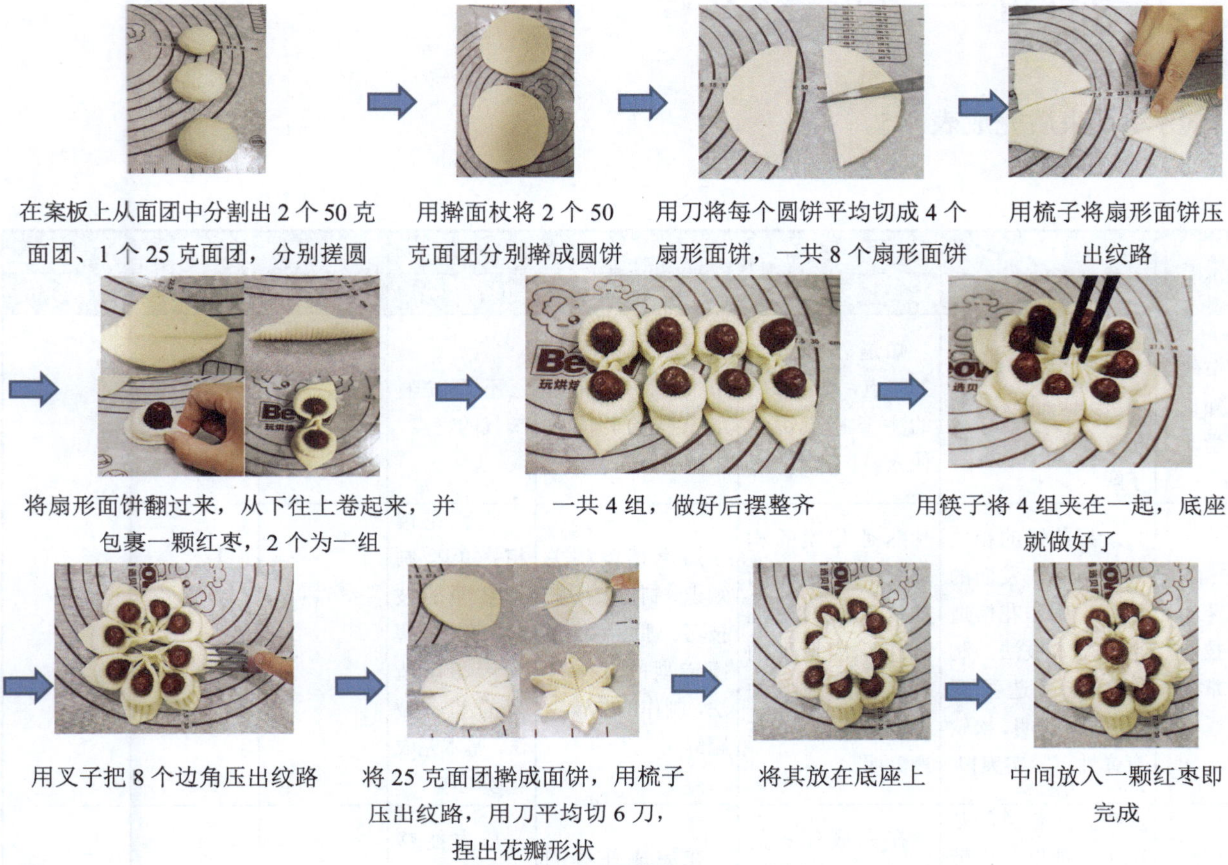

在案板上从面团中分割出 2 个 50 克面团、1 个 25 克面团，分别搓圆

用擀面杖将 2 个 50 克面团分别擀成圆饼

用刀将每个圆饼平均切成 4 个扇形面饼，一共 8 个扇形面饼

用梳子将扇形面饼压出纹路

将扇形面饼翻过来，从下往上卷起来，并包裹一颗红枣，2 个为一组

一共 4 组，做好后摆整齐

用筷子将 4 组夹在一起，底座就做好了

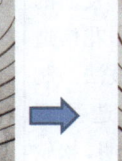

用叉子把 8 个边角压出纹路

将 25 克面团擀成面饼，用梳子压出纹路，用刀平均切 6 刀，捏出花瓣形状

将其放在底座上

中间放入一颗红枣即完成

图 9-8　枣花馍的制作过程

劳动任务 4　蒸制枣花馍

1. 醒馍

冷水上锅，二次醒发 15 分钟左右。

2. 蒸制

开火蒸 20～25 分钟，关火后焖 5 分钟再出锅。

六、劳动成果——我的作品展示

我们的劳动成果是制作的花馍，可组织一次班级分享活动。

班级分享活动

（1）介绍自己制作花馍时遇到了哪些困难，以及是如何解决的。

（2）分享制作花馍的收获体会。

七、劳动评价——我做得怎么样

劳动结束后完成表 9-5。

表 9-5 评价表

评价指标	评价分值				得分		
	16~20 分	11~15 分	6~10 分	1~5 分	学生自评	组内互评	教师评价
节气知识学习	熟悉芒种节气的特点，能将节气的特点讲给他人，对中国传统文化有更深入的了解	知道芒种节气的特点，能将节气的主要特点讲给他人	大致了解芒种节气的特点，能讲出节气的时间和大致特点	不了解芒种节气的特点			
劳动技能掌握	掌握花馍的相关知识、制作发面的技巧，制作花馍造型的基本技法，制作的花馍造型周正、主题鲜明、松软有弹性、紧实爽口	熟悉花馍的相关知识、制作发面的技巧，基本掌握制作花馍造型的基本技法，制作的花馍造型周正、主题鲜明	知道花馍相关知识、制作发面的技巧，理解制作花馍造型的基本技法，制作的花馍主题鲜明	了解花馍相关知识、制作发面的技巧，基本理解制作花馍造型的基本技法，基本完成花馍制作			
创新实践体现	在完成任务的基础上，能够创新劳动方法和成果，并能将所学运用到生活中的其他方面	在完成任务的基础上，能够创新劳动方法，有新的成果	在完成任务的基础上，能够创新劳动方法	基本能够完成任务，没有新的劳动方法和成果			
劳动态度形成	深刻体会到劳动的价值，有成功的体验，很有获得感，能将劳动中学会的知识和技能运用到未来的生活中	能体会到劳动的价值，有成功的体验，很有获得感	知道劳动的价值，稍有成功的体验，也有一点儿获得感	知道劳动的价值，但是还没有成功的体验			
劳动成果展示	劳动规划合理，能大胆展示劳动成果，并能够用流畅的语言做详细解释	劳动规划合理，能展示劳动成果，并能做解释	劳动规划基本合理，能展示劳动成果	有劳动规划，能适当展示成果			
合计（将评价指标中五项的得分相加）							
总分=学生自评合计值×30%+组内互评合计值×30%+教师评价合计值×40%							
评价等级（优秀：85 分及以上；良好：75~84 分；达标：60~74 分；有待提高：60 分以下）							
学习回顾与反思								

八、知识拓展

时雨（节选）

〔宋〕陆游

时雨及芒种，

四野皆插秧。

家家麦饭美，

处处菱歌长。

作者简介

陆游（1125—1210），南宋文学家、史学家、爱国诗人。

诗词赏析

芒种时节，下了一场及时雨。田野里随处都可以看到农民在忙着插秧。家家户户吃着用麦粒和豆煮的香喷喷的饭，处处都飘荡着采菱女采菱时的悠扬歌声。

诗词意境

农桑好时节，插秧种稻，风吹麦浪，在此刻完美地交织成一幅美丽的乡野农耕图。这篇写实的生活诗不仅反映了芒种时节播种谷类、收割麦类的农忙景象，还展现了诗人晚年的悠闲生活和周边环境的一片祥和。

夏至，冬至饺子夏至面——炸酱面制作

一、情境导入

夏至（见图 10-1）是二十四节气中的第十个节气，于每年公历 6 月 20—22 日交节。夏至这天，太阳的位置到达一年中的最北端，几乎直射北回归线。夏至这一天，北半球的白天时间最长，过了夏至白天就会慢慢变短，因此便有了"吃过夏至面，一天短一线"的说法。

"冬至饺子夏至面"，夏至吃面是一种饮食传统。南方流行吃阳春面、干汤面等；北方则流行吃炸酱面和打卤面等。

图 10-1　夏至

二、明确任务——我要做什么

夏至节气，让我们亲手制作炸酱面（见图 10-2），为家人呈上一顿美味的大餐。每个人的喜好不同，我们需要根据口味差异，制作一款特色炸酱面。本项目的核心驱动问题为如何为家人制作适合他们口味的炸酱面。

图 10-2　炸酱面

三、学习目标——我将收获什么

（1）自主学习，了解夏至节气的相关知识，能说出北京炸酱面的特色，做北京饮食文化的传播者。

（2）学习手擀面的制作方法和炸酱的制作方法，亲手制作手擀面和炸酱，并能根据家人不同的需求，完成菜码的制作，体会到通过美食帮助家人获得美好体验的快乐。

（3）通过制作炸酱面，养成做事细致、周到、精益求精的精神，体会北京人的讲究与乐观，养成热爱劳动的习惯。

四、制订计划——我要怎么做

在此阶段，我们要从核心驱动问题出发，思考已经知道什么，还需要知道什么，完成表 10-1。

表 10-1　制作炸酱面知需表

核心驱动问题	已经知道的信息（学生填写）	需要知道的问题
如何为家人制作适合他们口味的炸酱面	1. 2. 3. 4.	1. 炸酱面为谁做？ 2. 他/她喜欢什么口味？ 3. 制作炸酱有什么讲究？ 4. 炸酱面中的面条有哪些种类？ 5. 怎样选取及制作菜码

从需要知道的问题中，找到解决问题和劳动实践的方向。首先，我们需要获取相关资讯，做好关于劳动的知识准备；其次，明确开展哪些劳动任务来解决核心驱动问题；最后，每个劳动任务的完成都将产出劳动成果。制作炸酱面计划表如表 10-2 所示。

表 10-2　制作炸酱面计划表

资讯分析	工作实施	劳动成果
资讯 1：炸酱面的相关知识	劳动任务 1：设计炸酱面制作方案	炸酱面制作方案
资讯 2：炸酱的制作方法	劳动任务 2：制作炸酱	炸酱
资讯 3：手擀面的制作方法	劳动任务 3：制作手擀面	手擀面
资讯 4：菜码的选取及制作方法	劳动任务 4：制作菜码	菜码
资讯 5：煮面条及拌面的方法	劳动任务 5：煮面条及拌面	炸酱面成品

五、劳动过程——我如何做好这件事

第一阶段 资讯分析

资讯1　炸酱面的相关知识

1. 认识炸酱面

炸酱面是北京的一道传统美食，由菜码、炸酱、面条制作而成，流行于北京、天津、河北等地。

2. 炸酱面的营养价值

炸酱面的主要食材是面条、猪肉和蔬菜。面条易于消化吸收，具有改善贫血、增强免疫力、平衡营养吸收等功效。而猪肉含有丰富的优质蛋白质和脂肪酸，并能为人体提供血红素（有机铁）和促进铁吸收的半胱氨酸，有助于改善缺铁性贫血。由于猪肉中的胆固醇含量偏高，故肥胖人群及血脂较高者不宜多食。炸酱本身含有较多蛋白质和维生素 B 族，适合与面条搭配食用。

炸酱面的主料盐分多、纤维少，维生素 C 和钾不足，因此多放些蔬菜作为菜码是非常必要的，只有这样才能使炸酱面成为一道健康的美食。

资讯2　炸酱的制作方法

炸酱有肉酱、素酱之分。酱可选取干黄酱、甜面酱或黄豆酱。肉也很有讲究，最好是五花肉，切成肥瘦相间的小块儿，炸的时候少放油，让五花肉出油，这样炸出来的酱更香。

一碗正宗的炸酱应该具备色泽红亮、酱香浓郁的特点。炸酱的火候极为重要，火候不够，酱的香味儿激发不出来；而火候过大，酱容易黏锅。所以，在制作炸酱的过程中要一直用锅铲顺着一个方向搅拌，以防黏锅。制作炸酱的过程中也不能加入酱油、盐、水，否则味道就不浓郁了。有的炸酱面还要炸葱油，里面不光有葱，还有蒜、姜等调味品。等到酱跟油自然而然地分离时，就可以了。

资讯3　手擀面的制作方法

炸酱面的面条一般分为两种，一种是机器压的面，另一种是手擀面。机器压的面可以从超市直接购买，方便快捷，如图 10-3 所示。最正宗的是手擀面，因用手工擀出而得名。手擀面的口感更为筋道，面香浓郁，特别适宜小孩及老人食用，如图 10-4 所示。

图 10-3　机器压的面　　　　图 10-4　手擀面

资讯 4　菜码的选取及制作方法

炸酱面的菜码分为明码和暗码两种。明码是直接生吃的蔬菜，而暗码则需要焯水。焯水时间一般为开水下锅煮 10~15 秒，在锅中翻滚 1~2 次即可，也可依据个人口味调整时长。菜码大多切丝，切成段也可以，而香椿芽焯水后则更多地切成碎末。常见菜码的加工方式如表 10-3 所示。

表 10-3　常见菜码的加工方式

菜码	是否焯水	切丝/切段/切成碎末
绿豆芽	√	
香椿芽	√	√
黄豆	√	
黄瓜		√
胡萝卜	√	√
白菜	√	
香菜		√
白萝卜	√	√
豆角	√	√
青蒜		

资讯 5　煮面条及拌面的方法

1. 煮面条

（1）锅中加冷水，开火，待水沸腾后放面条，然后用筷子顺时针轻轻搅拌几下，使面条均匀分散在水中。

（2）面条放进去后水第一次沸腾时，为避免水溢出，可加入少量冷水；第二次沸腾时重复此操作；待第三次沸腾，即可捞出食用。

（3）喜欢吃热面的人，可从锅中直接将面条捞出食用（俗称"锅挑儿"）；想吃清凉口感的人，可将捞出的面条放入盛有冷水的盆中降温（俗称"过水儿"）。

2. 拌面

拌面讲究一定的顺序，先将煮好的面条放入碗中，加入一平勺（半个乒乓球大小）炸酱，然后逐个放入菜码，一起搅拌均匀，一碗炸酱面就完成了。

第二阶段 工作实施

劳动任务 1　设计炸酱面制作方案

对家人的口味进行调研，如是否是素食主义者，是否需要控糖、控盐等，因此家人的口味及身体状况等是我们考虑的主要因素，完成表 10-4。

表 10-4　炸酱面需求调研表

调研对象		民族		年龄	
调研问题				记录关键信息	
1. 您平时吃猪肉吗？如果不吃用什么肉替代？ 2. 您是否是素食主义者？ 3. 您对糖和盐的摄入有特殊要求吗？ 4. ……					

对调研结果进行统计和梳理，根据示例完成表 10-5。

表 10-5　赠送对象情况表

赠送对象	年龄/岁	民族	是否素食	是否需要控糖	是否需要控盐	面条
爸爸	45	汉	否	是	是	锅挑儿，宽条手擀面

根据调研结果进行分析和梳理，设置炸酱面的具体制作方案，根据示例完成表 10-6。

表 10-6　炸酱面的制作方案

方案	炸酱所需食材	菜码所需食材	面条所需食材	面条的煮制口味
5~6 人份	五花肉粒 500 克、干黄酱 250 克、甜面酱 100 克、黄豆酱 150 克、料酒 150 毫升、食用油 100 毫升、葱 20 克、白砂糖 20 克、蚝油 10 克	黄瓜 80 克、绿豆芽 100 克、胡萝卜 100 克、香椿芽 30 克、青萝卜 50 克、芹菜 50 克、大蒜 20 克	中筋小麦面粉 500 克、盐 1 克、冷水 230 毫升	锅挑儿

1. 梳理步骤

制作炸酱面分为四个步骤：制作炸酱、制作手擀面、制作菜码、煮面条及拌面。以下劳动任务以 5~6 人份为标准。

2. 规划所需食材

根据家人的口味准备食材，准备五花肉粒、干黄酱、甜面酱、黄豆酱、料酒、食用油、葱、白砂糖、蚝油，以及面粉、喜欢的菜码等，具体如表 10-6 所示。

劳动任务 2 制作炸酱

1. 食材及工具准备

食材：五花肉粒、干黄酱、甜面酱、黄豆酱、料酒、食用油、葱、白砂糖、蚝油。

工具：炒锅、炒勺。

说明：

（1）如果不吃猪肉，可将猪肉替换成牛肉。

（2）素食者可将肉替换为鸡蛋，此时调味料用量需酌情减少。

2. 具体操作步骤

葱油要提前加工。将葱切段放入食用油，用微火炸成黄色即可。

制作炸酱的具体操作步骤如图 10-5 所示，制作好的炸酱如图 10-6 所示。

| 将自制葱油放入炒锅中烧热，煸炒五花肉粒，炒至发白 | → | 将三种酱混合后，加入料酒，用炒勺搅拌均匀 | → | 把调匀的黄酱汁入锅搅拌，开中火顺时针搅拌慢炒，待锅里酱冒泡了再转至小火炒制 2~3 分钟，边炒边搅 | → | 小火炒 2~3 分钟后锅里酱中就会起大泡，然后继续中火不停地搅拌，炒 2~3 分钟 | → | 改小火继续顺时针搅拌炒 2~3 分钟，炒到酱和油分离后，加入蚝油和白砂糖调味，再炒 2~3 分钟等酱色红棕、稀稠适中即可 |

图 10-5 制作炸酱的具体操作步骤

炸酱的特点：色泽红棕油亮，质地浓稠，口味浓香，咸、鲜、微甜，葱香酱香浓郁。

图 10-6 制作好的炸酱

劳动任务 3 制作手擀面

1. 食材及工具准备

食材：中筋小麦面粉、盐、冷水。

工具：案板、擀面杖、刀、面盆、保鲜膜。

2. 手擀面的具体操作步骤

手擀面的具体操作步骤：在中筋小麦面粉中添加盐和冷水，和成面团；将面团放入面盆中盖上保鲜膜，醒发；将醒发好的面团放在案板上，用擀面杖将其擀成薄薄的面片；将面片折叠，用刀将其切成条状，手擀面就做好了。具体操作步骤如图 10-7 所示。

(a)　(b)　(c)
(d)　(e)　(f)
(g)　(h)

图 10-7 手擀面的具体操作步骤

手擀面的特点：口感筋道、面香浓郁、营养健康、强身养胃，如图 10-8 所示。

图 10-8　制作好的手擀面

劳动任务 4　制作菜码

将黄瓜切丝、绿豆芽焯水、胡萝卜焯水后切丝、香椿芽焯水后切成碎末、青萝卜切丝、芹菜焯水后切成碎末、大蒜剥皮切成碎末，装盘备用。

劳动任务 5　煮面条及拌面

1. 煮面条

锅中放入冷水烧开，按照本方案中手擀面的量，水量通常为 2~3 升。煮面条始终用大火，待锅中水沸腾后放入面条，在前两次沸腾后分别加入少量冷水，待第三次沸腾后即可捞出。

2. 拌面

按照资讯 5 中的拌面顺序，将捞出的手擀面加入炸酱、菜码后，拌匀即可。

炸酱面摆桌如图 10-9 所示。

图 10-9　炸酱面摆桌

六、劳动成果——我的作品展示

我们的劳动成果是制作好的炸酱面，可组织一次班级分享活动。

班级分享活动

（1）介绍我们制作炸酱面用的食材和成果。

（2）展示制作过程和成品。

（3）请家人品尝炸酱面。

七、劳动评价——我做得怎么样

劳动结束后完成表10-7。

表10-7 评价表

评价指标	评价分值 16~20分	11~15分	6~10分	1~5分	得分 学生自评	组内互评	教师评价
节气知识学习	熟悉夏至节气的特点，能将节气的特点讲给他人，对中国传统文化有更深入的了解	知道夏至节气的特点，能将节气的主要特点讲给他人	大致了解夏至节气的特点，能讲出节气的时间和大致特点	不了解夏至节气的特点			
劳动技能掌握	掌握炸酱面的相关知识、炸酱的制作方法、手擀面的制作方法、菜码的制作方法。制作的炸酱面色泽红棕油亮、稀稠适宜、口味浓香、营养搭配合理	熟悉炸酱面的相关知识、炸酱的制作方法、手擀面的制作方法、菜码的制作方法。制作的炸酱面口味浓香，营养搭配合理	知道炸酱面的相关知识、炸酱的制作方法、手擀面的制作方法、菜码的制作方法。制作的炸酱面口味浓香，营养搭配基本合理	了解炸酱面的相关知识、炸酱的制作方法、手擀面的制作方法、菜码的制作方法。制作的炸酱面口味浓香			
创新实践体现	在完成任务的基础上，能够创新劳动方法和成果，并能将所学运用到生活中的其他方面	在完成任务的基础上，能够创新劳动方法，有新的成果	在完成任务的基础上，能够创新劳动方法	基本能够完成任务，没有新的劳动方法和成果			
劳动态度形成	深刻体会到劳动的价值，有成功的体验，很有获得感，能将劳动中学会的知识和技能运用到未来的生活中	能体会到劳动的价值，有成功的体验，很有获得感	知道劳动的价值，稍有成功的体验，也有一点儿获得感	知道劳动的价值，但是还没有成功的体验			

续表

评价指标	评价分值				得分		
	16~20 分	11~15 分	6~10 分	1~5 分	学生自评	组内互评	教师评价
劳动成果展示	劳动规划合理，能大胆展示劳动成果，并能够用流畅的语言做详细解释	劳动规划合理，能展示劳动成果，并能做解释	劳动规划基本合理，能展示劳动成果	有劳动规划，能适当展示成果			
合计（将评价指标中五项的得分相加）							
总分=学生自评合计值×30%+组内互评合计值×30%+教师评价合计值×40%							
评价等级（优秀：85 分及以上；良好：75~84 分；达标：60~74 分；有待提高：60 分以下）							
学习回顾与反思							

八、知识拓展

和昌英叔夏至喜雨

〔宋〕杨万里

清酣暑雨不缘求，犹似梅黄麦欲秋。
去岁如今禾半死，吾曹遍祷汗交流。
此生未用愠三已，一饱便应哦四休。
花外绿畦深没鹤，来看莫惜下邳侯。

作者简介

杨万里（1127—1206），南宋诗人。

诗词赏析

夏天，清凉酣畅的雨水不期而至，就好像梅子变黄、麦子成熟一样，很自然地就发生了。去年这个时候，禾苗干枯欲死，我们虔心祈祷，大汗淋漓。对于多次罢官，我从未感到懊恼，粗茶淡饭已非常满足。甘霖过后繁花盛开、绿意盎然、白鹤绕飞，这种景象哪里是做官时能看到和感受到的啊！

诗词意境

本诗描绘了诗人和昌英叔在乡间游玩，忽遇大雨的情景。诗人从细微处着手，把夏雨、梅黄、禾苗干渴、人们汗流浃背描述得淋漓尽致。另外，诗中也隐隐流露出诗人恬淡宁静的隐逸情怀，以及对人生的慨叹。人生如梦，起起伏伏，但是平淡的心、平淡的生活才是真。

小暑，盛夏启，新米香——米饭制作

一、情境导入

小暑（见图 11-1）是二十四节气中的第十一个节气，于每年公历 7 月 6—8 日交节。暑，是炎热的意思，小暑是小热，是即将进入伏天的标志。小暑是一年中比较潮湿、闷热的阶段。

在小暑节气，民间有尝新、吃饺子、吃炒面等习俗。在我国南方地区，"小暑尝新"的习俗流传很广，即在小暑过后品尝新米，农民将新割的稻谷碾成大米后，做好米饭，与邻居乡亲分享，以此表达丰收的喜悦。

图 11-1　小暑

二、明确任务——我要做什么

小暑到，南方稻谷成熟，将新鲜出炉的稻谷磨制成大米，做成米饭，别有一番味道。让我们通过制作米饭，来体验"小暑尝新"的习俗。本项目的核心驱动问题为如何制作米饭（见图 11-2）。

图 11-2　米饭

三、学习目标——我将收获什么

（1）自主学习，了解小暑节气的相关知识，体验"小暑尝新"的习俗。

（2）学习稻谷加工的过程及各种大米的特点，掌握蒸米饭的步骤和技巧。学会至少两种米饭的制作方法。

（3）通过制作米饭，享受劳动的快乐，加深对"小暑尝新"习俗的理解，热爱生活。

四、制订计划——我要怎么做

在此阶段，我们要从核心驱动问题出发，思考已经知道什么，还需要知道什么，完成表 11-1。

表 11-1　制作米饭知需表

核心驱动问题	已经知道的信息（学生填写）	需要知道的问题
如何制作米饭	1. 2. 3. 4.	1. 制作米饭有哪些方法？ 2. 如何选择大米？ 3. 制作米饭时大米和水的比例是怎样的

从需要知道的问题中，找到解决问题和劳动实践的方向。首先，我们需要获取相关资讯，做好关于劳动的知识准备；其次，明确开展哪些劳动任务来解决核心驱动问题；最后，每个劳动任务的完成都将产出劳动成果。制作米饭计划表如表 11-2 所示。

表 11-2　制作米饭计划表

资讯分析	工作实施	劳动成果
资讯 1：大米相关常识	劳动任务 1：探究大米的知识	了解大米
资讯 2：蒸米饭的步骤及注意事项	劳动任务 2：用蒸锅蒸米饭	蒸好的米饭
资讯 3：煲米饭的步骤及注意事项	劳动任务 3：用电饭煲煲米饭	煲好的米饭

五、劳动过程——我如何做好这件事

> **第一阶段** 资讯分析

资讯1 大米相关常识

1. 稻谷加工

1）稻谷的组成

稻谷由谷壳（颖壳）、皮层（糠层）、米粒组成。稻谷加工就是将清理过的稻谷脱去谷壳和皮层的过程。

2）稻谷加工过程

机械法稻谷加工过程如下：将稻谷烘干并去除水分、筛选出杂质后，放入碾米机中，稻谷会进入两个相向旋转的橡胶辊轮中间，在辊轮的挤压下稻谷的壳会被压破、脱落。

3）糙米形成及营养价值

稻谷去掉谷壳后得到的是糙米。糙米口感较粗，煮起来也比较费时，吃起来口感较差。但是，糙米的营养价值比较高：糙米中的米糠含有丰富的维生素 B 和维生素 E，能提高人体免疫力，促进血液循环；糙米还可以促进排便排毒，降低血糖，有利于促进骨骼和牙齿的健康发育。

4）大米形成及营养价值

糙米继续加工，去掉皮层，得到的是大米。大米细腻，口感好，但营养价值略低于糙米。再加上做饭时反复淘洗，外层的维生素和矿物质进一步流失，剩下的主要是碳水化合物和部分蛋白质。

5）稻谷加工方法

稻谷加工方法有两种：传统加工方法和现代加工方法，具体如表 11-3 所示。

表 11-3 稻谷加工方法

稻谷加工方法		步骤
传统加工方法		1. 脱粒 2. 砻谷 3. 去壳 4. 舂米

续表

稻谷加工方法	步骤
现代加工方法：包括化学法和机械法。化学法投资大、成本高、经济效益差，一直得不到推广应用。机械法使用较为广泛，机械法加工过程在资讯1中已经提到	1. 脱粒 2. 砻谷 3. 谷糙分离 4. 碾白 5. 抛光

2. 大米的种类

根据大米的粒形和粒质，我国及国际市场通常把大米分为三类。

1）籼米

粒形为细长或长圆形，较长的籼米长度可在7毫米以上，米质较脆，加工的时候容易碎，蒸煮后出饭率较高。但黏性较小，颜色大多为白色偏透明，也有少数呈半透明状或不透明状。根据收获季节，籼米有早籼米与晚籼米之分；根据米粒的长度，籼米又分为长粒米与中粒米，长粒米细长，中粒米长而圆。

2）粳米

粒形大多为椭圆形或圆形，米粒丰满肥厚，质地硬且具有韧性，蒸煮后柔软可口，黏性和油性较大，但是出饭率比较低。根据收获季节，粳米可以分为早粳米与晚粳米，早粳米腹白大，呈半透明状，硬质粒少，但米质较差；晚粳米腹白小，颜色有白色和蜡白色之分，硬质粒多，品质较优。我国的粳米多产于华北、东北及苏南等地区。

3）糯米

糯米又称江米，多用于做各类糕点、元宵、粽子，也是酿酒的原材料。糯米也有籼粳之分，籼糯米为细长或长椭圆形，粳糯米一般为椭圆形。糯米呈乳白不透明状或半透明状，且煮后透明，黏性大，胀性小。

资讯2　蒸米饭的步骤及注意事项

1. 蒸米饭的步骤

（1）将大米放入一个盆里面，淘洗干净。

（2）加入适量的水，在蒸锅里面煮洗好的大米，煮至大米可以用手捏成两半，捞出沥水。

（3）蒸锅烧开水，放上笼屉，用布垫在笼屉底部，把大米放到上面蒸。

2. 蒸米饭的注意事项

（1）蒸米饭的水要放够，否则会煳，大米和水的比例为 1∶1.2 为宜。

（2）蒸的时候用筷子在大米上多插几个洞。

（3）在盖上锅盖前加入少量食用油，可使蒸出的米饭色泽光亮且更加柔软香甜。

资讯 3　煲米饭的步骤及注意事项

1. 煲米饭的步骤

（1）把准备好的大米用水清洗干净，然后把水倒掉，放一旁备用。

（2）将淘好的大米放入电饭煲中，加入适量的水。

（3）选择电饭煲上面的"适中"或"软糯"口感按键，点按"开始"键。

2. 煲米饭的注意事项

（1）淘米一定不要超过 3 次，否则大米的营养成分会大量流失。

（2）煲米饭前，可先把大米在冷水里浸泡 1 个小时，这样煲出来的米饭会粒粒饱满。

（3）煲米饭时可以加少许橄榄油，增加米饭香气。

（4）煲好后不要着急开盖，等几分钟后再开盖，口感更好。

3. 电饭煲的容量选择

一般来说：1~4 人可选择 3 升容量的电饭煲，5~6 人可选择 4 升容量的电饭煲，7~8 人可选择 5 升容量的电饭煲。

4. 淘米的方法

（1）淘米不过三：淘米的次数不宜过多，放入冷水中清洗 3 次即可。淘米的目的主要是去除大米中的杂质及沙粒尘土。以前的大米由于加工工具的落后，会留下许多米糠，现在我们在超市中所选购的大米大都没有杂质，所以没必要淘洗太多次数。

（2）淘米用冷水：有不少人在淘米的时候喜欢用热水，这样会增加大米中营养成分的流失，特别是会增加大米表层营养成分的流失，一些营养成分会随着温度的升高而加速流失。因此，淘米时用的水应为冷水，这样能更好地锁住营养。

（3）不要用力揉搓：用力揉搓会把大米表层上的营养成分损失掉，一般淘去杂质即可。

第二阶段 工作实施

劳动任务 1　探究大米的知识

（1）根据资讯 1 中的内容及自己了解到的资料，列举出稻谷传统加工方法和现代加工方法的异同，完成表 11-4。

表 11-4　稻谷加工方法的异同

加工方法	相同点	不同点
传统加工方法		
现代加工方法		

（2）根据资讯 1 中的内容及自己了解到的资料，列举出三类大米的异同，完成表 11-5。

表 11-5　三类大米的异同

大米种类	相同点	不同点
籼米		
粳米		
糯米		

劳动任务 2　用蒸锅蒸米饭

1. 准备食材和工具

食材：大米、水。

工具：盆、蒸锅、锅铲、过滤工具、布、筷子。

2. 具体步骤

（1）将大米淘洗一遍，滤掉水分，如图 11-3 所示。

（2）在蒸锅中加水，盖上锅盖煮沸，如图 11-4 所示。

（3）揭开锅盖，加入淘洗过的大米。前两分钟内，每隔 10 秒左右，用锅铲以每秒一圈的速度搅拌五六圈。

图 11-3 淘米

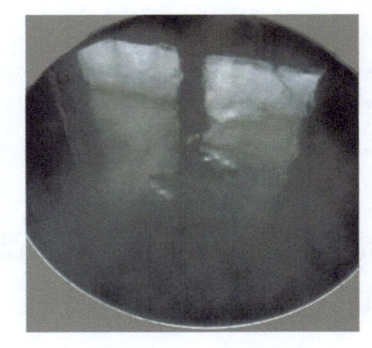

图 11-4 将水煮沸

（4）两分钟过后，水再次沸腾，每隔 30 秒左右，用锅铲以每秒一圈的速度搅拌五六圈，持续四五分钟。

（5）待大米的体积膨胀三分之一左右，每粒米有一半左右由乳白色变透明（见图 11-5）时，就达到了起锅要求。千万不能煮太久，否则会失去想要的口感（煮米过程全程不能盖锅盖）。

图 11-5 米粒有一半左右由乳白色变透明

（6）在过滤工具下放一个盆，用来装米汤，也叫米浆。将米汤和半生饭倒入过滤工具中，过滤半分钟左右，立马端开半生饭，如图 11-6 所示，就滤出米汤了。

（a） （b）

图 11-6 半生饭和米汤

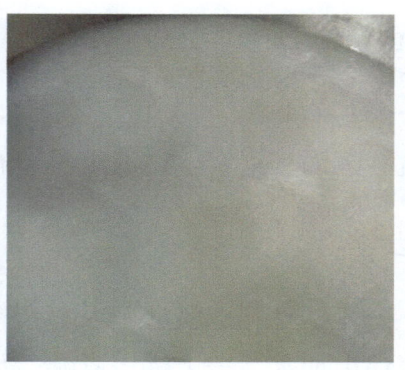

（7）端开半生饭，尽快将其拨散开（保证半生饭不成团）。在蒸锅中加入适量水，放上笼屉，用布垫在笼屉底部，将半生饭放到上面，用筷子插几个洞，上大汽后，蒸制15分钟左右，中途不能开盖，如图11-7所示。

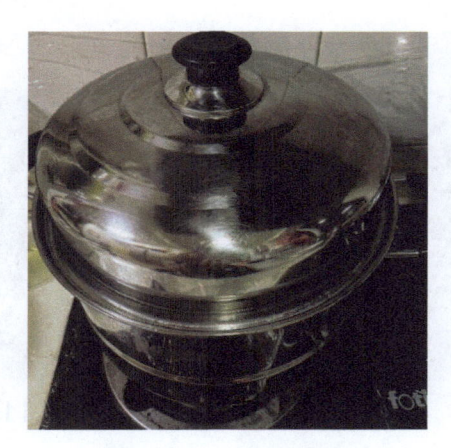

图11-7 蒸半生饭

（8）尝一下软硬是否合适，若喜欢较软的米饭，可适当延长蒸制时间。

劳动任务3　用电饭煲煲米饭

1. 准备食材和工具

食材：大米、水。

工具：盆、电饭煲。

2. 具体步骤

（1）将大米放在盆里，加水，用双手反复轻轻揉搓，清洗掉大米上的尘土。倒掉水，再次放水清洗，如图11-8所示。

图11-8　淘米

（2）将洗干净的大米放入电饭煲内，加入适量的水，以食指刚触碰到米时，水位达到

食指第二个关节处为宜，并确保水均匀分布。把大米浸泡一个小时，可以让大米充分吸收水分，这样煲出来的米饭会粒粒饱满，并节约煲饭时间，如图11-9所示。

（3）煲饭：擦干电饭煲内胆底部和外壁的水，点按"开始"键，开始煲饭，如图11-10所示。

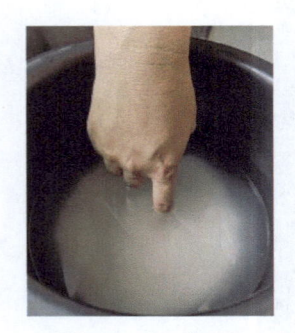

图11-9　泡米 　　　　　　图11-10　煲饭

（4）出锅：当电饭煲自动关停时，表示米饭已熟。关闭电源开关，利用电饭煲的余热再焖上5分钟即可出锅，如图11-11所示。

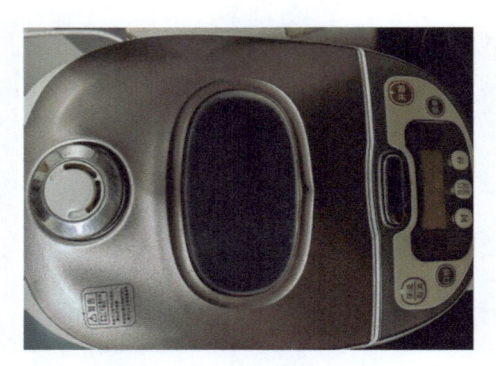

图11-11　关闭电源开关

六、劳动成果——我的作品展示

我们的劳动成果是为家人制作的香喷喷的米饭，可组织一次分享活动。

班级分享活动

（1）介绍我们制作米饭的方法及注意事项。

（2）展示我们制作的米饭。

（3）满意度调查，请家人对米饭进行反馈。

七、劳动评价——我做得怎么样

劳动结束后完成表 11-6。

表 11-6 评价表

评价指标	评价分值				得分		
	16~20 分	11~15 分	6~10 分	1~5 分	学生自评	组内互评	教师评价
节气知识学习	熟悉小暑节气的特点，能将节气的特点讲给他人，对中国传统文化有更深入的了解	知道小暑节气的特点，能将节气的主要特点讲给他人	大致了解小暑节气的特点，能讲出节气的时间和大致特点	不了解小暑节气的特点			
劳动技能掌握	掌握大米的种类和两种米饭制作方法，能独立完成米饭制作，制作的米饭软硬适中	熟悉大米的种类和两种米饭制作方法，能正确完成米饭制作，制作的米饭软硬适中	知道大米的种类和米饭制作方法，能正确完成米饭制作	了解大米的种类，知道一种米饭制作方法，能完成米饭制作			
创新实践体现	在完成任务的基础上，能够创新劳动方法和成果，并能将所学运用到生活中的其他方面	在完成任务的基础上，能够创新劳动方法和成果，有新的成果	在完成任务的基础上，能够创新劳动方法	基本能够完成任务，没有新的劳动方法和成果			
劳动态度形成	深刻体会到劳动的价值，有成功的体验，很有获得感，能将劳动中学会的知识和技能运用到未来的生活中	能体会到劳动的价值，有成功的体验，很有获得感	知道劳动的价值，稍有成功的体验，也有一点儿获得感	知道劳动的价值，但是还没有成功的体验			
劳动成果展示	劳动规划合理，能大胆展示劳动成果，并能够用流畅的语言做详细解释	劳动规划合理，能展示劳动成果，并能做解释	劳动规划基本合理，能展示劳动成果	有劳动规划，适当展示成果			
合计（将评价指标中五项的得分相加）							
总分=学生自评合计值×30%+组内互评合计值×30%+教师评价合计值×40%							
评价等级（优秀：85 分及以上；良好：75~84 分；达标：60~74 分；有待提高：60 分以下）							
学习回顾与反思							

八、知识拓展

咏廿四气诗·小暑六月节

〔唐〕元稹

倏忽温风至，因循小暑来。

竹喧先觉雨，山暗已闻雷。

户牖深青霭，阶庭长绿苔。

鹰鹯新习学，蟋蟀莫相催。

作者简介

元稹（779—831），唐朝宰相、著名诗人。

诗词赏析

热风热浪随着小暑的到来而到来。竹叶喇喇，表明大雨即将来临；山色灰暗，仿佛已经听到了隆隆的雷声。因为这一场雨，门窗上已有了潮湿的青霭，院落里长满了绿苔。雄鹰开始练习搏击长空，蟋蟀的羽翼也开始长成，居穴之壁。

诗词意境

诗人用丰富的语言来表现小暑的节气特点，突出了小暑节气的三候：温风至、蟋蟀居宇、鹰始鸷。诗中对于竹、山、霭、苔等与雨、雷的描述，构成了动静结合、声色交融、多姿多彩的画面，具有很强的感染力。

大暑，炎热好丰年——团扇制作

一、情境导入

大暑（见图 12-1）是二十四节气中的第十二个节气，是农历夏季最后一个节气，于每年公历 7 月 22—24 日交节。暑为热，大暑是一年中最热的时期。高热、高湿、高温的三高天气是这一时节的主旋律。

高温天气下，扇子也成了一道风景。古人称之为"摇风"，"凉友"或"快哉风"。明代诗人瞿佑云："开合清风纸半张，随机舒卷岂寻常。花前月下团圆坐，一道清风共自凉。"表达的就是一家老小围坐在一起，摇扇纳凉、怡然自得的场景。纤纤玉手，执扇轻摇，一颦一笑，翩若惊鸿，古人的一把团扇摇起的不仅是婀娜多姿的惬意清凉，还是一脉相承的文化底蕴。

图 12-1　大暑

二、明确任务——我要做什么

大暑将至，酷热闷蒸，手执团扇，寻一片树荫，泡上一壶凉茶，与朋友侃天说地，别有一番情趣！本项目的核心驱动问题为如何为家人制作一把团扇（见图 12-2）。

图 12-2　团扇

三、学习目标——我将收获什么

（1）自主学习，了解大暑节气的相关知识，能说出团扇的美好寓意。

（2）学习团扇的制作流程，学会用染色工艺对扇面进行染色的方法，掌握一种团扇造型的制作，养成做事认真、细致、精益求精的工匠精神。

（3）能根据赠送对象的特点，合理制作精美的团扇。通过独立制作既有纳凉功能又有文化底蕴的团扇，加深对中国团扇文化的理解，增强文化自信，体会劳动的价值。

四、制订计划——我要怎么做

在此阶段，我们要从核心驱动问题出发，思考已经知道什么，还需要知道什么，完成表 12-1。

表 12-1 制作团扇知需表

核心驱动问题	已经知道的信息（学生填写）	需要知道的问题
如何为家人制作一把团扇	1. 2. 3.	1. 赠送对象的需求是什么？ 2. 团扇的造型、结构与材质分别有哪些？ 3. 如何根据需求选择团扇的造型与结构？ 4. 如何根据需求选择具有节气特点的植物染料？ 5. 如何让团扇更具有与节气相关的独特性？ 6. 流苏装饰的目的和意义是什么？ 7. 装饰的方法有哪些？ 8. 团扇的制作流程是怎样的？ 9. 绷扇面的方法和技巧有哪些

从需要知道的问题中，找到解决问题和劳动实践的方向。首先，我们需要获取相关资讯，做好关于劳动的知识准备；其次，明确开展哪些劳动任务来解决核心驱动问题；最后，每个劳动任务的完成都将产出劳动成果。制作团扇计划表如表 12-2 所示。

表 12-2 制作团扇计划表

资讯分析	工作实施	劳动成果
资讯 1：团扇的相关知识	劳动任务 1：设计团扇的制作方案	团扇的制作方案
资讯 2：团扇的制作流程和技巧	劳动任务 2：制作团扇	制作完成的团扇
资讯 3：团扇的装饰方法	劳动任务 3：装饰团扇	装饰完成的团扇

五、劳动过程——我如何做好这件事

第一阶段 资讯分析

资讯 1　团扇的相关知识

1. 团扇的起源

团扇起源于中国，最早出现在商代，当时扇子不是用来扇风纳凉的，而是在帝王外出巡视时用来遮阳、挡风、避沙的，这一点在唐代阎立本的名作之一《步辇图》中可以得到印证。西汉以后，扇子才开始用来扇风纳凉。东汉后，改羽扇为丝、绢、绫、罗之类的织品制成的扇子，以便点缀绣画。一轮明月形的扇子被称为"纨扇"或"团扇"，也叫合欢扇。

2. 团扇的结构与原材料

（1）团扇的扇面选用绢、绫、罗、纱、宣纸等原材料，便于点缀绣画。

（2）团扇的扇框主要由竹、木制作。

（3）团扇的手柄选用湘妃、棕竹等原材料。

（4）扇坠一般搭配流苏、玉坠。

3. 团扇的造型

受古代"尚圆""尚方"的造物观和审美观的影响，团扇的造型以圆形和方形为主，如表 12-3 所示。

表 12-3　团扇的造型参考表

形状	样式	造型特点及适合人群
圆形		圆形扇面，黑漆边框，中间以白绢为地，可画、可绣、可贴。受众较广，适合各年龄段的女性
芭蕉形		扇面上广下狭，为方中带圆的芭蕉形，扇风力度大。适合年长人群，男女性通用

续表

形状	样式	造型特点及适合人群
梅花形		仿照自然中花卉的造型，具有装饰作用。 适合青年女性
方圆形		扇面上广下狭，为方中带圆的方圆形，扇风力度大。 适合年长人群，男女通用

4. 扇面的选色及染色工艺

1）选色理念

中国古代的颜色系统秉承"天人合一"的理念，正色与间色形成基本的颜色系统。五行相生相克对应着万物的生生不息与四季的往复流转。春天草木青青，五行属木。进入夏季，木生火，其色赤，因此象征大暑的色彩首选红色。

2）植物染料

古人把染料分为石色和水色。石色自矿物中提取，如石青色、朱砂色；水色则是由植物色素溶水浸染而获取的，如花青色、藤黄色。使用天然的植物染料给纺织品上色的方法，称为草木染，也称植物染色。这里选用大暑节气前后的植物，用温水浸泡来提取染液，给扇面染色，用代代相传的草木染技艺，秉承精益求精的匠心精神，点染出扇面的灵魂。与大暑相关的色彩、染料及染色工艺参考表如表12-4所示。

表12-4 与大暑相关的色彩、染料及染色工艺参考表

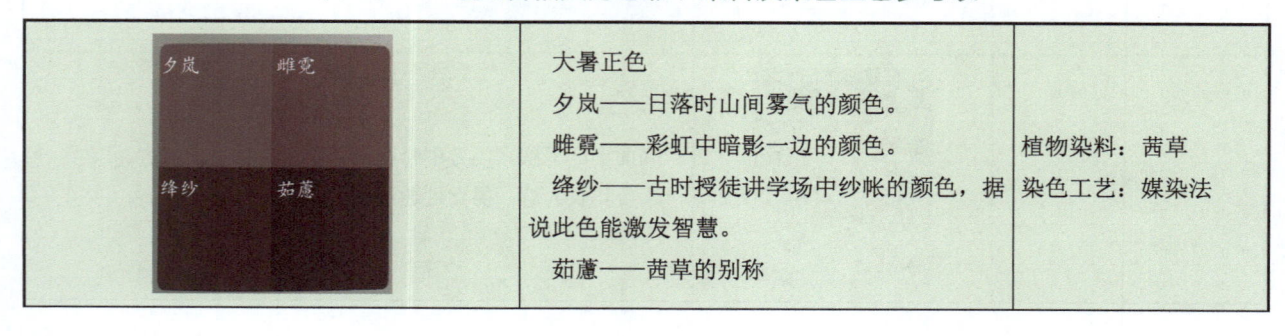

	大暑正色 夕岚——日落时山间雾气的颜色。 雌霓——彩虹中暗影一边的颜色。 绛纱——古时授徒讲学场中纱帐的颜色，据说此色能激发智慧。 茹藘——茜草的别称	植物染料：茜草 染色工艺：媒染法

续表

色块	说明	染料/工艺
葱青　少艾 绮钱　翠樽	腐草为萤 葱青——草木初生的淡淡青色。 少艾——艾草初成的淡青微白。 绮钱——青苔色或荷叶色。 翠樽——青釉色	植物染料：艾草 染色工艺：媒染法
石蜜　沙饧 巨吕　吉金	土润溽暑 石蜜——今之黄冰糖色。 沙饧——今之黄砂糖色。 巨吕——冰糖炼制过程中含杂垢的糖色。 吉金——铸造钟鼎彝器的合金色	植物染料：洋葱皮 染色工艺：媒染法
山岚　渌波 青楸　菉竹	大雨时行 山岚——山间雾气的颜色。 渌波——绿水荡漾的颜色。 青楸——美木楸树，端正秀美的青色。 菉竹——夏天常见的植物颜色	实践原材料：菠菜 染色工艺：媒染法

资讯 2　团扇的制作流程和技巧

1. 团扇的制作流程

1）设计样稿

团扇的造型各异，每把团扇的扇框都有不同的弯曲程度，所以要根据设计想法，在纸上画出扇框的线条，反复验证弧度是否恰当，最终完成设计样稿。

2）烘烤扇框

扇框是烤出来的，制作扇框的竹条本身含有一定的水分，要存放两三年，让它适应环境的干湿度。竹条只有经过烘烤，弯曲成型，才能达到样稿设计的形状。

3）制柄、合框

制作时，先要用钢丝锯把竹柄的上半部分切断；而后削一根和空管吻合的竹签，插入竹柄，使其严密贴合，制成扇柄。

只要团扇的框架与扇柄连接处的榫卯结构使用得当，两者之间就能严密扣合，达到"天

衣无缝"的效果。

4）绷扇面、包边

绷扇面要根据不同的原材料特性来进行，扇面的绷紧程度和扇面织物的肌理走向十分重要，这关系到整个画面的和谐平衡。

5）团扇装饰

根据不同的需求，对扇面与扇柄进行装饰。

2. 染扇面的方法和技巧

根据个人需求，采用具有节气特点的植物进行染色，以艾草为例。

（1）萃取植物染料——煎煮艾草萃取染液。

（2）浸泡上色——将绢浸入染液中。

（3）明矾固色——放入5克明矾浸泡，起到固色作用。

（4）晾干——放置在阴凉处晾干，切记不要暴晒，紫外线会破坏植物染料分子与布料的结合。

3. 绷扇面的方法和技巧

（1）在扇框一面涂上一圈糨糊，将绢糊在扇框上，经线方向与扇柄一致（弹性较小的方向为经线方向）。

（2）用喷壶在绢上喷水，等绢干透后沿扇框割去多余部分。

（3）在扇框周围涂上糨糊，糊上宣纸，喷上水，等宣纸完全干透后，割去多余的部分，用镊子处理一下边缘。

（4）用同样的方法再糊上一层绢，喷水，等绢干透后沿扇框割去多余的部分。

（5）给沿边条涂上糨糊，沿扇框贴好，用镊子拉平，剪去多余的部分。背面同样贴上沿边条。

资讯3　团扇的装饰方法

1. 装饰的目的和意义

装饰团扇时，不仅可以将扇坠、流苏或香囊等作为饰品悬挂于扇柄上，还可将扇面的织物浸于香料中，让人摇扇时散发出一定的香味，传递古雅与婉约的韵味。

2. 扇柄装饰

古人一般用扇坠、流苏、玉器等装饰扇柄，也可以悬挂香囊。

具体方法有以下几种。

（1）在扇柄底部打孔，穿上扇坠、流苏等。

（2）在扇柄底部固定一个羊眼钉，穿上扇坠、流苏等。

（3）将扇坠绳线缠绕在扇柄与扇面下端交界处。

3. 扇面装饰

扇面装饰的形式多样，有绘画、剪纸、刺绣等，也有用干花组合装饰扇面的。现以绘画为例。

1）原材料准备

（1）花枝俏：勾线笔，如图 12-3 所示。

（2）国画颜料：扇面绘画的颜料，如图 12-4 所示。

图 12-3　花枝俏

图 12-4　国画颜料

（3）素材图纸：用来复印喜欢的图案素材，如图 12-5 所示。

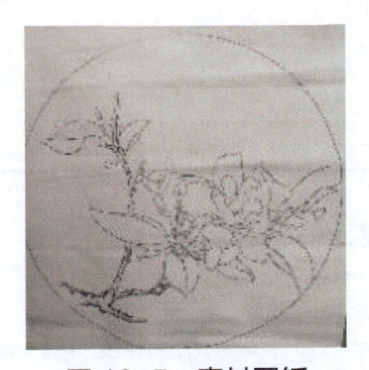

图 12-5　素材图纸

2）扇面绘画

（1）勾线：选定画面花样之后，可以将素材图纸衬在扇面下面，用毛笔（花枝俏）以

淡墨描摹线稿。

（2）分染：用国画颜料浅浅地平涂出图案各部分的基础色，先把黑白灰区分出来。

（3）细染：将各部分的细节晕染好。

（4）晾干完成。

第二阶段　工作实施

劳动任务1　设计团扇的制作方案

团扇又称宫扇、纨扇，是中国传统工艺品。除扇风纳凉外，其还蕴含着团圆、合欢等寓意。让我们制作一把团扇作为礼物赠送给家人。

为了设计团扇的制定方案，我们需要选择一位家人赠送团扇，了解他的性格特点、年龄、使用场景和对团扇的需求等，完成需求调研表，如表12-5所示。

表12-5　团扇需求调研表

调研对象		性别		年龄	
调研问题：对团扇的需求					
调研问题：（可多选） 1．您日常喜爱的颜色是（　　）。 　　A．蓝色系　　B．红色系　　C．黄色系　　D．紫色系 　　E．绿色系　　F．橘色系　　G．其他 2．您比较喜好以下（　　）造型？ 　　A．　　B．　　C．　　D． 3．您在扇风纳凉之外还需要其他功能吗？（　　） 　　A．需要　　B．不需要 4．您日常喜欢的风格是（　　）。 　　A．简洁型　　B．复古型　　C．宫廷型					

对调研结果进行统计和梳理，根据示例完成表12-6。

表12-6　赠送对象情况表

赠送对象	年龄/岁	喜好的颜色	喜欢的造型与特点	对扇子的需求	使用场景
姥姥	65	冷色、暗色	圆形或马蹄形 方正、简洁	扇风纳凉、提神醒脑	日常纳凉

·144·

根据调研结果和团扇制作方案示例（见表 12-7），完成表 12-8。

表 12-7　团扇制作方案示例

赠送对象	姥姥	需求	扇风纳凉、提神醒脑
造型	圆形	寓意	圆圆满满
扇面染色	使用艾草染色，使扇面底色呈淡绿色，可以给大暑节气增添一些凉爽之意		
团扇装饰	香囊、玉坠和流苏 扇面三分之二部分绘制兰花		

表 12-8　团扇制作方案

赠送对象		需求	
造型		寓意	
扇面染色			
团扇装饰			

劳动任务 2　制作团扇

（1）准备原材料，包括扇框、扇柄、绢、夹子、剪刀、胶水、图钉、美工刀等，如图 12-6 所示。

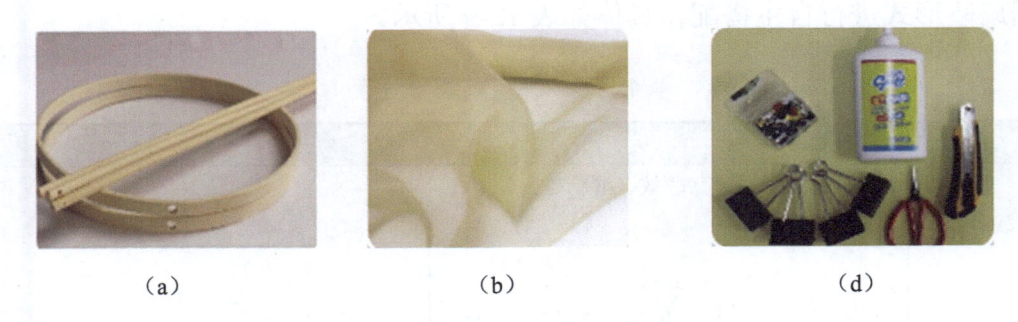

（a）　　　　　　　　（b）　　　　　　　　（d）

图 12-6　准备原材料（部分）

（2）染扇面，具体过程如图 12-7 所示。

将一大把艾草和水混合，煮 15 分钟 → 把艾草渣拿出来，把绢泡进去 → 加 5 克明矾固色 → 晾晒

图 12-7　染扇面

（3）绷扇面，具体过程如图 12-8 所示。

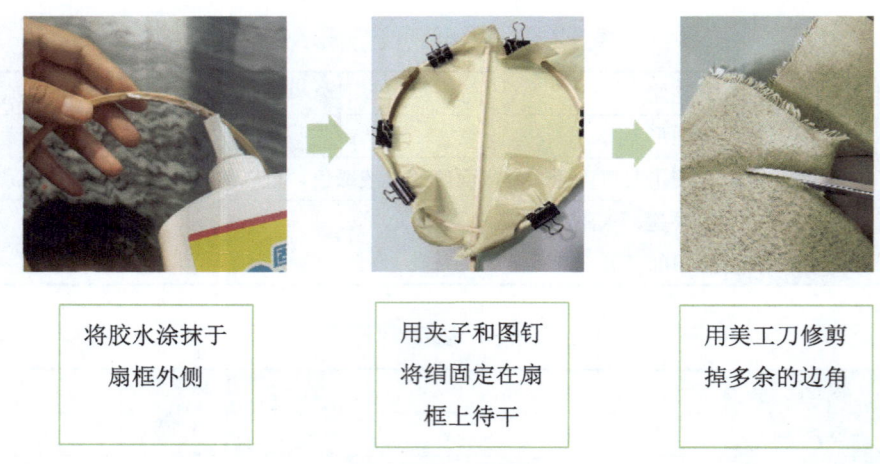

| 将胶水涂抹于扇框外侧 | 用夹子和图钉将绢固定在扇框上待干 | 用美工刀修剪掉多余的边角 |

图 12-8　绷扇面

利用榫卯结构，使扇柄与扇框严密扣合。

劳动任务 3　装饰团扇

1. 挂扇坠

（1）原材料：流苏、玉坠、香囊。

根据扇坠形式进行自主搭配，具体如表 12-9 所示。

表 12-9　扇坠搭配参考表

风格	搭配形式	适合人群
功能搭配	流苏+香囊（驱蚊、醒脑等）	年长者
审美搭配	流苏+玉坠（颜色、造型等）	年轻者

（2）将扇坠绳线系在扇柄下部的孔洞处，如图12-9和图12-10所示。

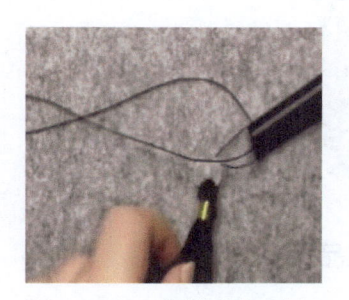

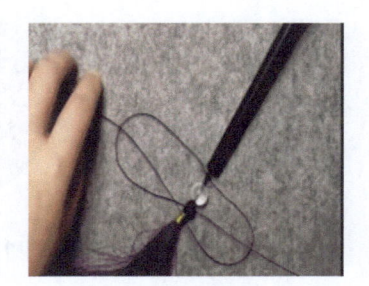

图12-9　穿过扇柄孔洞　　　　　图12-10　连续打几个结

2. 扇面绘画

（1）原材料和工具准备，如勾线笔、国画颜料、调色盘、扇面、素材图纸等，如图12-11所示。

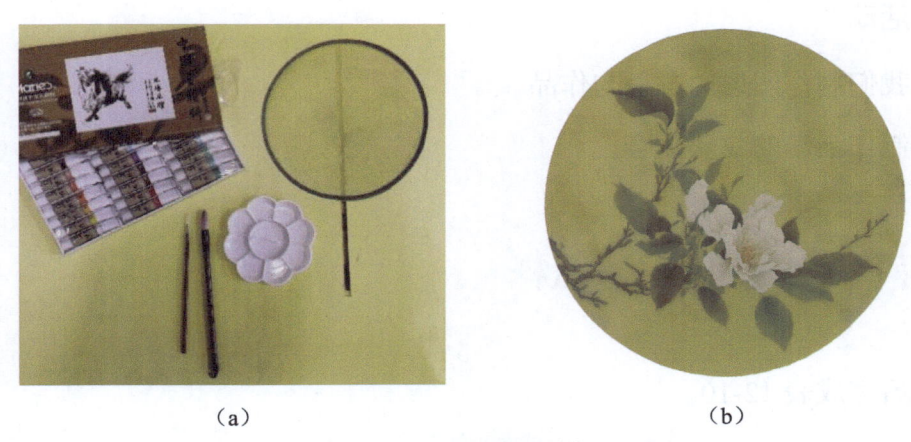

（a）　　　　　　　　　　（b）

图12-11　绘画原材料、工具

（2）拓印、上色，如图12-12所示。

将素材图纸置于扇面下方，对好位置，用勾线笔勾出花、叶、茎

用调色盘将国画颜料调出想要的颜色，依次晕染、罩染上色

调整细节

图12-12　拓印、上色

（3）晾干，团扇成品如图12-13所示。

图 12-13　团扇成品

六、劳动成果——我的作品展示

我们的劳动成果是制作好的团扇，可组织一次班级分享活动。

班级分享活动

（1）展示我们制作团扇的过程与作品。

（2）分享制作活动的收获体会。

七、劳动评价——我做得怎么样

劳动结束后完成表 12-10。

表 12-10　评价表

评价指标	评价分值				得分		
	16~20 分	11~15 分	6~10 分	1~5 分	学生自评	组内互评	教师评价
节气知识学习	熟悉大暑节气的特点，能将节气的特点讲给他人，对中国传统文化有更深入的了解	知道大暑节气的特点，能将节气的主要特点讲给他人	大致了解大暑节气的特点，能讲出节气的时间和大致特点	不了解大暑节气的特点			
劳动技能掌握	掌握团扇及中国染色工艺的相关知识，掌握团扇的制作流程，能独立完成团扇制作，制作的团扇造型美观，色彩及装饰搭配合理，扇面贴合度高	熟悉团扇及中国染色工艺的相关知识，基本掌握团扇的制作流程，能正确完成团扇制作，制作的团扇造型美观、扇面贴合度高	知道团扇及中国染色工艺的相关知识，理解团扇的制作流程，能完成团扇制作，扇面贴合度适宜	了解团扇及中国染色工艺的相关知识，知道团扇的制作流程，能完成团扇制作			

续表

评价指标	评价分值				得分		
	16~20分	11~15分	6~10分	1~5分	学生自评	组内互评	教师评价
创新实践体现	在完成任务的基础上，能够创新劳动方法和成果，并能将所学运用到生活中的其他方面	在完成任务的基础上，能够创新劳动方法和成果，有新的成果	在完成任务的基础上，能够创新劳动方法	基本能够完成任务，没有新的劳动方法和成果			
劳动态度形成	深刻体会到劳动的价值，有成功的体验，很有获得感，能将劳动中学会的知识和技能运用到未来的生活中	能体会到劳动的价值，有成功的体验，很有获得感	知道劳动的价值，稍有成功的体验，也有一点儿获得感	知道劳动的价值，但是还没有成功的体验			
劳动成果展示	劳动规划合理，能大胆展示劳动成果，并能够用流畅的语言做详细解释	劳动规划合理，能展示劳动成果，并能做解释	劳动规划基本合理，能展示劳动成果	有劳动规划，适当展示成果			
合计（将评价指标中五项的得分相加）							
总分=学生自评合计值×30%+组内互评合计值×30%+教师评价合计值×40%							
评价等级（优秀：85分及以上；良好：75~84分；达标：60~74分；有待提高：60分以下）							
学习回顾与反思							

八、知识拓展

销夏

〔唐〕白居易

何以销烦暑，端居一院中。

眼前无长物，窗下有清风。

热散由心静，凉生为室空。

此时身自得，难更与人同。

作者简介

白居易（772—846），字乐天，号香山居士，又号醉吟先生，唐朝著名现实主义诗人。

与元稹并称"元白",与刘禹锡并称"刘白"。

诗词赏析

如何消除烦人的暑热?只需要你在院子里静静地坐着。庭院中没有高大的建筑,从窗户吹进缕缕清风。静下心来,热气就会散去,室内空荡荡的,凉气就会生成。这时候怡然自得,别人是难以体会到的。

诗词意境

小院之中,暑热难耐。虽然没有避暑纳凉的好器物,但是心静自然凉。诗人不怨天尤人,而是让自己的心静下来,让自己的心与暑热隔开,让自己处于一种平和、平静的状态。此时此刻,此情此景,诗人自得其乐,这种快乐别人是体会不到的。

秋季篇

收获劳动果实
——秋处露秋寒霜降

劳动教育——二十四节气项目式实践教程

"秋处露秋寒霜降"，秋季是农作物成熟、万物收获的时节。凉风送爽，为家人收纳好夏季的衣物，让家庭充满温暖；秋燥来袭，熬一锅秋梨膏，沏一杯白露茶，感悟古人的养生智慧；寒意渐起，做一碗香甜的汤圆，蒸一屉精美的花糕，体会春华秋实的喜悦。深秋色彩斑斓，我们可以用镜头捕捉美好瞬间，记录浓浓的人间烟火气息。

收获劳动果实——秋处露秋寒霜降　**秋季篇**

立秋，天凉好个秋——秋梨膏熬制

一、情境导入

立秋（见图 13-1）是二十四节气中的第十三个节气，也是农历秋季的第一个节气，于每年公历 8 月 7—8 日交节，标志着秋季正式开始。"立秋之日凉风至"，从这一天起，暑气渐渐消退，天气逐渐转凉。秋季是收获的季节，立秋是开启收获的标志之一。

立秋是夏秋之交的重要时刻。古代有"立秋节"，民间会举行一系列活动来迎接秋季的到来。伴随着季节交替，人们的身体也会发生一些变化。中国的养生之道讲求四时不同，饮食起居也要适时改变。立

图 13-1　立秋

秋以后天气由热转凉，昼夜温差增大，"秋燥"为这一节气的主要特点。中医认为肺喜润而恶燥，燥邪最易伤肺，这就是为何天气转凉，人们易患呼吸道疾病的原因。"春夏养阳，秋冬养阴"，药膳中的秋梨膏具有滋润肺气，调节阴阳平衡的效果。

二、明确任务——我要做什么

立秋之后，天气冷热交替，且空气逐渐变得干燥，人们容易出现咽喉干痒、咳嗽等症状。秋梨膏（见图 13-2）有润肺、止咳等功效，能够有效预防、缓解这些症状。让我们为家人熬制秋梨膏，使他们少受、免受呼吸道疾病的侵扰。本项目的核心驱动问题为如何为家人熬制秋梨膏。

图 13-2　秋梨膏

· 153 ·

三、学习目标——我将收获什么

（1）自主学习，了解立秋节气的相关知识，能够说出秋梨膏的来历和功效。

（2）能说出秋梨膏的配方及单味中药材的功效，能够根据不同的功效需求，选取适当的中药材熬制秋梨膏，知晓秋梨膏的熬制过程。

（3）能独立熬制秋梨膏，体验中医天人合一的养生智慧，传承中华优秀传统文化。学会关爱自己和他人，健康生活。

四、制订计划——我要怎么做

在此阶段，我们要从核心驱动问题出发，思考已经知道什么，还需要知道什么，完成表 13-1。

表 13-1 熬制秋梨膏知需表

核心驱动问题	已经知道的信息 （学生填写）	需要知道的问题
如何为家人熬制秋梨膏	1. 2. 3. 4.	1. 为谁熬制秋梨膏？ 2. 他/她对功效有何需求？ 3. 如何根据不同的功效需求，选取适当的中药材？ 4. 如何熬制秋梨膏

从需要知道的问题中，找到解决问题和劳动实践的方向。首先，我们需要获取相关资讯，做好关于劳动的知识准备；其次，明确开展哪些劳动任务来解决核心驱动问题；最后，每个劳动任务的完成都将产出劳动成果。熬制秋梨膏计划表如表 13-2 所示。

表 13-2 熬制秋梨膏计划表

资讯分析	工作实施	劳动成果
资讯 1：认识秋梨膏	劳动任务 1：设计秋梨膏的配方	秋梨膏的配方
资讯 2：常用中药材的加工方法	劳动任务 2：准备中药材及工具	准备好的中药材及工具
资讯 3：秋梨膏的熬制方法和技巧	劳动任务 3：熬制秋梨膏	秋梨膏

五、劳动过程——我如何做好这件事

第一阶段 资讯分析

资讯1 认识秋梨膏

秋梨膏是由梨和祛痰中药材配伍加工而成的药膳饮品,《本草求原》中所载为"秋梨蜜膏",相传始于唐代。唐武宗李炎患病,口干舌燥,心热气促,吃遍草药都没有效果,满朝文武和御医都心急如焚。某日,一名道士进宫,自称可以医好此病。道士用梨、蜂蜜及各种中药材配伍熬制了一种蜜膏,唐武宗服用后顿觉神清气爽,精神大振,病很快就好了,于是下令重赏道士。道士的妙方也成了宫廷秘方,直到清朝才流入民间。

1. 梨和秋梨膏的功效

梨味酸甜,性寒凉,具有生津、止渴、润肺、清心、利肠、解毒等特点,对热病伤津所致的烦渴、胸中热闷、肺燥干咳、大便秘燥等症有较好的疗效。梨与其他具有生津、降火、止咳、润肺的中药材配伍,可以治疗因燥热伤津引起的症状。

秋梨膏由梨与其他中药材共同熬制而成,具有生津、降火、养阴、润肺、止咳等功效。秋梨膏富含果糖、葡萄糖、苹果酸及多种维生素,可调整血压、促进食欲、润肺止咳、清热化痰、宁心安神。除胃虚寒与泻肚患者外,妇孺老弱皆可饮用。

2. 用量

每日一次,每次两汤匙(10~15毫升)。

3. 食用方法

(1)可以空腹直接服用。

(2)可以在吃早餐时加入牛奶、豆浆中饮用。

(3)可以在睡前以温水稀释后服用。

熬制秋梨膏常用中药材的功效(选自《中国药典》和中医药大学教材《中药学》)如表13-3所示。

表13-3 熬制秋梨膏常用中药材的功效

中药材	功效	食材图片
梨	理气健脾、燥湿化痰	

续表

中药材	功效	食材图片
罗汉果	清热生津、解表除烦、润肠通便	
红枣	补脾胃，养营安神、缓和药性	
姜	解表散寒、温中止呕、温肺止咳	
蜂蜜	芳香化湿、和中止呕、发表解暑	
生地	清热凉血、滋阴生津、保肝利尿	
葛根	清热解毒、生津止渴、解肌退热、升阳止泻	
麦冬	清心润肺、养胃生津	
百合	润肺止咳、宁心安神	
川贝	止咳化痰、清热散结	

资讯2　常用中药材的加工方法

熬制秋梨膏常用的中药材有梨（雪花梨或鸭梨）、罗汉果、红枣、姜、蜂蜜。将中药材清洗后进行加工，具体如表13-4所示。如果家里有料理机，也可直接将梨打碎。

表13-4　中药材的加工方法

中药材	加工方法
梨（雪花梨或鸭梨）	削皮，擦成梨蓉，保留梨汁
罗汉果	掰成碎块

·156·

续表

中药材	加工方法
红枣	去核，切碎
姜	切成细丝

资讯 3　秋梨膏的熬制方法和技巧

将加工好的中药材放入煮锅中，大火煮开后转文火（煮东西时所用的小而缓的火力）熬 30 分钟，熬至颜色变黑后，用纱布或筛子过滤，把过滤后的汤汁继续以文火熬约 60 分钟，待汤汁浓稠，搅拌时出现清晰的纹路后关火，晾凉，加入蜂蜜，装入玻璃瓶保存。

温馨提示：

（1）熬制秋梨膏时需不停搅拌，防止糊锅。

（2）熬制好的半成品晾凉后，再加入蜂蜜。

（3）秋梨膏需要用干燥的容器密封后冷藏保存。

第二阶段　工作实施

劳动任务 1　设计秋梨膏的配方

秋梨膏药性寒凉，且含糖量比较高，肠胃功能不好的人及糖尿病患者不宜食用。我们需要对家人进行调研分析，考虑他/她的口味特点及其他需求，完成表 13-5。

表 13-5　秋梨膏需求调研表

调研对象		性别		年龄	
调研问题					记录关键信息
1. 在夏秋之交，您会有咽干、咽痒、咽痛、咳嗽的症状吗？ 2. 您对某些中药材过敏吗？ 3. 您平时抽烟、喝酒吗？ 4. 您的胃肠功能好吗？ 5. 您对秋梨膏口味有什么要求？					

对调研结果进行统计和梳理，根据示例完成表 13-6。

表 13-6　赠送对象情况表

赠送对象	年龄/岁	性别	是否易患呼吸道疾病	是否对中药材过敏	是否有抽烟、喝酒嗜好	胃肠功能如何	是否患有糖尿病
爸爸	45	男	是	否	是	很好	否

根据以上调研结果，将家庭版秋梨膏的主要功效确定为滋阴润喉、预防呼吸道疾病。根据食用者情况和示例配方，完成表 13-7。

表 13-7 家庭版秋梨膏的配方

配方	用量	原材料
示例配方	3～5 人的用量	梨 2500 克、罗汉果 50 克、红枣 50 克、姜 40 克、蜂蜜 15 毫升
我的配方		

劳动任务 2　准备中药材及工具

1. 中药材和工具准备

中药材：梨、罗汉果、红枣、姜、蜂蜜。

工具：擦板、刀。

2. 加工中药材

（1）将梨洗净，用刀削去外皮，如图 13-3 所示。

（2）用擦板擦出梨蓉和梨汁，如图 13-4 所示。

图 13-3　削梨皮　　　　图 13-4　擦出梨蓉和梨汁

（3）将姜洗净、切丝，如图 13-5 所示。

（4）将罗汉果掰成碎块，如图 13-6 所示。

（5）将红枣洗净、去核、切碎，如图 13-7 所示。

图 13-5　姜切丝　　　　图 13-6　罗汉果掰块　　　　图 13-7　红枣去核切碎

劳动任务 3　熬制秋梨膏

（1）将梨蓉、梨汁、梨皮、姜丝、罗汉果块、红枣碎放入煮锅中，文火慢熬 30 分钟至颜色变黑，如图 13-8 和图 13-9 所示。

图 13-8　加工的中药材入锅熬制　　　　图 13-9　熬至颜色变黑

（2）用纱布或筛子过滤，将汤汁过滤到盆中，继续用文火熬约 60 分钟至搅拌时出现清晰的纹路（膏状），如图 13-10 和图 13-11 所示。

图 13-10　过滤取汁　　　　图 13-11　文火熬成膏

（3）关火，放凉后加入蜂蜜，装入玻璃瓶保存，如图 13-12 和图 13-13 所示。

图 13-12　放凉后加入蜂蜜　　　　图 13-13　装瓶保存

六、劳动成果——我的作品展示

我们的劳动成果是熬制好的秋梨膏，可组织一次班级分享活动。

班级分享活动

（1）介绍熬制秋梨膏的过程。

（2）与家人或老师、同学分享熬制秋梨膏的收获。

七、劳动评价——我做得怎么样

劳动结束后完成表 13-8。

表 13-8　评价表

评价指标	评价分值				得分		
	16～20 分	11～15 分	6～10 分	1～5 分	学生自评	组内互评	教师评价
节气知识学习	熟悉立秋节气的特点，能将节气的特点讲给他人，对中国传统文化有更深入的了解	知道立秋节气的特点，能将节气的主要特点讲给他人	大致了解立秋节气的特点，能讲出节气的时间和大致特点	不了解立秋节气的特点			
劳动技能掌握	掌握秋梨膏的来历、配方、功效及熬制过程，能独立熬制秋梨膏，熬制的秋梨膏配方合理、功效好，浓稠度及口感适宜	熟悉秋梨膏的来历、配方、功效及熬制过程，能正确熬制秋梨膏，熬制的秋梨膏配方合理，浓稠度适宜	知道秋梨膏的来历、配方、功效及熬制过程，能熬制秋梨膏，熬制的秋梨膏配方合理	了解秋梨膏的来历、配方、功效及熬制过程，能熬制秋梨膏			
创新实践体现	在完成任务的基础上，能够创新劳动方法和成果，并能将所学运用到生活中的其他方面	在完成任务的基础上，能够创新劳动方法，有新的成果	在完成任务的基础上，能够创新劳动方法	基本能够完成任务，没有新的劳动方法和成果			
劳动态度形成	深刻体会到劳动的价值，有成功的体验，很有获得感，能将劳动中学会的知识和技能运用到未来的生活中	能体会到劳动的价值，有成功的体验，很有获得感	知道劳动的价值，稍有成功的体验，也有一点儿获得感	知道劳动的价值，但是还没有成功的体验			
劳动成果展示	劳动规划合理，能大胆展示劳动成果，并能够用流畅的语言做详细解释	劳动规划合理，能展示劳动成果，并能做解释	劳动规划基本合理，能展示劳动成果	有劳动规划，适当展示成果			

续表

评价指标	评价分值				得分		
	16~20分	11~15分	6~10分	1~5分	学生自评	组内互评	教师评价
合计（将评价指标中五项的得分相加）							
总分=学生自评合计值×30%+组内互评合计值×30%+教师评价合计值×40%							
评价等级（优秀：85分及以上；良好：75~84分；达标：60~74分；有待提高：60分以下）							
学习回顾与反思							

八、知识拓展

立秋二绝（其一）

〔宋〕范成大

三伏熏蒸四大愁，
暑中方信此生浮。
岁华过半休惆怅，
且对西风贺立秋。

作者简介

范成大（1126—1193），南宋诗人。他与杨万里、陆游、尤袤合称南宋"中兴四大诗人"。

诗词赏析

三伏天天气炎热，人们深感苦闷，在酷暑天才深切地感到生活漂浮。一年的时光已经过半，不必伤感和失意，面对凉爽的西风，庆贺秋季的来临。

诗词意境

夏秋季节转换，由酷暑转入秋凉，诗人的心情也随之转变。即使一年的时光已经过半，也没有伤感时光的流逝，而是对着西风，庆贺秋季的来临。本诗充满了对秋天的期待，表达了诗人的乐观和豁达。

处暑，夏季衣物巧收纳——T 恤衫折叠与收纳

一、情境导入

处暑（见图 14-1）是二十四节气中的第十四个节气，于每年公历 8 月 22—24 日交节。"秋处露秋寒霜降"中的"处"指的是处暑，从立秋开始，早晚天气转凉，但白天仍然很热。到了处暑，昼夜温差较大。古籍《月令七十二候集解》解释"处暑"时说："处，止也，暑气至此而止矣。"因此，处暑即为"出暑"，"处"含有终止的意思。民间有"一场秋雨一场寒"的说法。

图 14-1 处暑

处暑是一个能很好反映气温变化的节气，一般进入处暑后，天气会逐渐转凉，夏季的衣物要整理收纳起来，秋季的衣物要拿出来装进衣柜，以迎接凉爽天气的到来。

二、明确任务——我要做什么

处暑时节，天气还有点热，但是很快会转凉，我们需要提前做好整理收纳夏季衣物的准备。合理、规范地整理收纳需要提前做好规划，掌握叠衣服的技巧，最大化地发挥衣柜的收纳作用。本项目的核心驱动问题为如何在夏秋交替之时做好家庭衣物收纳（见图 14-2）。

图 14-2 衣物收纳

三、学习目标——我将收获什么

（1）自主学习，了解处暑节气的相关知识，能说出处暑节气的特点与文化习俗。

（2）自主查找收纳衣物的视频，反复观看，了解叠衣服的相关知识，学会叠T恤衫的基本步骤和技巧，学会衣物收纳原则。

（3）记住衣物收纳原则，反复实践，能收纳家中不同类型的衣物，让家人取放衣物更加便利。从一点一滴做起，把小事当大事干，踏踏实实把正在做的事情做好，靠勤劳双手收获属于自己的快乐。

四、制订计划——我要怎么做

在此阶段，我们要从核心驱动问题出发，思考已经知道什么，还需要知道什么，完成表 14-1。

表 14-1　衣物收纳知需表

核心驱动问题	已经知道的信息（学生填写）	需要知道的问题
如何在夏秋交替之时做好家庭衣物收纳	1. 2. 3. 4.	1. 收纳之前需要做规划吗？ 2. 叠T恤衫有技巧吗？ 3. 收纳T恤衫的步骤是什么？ 4. 如何在收纳的时候节约空间？ 5. 如果是全家人的T恤衫收在一起，如何在收纳之后方便地找出来

从需要知道的问题中，找到解决问题和劳动实践的方向。首先，我们需要获取相关资讯，做好关于劳动的知识准备；其次，明确开展哪些劳动任务来解决核心驱动问题；最后，每个劳动任务的完成都将产出劳动成果。衣物收纳计划表如表 14-2 所示。

表 14-2　衣物收纳计划表

资讯分析	工作实施	劳动成果
资讯1：衣物收纳原则	劳动任务1：设计家庭衣物收纳方案	家庭衣物收纳方案
资讯2：叠衣服的方法	劳动任务2：叠T恤衫	叠整齐的T恤衫
资讯3：衣物收纳的常用方法	劳动任务3：收纳T恤衫	收纳整齐的T恤衫

五、劳动过程——我如何做好这件事

第一阶段 资讯分析

资讯1 衣物收纳原则

衣物的收纳需要合理规划，充分利用空间，方便取放。

一般来说，换季衣物的收纳有赖于对衣柜空间的科学利用。收纳不仅是体力劳动，还是脑力劳动，整理收纳的过程也是规划实现的过程。收纳衣物要遵循以下原则。

1. 先清洗再收纳

收纳前，衣物需要清洗干净。

2. 防潮湿、防虫蛀

根据实际需要，可以使用密封袋，防止衣物受潮；使用樟脑丸，防止虫蛀。

3. 巧分类，方法多

收纳衣物的分类方法有很多，可以按衣物的颜色、衣物的归属对象、衣物的类别等进行分类。

资讯2 叠衣服的方法

（1）铺整齐：把衣服正面朝上铺整齐，有扣子的需要扣上扣子。

（2）找基准：一般以衣服正中为基准，方便折叠对称。

（3）折叠衣服：把衣服左右两边往中间折叠，使各边左右对齐。

资讯3 衣物收纳的常用方法

1. 悬挂收纳

一般情况下，对于西装及丝绸类服装，我们通常会选择悬挂收纳，用衣架将其挂在衣柜中。还可以罩上防尘罩，不仅可以起到防尘作用，还能让衣服看起来整齐美观。

2. 叠放收纳

叠放收纳是最常用的衣物收纳方法。对于T恤衫、针织衫等衣服，可以根据它们的类别叠好，逐件叠放到衣柜中。

收获劳动果实——秋处露秋寒霜降　**秋季篇**

第二阶段　工作实施

我们的衣柜中有多种衣物，如T恤衫、裤子、裙子、内衣、袜子等。不同的衣物应该用不同的收纳方法。

劳动任务1　设计家庭衣物收纳方案

首先，我们需要了解家庭的收纳空间、家人的收纳习惯、需要解决的收纳问题，做好收纳准备，完成表14-3。

表14-3　家庭衣物收纳观察记录表

观察时间		所处节气	
观察现象			
换季的时候，家人有收纳前一季衣物的习惯吗			
家人的衣物是放在一起的还是分别放的			
如果所有人的衣物都放在一起，家里的衣柜能放下吗			
家里的衣物收纳分区了吗？如袜子专区，裤子专区等			
家人一共有多少件T恤衫？每人分别几件			

其次，根据观察结果，设计家庭衣物收纳方案，完成表14-4。

表14-4　家庭衣物收纳方案

我看见了	
我想到了	
我将要做	

·165·

接下来以T恤衫为例，开展夏季衣物的收纳实践。

劳动任务2　叠T恤衫

T恤衫的叠法有很多种，这里以长方形叠法为例，过程如图14-3所示。

（1）将T恤衫铺平。

（2）将一边折向中间与中线对齐。

（3）将另一边也折向中间与中线对齐。

（4）将下半部分向领子方向对折。

（5）从中间对折。

（6）成型。

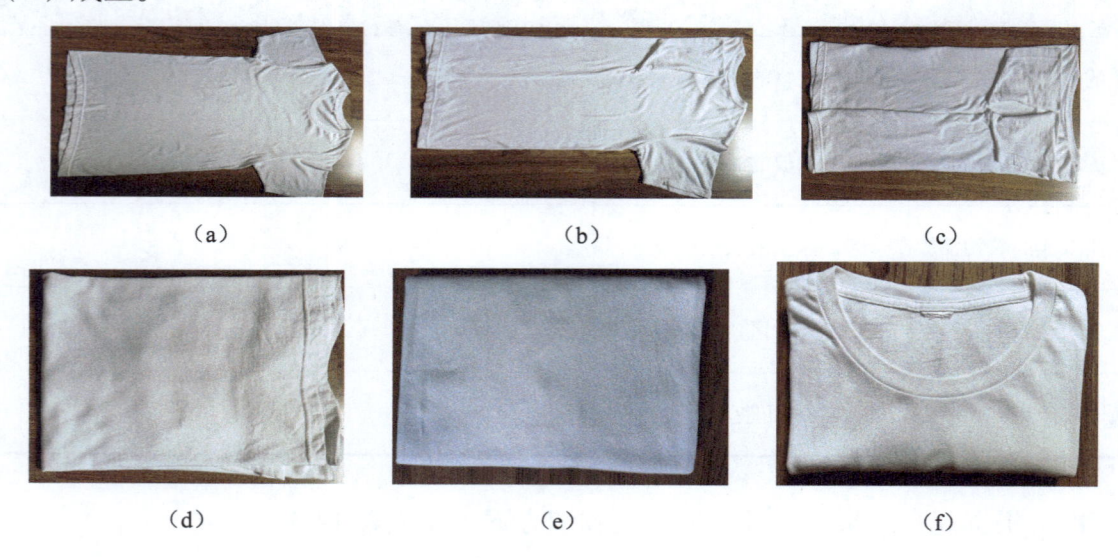

图14-3　叠T恤衫的过程

每一次折叠的时候，都要铺平，以免有褶皱。将所有的T恤衫叠好后，对比前后效果，如图14-4和图14-5所示。

图14-4　叠之前的T恤衫　　　图14-5　叠好的T恤衫

劳动任务 3　收纳 T 恤衫

1. 准备工具

便利贴、笔、纸袋、剪刀。

2. 将叠好的 T 恤衫放入衣柜或纸袋

叠好 T 恤衫后，要合理规划、细心收纳。无论是直接放入衣柜分区收纳还是以纸袋为容器进行收纳，都比较整齐、科学。把家里的购物纸袋，按照衣柜空间及叠好的 T 恤衫的尺寸，用剪刀剪成合适的大小，把 T 恤衫放进去，这样既环保又实用。收纳 T 恤衫时，可以按颜色收纳，可以按所属对象收纳，也可以按类别收纳，如图 14-6 至图 14-8 所示。

图 14-6　按颜色收纳　　　　图 14-7　按所属对象收纳

图 14-8　按类别收纳

3. 制作标签

1）写标签

用笔在便利贴上写上衣物的名称，如"爸爸的观赛服""妈妈的圆领 T 恤"等。标签上还可以增加一些内容，如"绿茵场上球员忙，观赛席上爸爸慌"，如图 14-9 和图 14-10 所示。

2）贴标签

在纸袋外面贴上做好的标签，便于识别，如图 14-11 所示。

图 14-9　爸爸的 T 恤衫分类标签 　　　图 14-10　妈妈的 T 恤衫分类标签 　　　图 14-11　贴在纸袋外面的标签

六、劳动成果——我的作品展示

我们的劳动成果是收纳好的 T 恤衫，可组织一次班级分享活动。

班级分享活动

（1）与同学们交流自己整理 T 恤衫的经验和窍门。

（2）在班级开展衣物收纳的比赛活动。

七、劳动评价——我做得怎么样

劳动结束后完成表 14-5。

表 14-5　评价表

评价指标	评价分值				得分		
	16～20 分	11～15 分	6～10 分	1～5 分	学生自评	组内互评	教师评价
节气知识学习	熟悉处暑节气的特点，能将节气的特点讲给他人，对中国传统文化有更深入的了解	知道处暑节气的特点，能将节气的主要特点讲给他人	大致了解处暑节气的特点，能讲出节气的时间和大致特点	不了解处暑节气的特点			
劳动技能掌握	掌握叠 T 恤衫和收纳 T 恤衫的基本步骤和技巧，能够通过科学的收纳方法帮助家人收纳衣物，同时使家庭存放衣物的空间美观	熟悉叠 T 恤衫和收纳 T 恤衫的基本步骤和技巧，熟悉通过科学的收纳方法帮助家人收纳衣物，同时使家庭存放衣物的空间美观	知道叠 T 恤衫和收纳 T 恤衫的基本步骤和技巧，了解了科学的收纳方法，能帮助家人收纳衣物，同时使家庭存放衣物的空间美观	知道了一种叠 T 恤衫的基本步骤和技巧，知道科学的收纳方法			

续表

评价指标	评价分值				得分		
	16~20分	11~15分	6~10分	1~5分	学生自评	组内互评	教师评价
创新实践体现	在完成任务的基础上，能够创新劳动方法和成果，并能将所学运用到生活中的其他方面	在完成任务的基础上，能够创新劳动方法，有新的成果	在完成任务的基础上，能够创新劳动方法	基本能够完成任务，没有新的劳动方法和成果			
劳动态度形成	深刻体会到劳动的价值，有成功的体验，很有获得感，能将劳动中学会的知识和技能运用到未来的生活中	能体会到劳动的价值，有成功的体验，很有获得感	知道劳动的价值，稍有成功的体验，也有一点儿获得感	知道劳动的价值，但是还没有成功的体验			
劳动成果展示	劳动规划合理，能大胆展示劳动成果，并能够用流畅的语言做详细解释	劳动规划合理，能展示劳动成果，并能做解释	劳动规划基本合理，能展示劳动成果	有劳动规划，适当展示成果			
合计（将评价指标中五项的得分相加）							
总分=学生自评合计值×30%+组内互评合计值×30%+教师评价合计值×40%							
评价等级（优秀：85分及以上；良好：75~84分；达标：60~74分；有待提高：60分以下）							
学习回顾与反思							

八、知识拓展

处暑

（明）张穆

一岁频过处暑天，单衣林麓胜情偏。

田无负郭供公役，邻有藏书借为编。

山市每欺沽酒近，岩居深德种桃先。

宵来疏雨添无赖，尽夜绳床恣意眠。

作者简介

张穆（1607—1683），字尔启，号穆之，又号铁桥，工诗，善画马，能击剑。

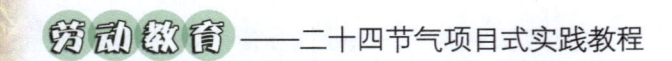

诗词赏析

一年过得很快，又到了处暑节气，穿着单衣，行走在山脚的林荫下，偏爱此间高雅的情趣。田间地头，没有良田供劳役之累，也没有公职之扰；邻居家有藏书，可以随时借阅。山中集市靠近居所，每每出去打酒非常方便；德深望重之人隐居在山中遍种桃树。一夜的风雨平添无限可爱，彻夜躺在轻便的绳床上，无拘无束地睡到自然醒。

诗词意境

这首诗用朴素的语言，勾勒了一幅舒适、惬意的处暑节气的画面。诗人隐居在山中，可以自由支配时间，享受生活，非常惬意。

白露，泡杯香茶谢师恩——盖碗泡茶

一、情境导入

白露（见图15-1）是二十四节气中的第十五个节气，是农历秋季中继立秋、处暑之后的第三个节气，于公历9月7—9日交节。此时暑气已基本散去，天气逐渐转凉，虽然白天阳光尚足，但是傍晚后气温骤然下降，寒生露凝，次日清晨地面和叶子上会凝结许多露珠。《月令七十二候集解》云："白露，八月节。秋属金，金色白，阴气渐重，露凝而白也。"故名"白露"。

图 15-1 白露

白露时节，气候干燥，常令人受"秋燥"之害，故民间有收清露、吃番薯、饮白露茶的习俗。白露茶有润心润肺、润秋燥、提神醒脑、解秋乏的功效。常言道："春茶苦，夏茶涩。要好喝，秋白露。"白露时节，茶叶积累了丰富的营养，香气高扬。与其他时节的茶相比，白露茶口感浓厚、甘甜，其中白茶和"春水秋香"的乌龙茶尤为突出。

二、明确任务——我要做什么

"白露秋风夜，一夜凉一夜。"秋风带来了凉爽，也带来了秋燥。过完白露，就要到教师节了，我们可以学习盖碗泡茶，为恩师泡一杯白露茶，润秋燥，敬茶表谢意、献祝福，如图15-2所示。本项目的核心驱动问题为如何用盖碗为恩师泡一杯白露茶。

图 15-2 敬茶

三、学习目标——我将收获什么

（1）自主学习，了解白露节气的相关知识，能够说出白露节气的特点、文化习俗及气象变化。

（2）查找资料学习白露茶文化，能说出白露茶的特点和功效。了解茶具的名称及作用，会正确摆放茶具。

（3）自主观看泡茶、奉茶的视频，学习盖碗泡茶的方法、奉茶的礼仪，能够说出茶的类别，并且能根据茶叶品种，采用正确的方法冲泡，运用奉茶礼仪进行奉茶。

（4）通过泡茶、奉茶、品茶，感悟中国博大精神的茶文化，养成雅致的生活方式，体会劳动创造美。

四、制订计划——我要怎么做

在此阶段，我们要从核心驱动问题出发，思考已经知道什么，还需要知道什么，完成表 15-1。

表 15-1　泡白露茶知需表

核心驱动问题	已经知道的信息（学生填写）	需要知道的问题
如何用盖碗为恩师泡一杯白露茶	1. 2. 3. 4.	1. 为谁泡茶？ 2. 他/她喜欢的茶叶品种是什么？ 3. 盖碗泡茶需要哪些器具？ 4. 怎样冲泡？ 5. 怎样敬茶表谢意

从需要知道的问题中，找到解决问题和劳动实践的方向。首先，我们需要获取相关资讯，做好关于劳动的知识准备；其次，明确开展哪些劳动任务来解决核心驱动问题；最后，每个劳动任务的完成都将产出劳动成果。泡白露茶计划表如表 15-2 所示。

表 15-2　泡白露茶计划表

资讯分析	工作实施	劳动成果
资讯1：常用的茶具	劳动任务1：盖碗泡茶调研和准备	准备茶叶、茶具
资讯2：盖碗泡茶的方法和步骤	劳动任务2：冲泡	泡茶
资讯3：奉茶礼仪	劳动任务3：向老师敬茶	敬茶
资讯4：品茶	劳动任务4：品茶	品茶

收获劳动果实——秋处露秋寒霜降 **秋季篇**

五、劳动过程——我如何做好这件事

> **第一阶段** 资讯分析

资讯 1　常用的茶具

常用的茶具如图 15-3 所示。

盖碗	公道杯	品茗杯
(a)	(b)	(c)
茶滤	随手泡	茶道组
(d)	(e)	(f)
茶仓	水盂	茶巾	茶荷
(g)	(h)	(i)	(j)

图 15-3　常用的茶具

资讯 2　盖碗泡茶的方法和步骤

1. 盖碗泡茶的方法

茶汤的浓淡可根据饮茶者的口味、喜好调整，浓淡程度主要由茶叶与水的比例、水温和冲泡时间等因素决定。盖碗泡茶的方法如表 15-3 所示。

表 15-3　盖碗泡茶的方法

茶的类别	代表茶叶	茶叶与水的比例（根据喜好可微调）	冲泡水温（嫩度高的芽茶类相应水温要低）	是否洗茶（润茶）	冲泡时间
绿茶	西湖龙井、碧螺春	1∶50 至 1∶30	80℃～90℃	否	第一泡 10～15 秒，第二泡 20 秒，第三泡 30 秒
白茶	白毫银针、寿眉	1∶30	白毫银针 90℃ 寿眉 100℃	新茶不洗，老茶要洗	新白茶：前五泡 10 秒左右，第六泡开始逐渐加泡 5 秒；老白茶：洗茶 10 秒，基于新茶冲泡时间每泡增加 5 秒
黄茶	君山银针、平阳黄汤	1∶50 至 1∶30	80℃～90℃	否	第一泡 15 秒，第二泡 20 秒，第三泡 30 秒
青茶	铁观音、大红袍	1∶30 至 1∶20	100℃	球形洗，其他可不洗	球形：洗茶 10 秒，第一泡 15 秒左右，第二泡至第四泡 10 秒左右，第五泡开始增加 5 秒；非球形：第一泡 5 秒，第二泡至第四泡 10 秒，第五泡开始增加 10 秒
红茶	金骏眉、祁门红茶	1∶50 至 1∶30	90℃～95℃	否	前四泡 5～10 秒，第五泡开始增加 5 秒，红碎茶只能泡 1～2 泡
黑茶	安化黑茶、熟普洱茶	1∶30	100℃	是	洗茶 10 秒，第一泡、第二泡 10 秒左右，第三泡开始增加 5 秒，可泡 8 泡以上
花茶（再加工茶）	茉莉花茶	1∶50 至 1∶20	80℃～95℃	否	第一泡 5 秒，第二泡开始逐渐加泡 5 秒

2. 盖碗泡茶的步骤

用盖碗泡茶的具体步骤可以参考以下内容（以"春水秋香"乌龙茶中的代表——安溪铁观音为例）。

（1）白鹤沐浴（温杯）：用沸水冲洗盖碗。

（2）观音入宫（置茶）：将茶叶拨至盖碗中。

（3）一洗仙颜（洗茶）：将水注入盖碗约三分之一容量，对茶叶进行清洗及醒茶，洗茶之水不做饮用，可用于洗品茗杯。

（4）再注甘露（冲水）：将水注至盖碗七分满，使茶叶与水充分融合。

（5）玉液回壶（倒茶）：先将茶滤放置在公道杯上，再将茶汤注入公道杯中。

（6）点水流韵（分茶）：右手持公道杯，自左向右顺时针将茶汤均匀斟至品茗杯中，斟茶只斟七分满，以示对客人的尊重。

（7）敬奉香茗（奉茶）：将冲泡好的茶汤奉给客人。

（8）鉴赏汤色（观汤色）：观赏品茗杯中茶汤的颜色。

（9）细闻幽香（闻茶香）：轻嗅茶香。

（10）品啜甘霖（品茶味）：小口趁热品啜。

资讯3　奉茶礼仪

1. 基本礼仪

茶具要清洁，茶水要适量，端茶要双手，杯沿不要碰，上茶微笑要问好。

2. 奉茶顺序

先长后幼，先客后主，先女士后男士，依次奉茶。

3. 敬师茶礼

向老师敬茶时要用齐眉敬茶礼，即双手端起品茗杯，端到眉毛的位置，以腰为轴，躬身将茶敬给老师。

资讯4　品茶

品茶中的"品"字有三层含义。

一"品"：要先目品，即观赏茶汤颜色；再鼻品，即闻茶汤香气；最后口品，即品尝茶汤滋味。

二"品"："品"由三个"口"组成，一口为尝，二口为饮，三口方为品，即我们接到茶汤后不能举杯一饮而尽，要分小口慢慢饮尽。

三"品"：一品环境，二品茶味，三品人生。

所以，品茶必须慢慢品鉴回味，感悟自然的真味，领略生活的真趣。

第二阶段　工作实施

劳动任务1　盖碗泡茶调研和准备

1. 调研敬茶对象的喜好

白露节气后是教师节，尊师是传统美德。敬茶谢师恩，选择我们的老师作为敬茶对象。

接下来对老师的喜好进行调研。在本次课程中，我们主要考虑的因素为适合老师的茶类、茶名、口味偏好。请调研你的一位老师，完成表15-4。

表 15-4 敬茶对象喜好调研表

调研对象		性别		年龄	
调研问题				记录关键信息	
1. 您平时喜欢喝哪类茶？ 2. 最喜欢的茶的名称是什么？ 3. 这款茶哪点吸引了您，是名气、香气、滋味，还是保健作用？ 4. 您喜欢浓茶还是淡茶？ 5. 您品茶的目的是解渴还是保健				

对调研结果进行统计和梳理，根据示例完成表 15-5。

表 15-5 敬茶对象情况表

敬茶对象	年龄/岁	性别	喜欢的茶类	最喜欢的茶	这款茶的特点	口味喜好（浓茶或淡茶）	品茶目的
教师甲	45	男	白茶	寿眉	消炎	浓茶	保健

2. 准备茶叶

用茶则将茶仓中的茶叶盛至茶荷中，如图 15-4 所示。取茶量依据茶叶与水的比例和个人口味、喜好而定，如寿眉，茶叶与水的比例为 1∶30，盖碗能盛水 110 毫升，所以取茶量为 3~4 克。

3. 准备并摆放茶具

将所用茶具摆放整齐，如图 15-5 所示。

图 15-4 准备茶叶　　　　图 15-5 摆放茶具

劳动任务 2　冲泡

一杯色、香、味俱全的白露茶，需要结合调研信息，采用合适的方法及正确的步骤冲泡。

1. 冲泡准备

结合所选茶叶，填写冲泡方法汇总表，根据示例完成表 15-6。

表 15-6　冲泡方法汇总表

茶名	寿眉（新）		
茶类	白茶		
冲泡水温	100℃		
投茶量	4 克		
是否洗茶	否		
出汤时间	10 秒		

2. 冲泡步骤

依据资讯 2，以寿眉为例，冲泡步骤如图 15-6 所示。

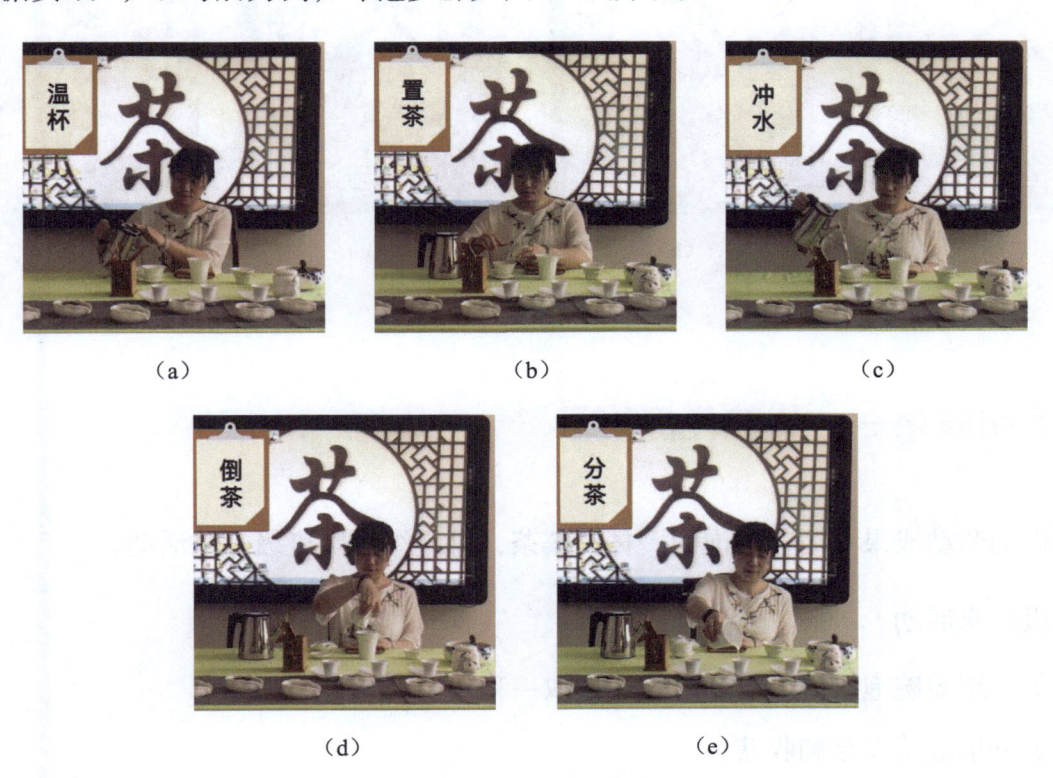

(a)　　(b)　　(c)

(d)　　(e)

图 15-6　冲泡步骤

劳动任务 3　向老师敬茶

向老师敬茶时双手将品茗杯端到眉毛的位置，以腰为轴，躬身将茶汤敬给老师，如图 15-7 所示。

(a) (b) (c)

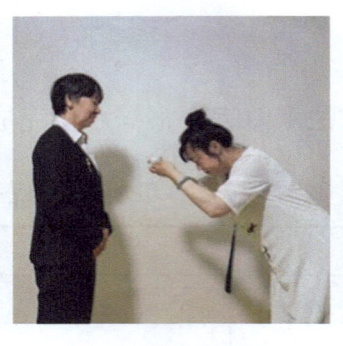

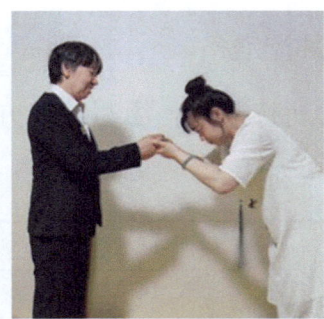

图 15-7 向老师敬茶

劳动任务 4　品茶

品茶的步骤如图 15-8 所示。

(a) (b) (c) (d)

图 15-8 品茶的步骤

六、劳动成果——我的作品展示

我们的劳动成果是用盖碗泡的一杯白露茶，可组织一次班级分享活动。

班级分享活动

（1）介绍盖碗泡茶的方法和步骤（选取一种茶叶）。

（2）分享泡茶体会和收获。

（3）小组合作用盖碗泡一杯茶，请老师品尝。

七、劳动评价——我做得怎么样

劳动结束后完成表 15-7。

收获劳动果实——秋处露秋寒霜降　**秋季篇**

表 15-7　评价表

评价指标	评价分值				得分		
	16～20 分	11～15 分	6～10 分	1～5 分	学生自评	组内互评	教师评价
节气知识学习	熟悉白露节气的特点,能将节气的特点讲给他人,对中国传统文化有更深入的了解	知道白露节气的特点,能将节气的主要特点讲给他人	大致了解白露节气的特点,能讲出节气的时间和大致特点	不了解白露节气的特点			
劳动技能掌握	掌握茶具、奉茶礼仪、品茶相关知识,以及盖碗泡茶的步骤,能独立完成茶品冲泡,冲泡方法适当、步骤正确,茶汤色、香、味俱佳,奉茶姿态端正	熟悉茶具、奉茶礼仪、品茶相关知识,以及盖碗泡茶的步骤,能正确完成茶品冲泡,冲泡方法适当、步骤正确	知道茶具、奉茶礼仪、品茶相关知识,以及盖碗泡茶的步骤,能完成茶品冲泡,步骤正确	了解茶具、奉茶礼仪、品茶相关知识,以及盖碗泡茶的步骤,能完成茶品冲泡			
创新实践体现	在完成任务的基础上,能够创新劳动方法和成果,并能将所学运用到生活中的其他方面	在完成任务的基础上,能够创新劳动方法,有新的成果	在完成任务的基础上,能够创新劳动方法	基本能够完成任务,没有新的劳动方法和成果			
劳动态度形成	深刻体会到劳动的价值,有成功的体验,很有获得感,能将劳动中学会的知识和技能运用到未来的生活中	能体会到劳动的价值,有成功的体验,很有获得感	知道劳动的价值,稍有成功的体验,也有一点儿获得感	知道劳动的价值,但是还没有成功的体验			
劳动成果展示	劳动规划合理,能大胆展示劳动成果,并能够用流畅的语言做详细解释	劳动规划合理,能展示劳动成果,并能做解释	劳动规划基本合理,能展示劳动成果	有劳动规划,适当展示成果			
合计（将评价指标中五项的得分相加）							
总分=学生自评合计值×30%+组内互评合计值×30%+教师评价合计值×40%							
评价等级（优秀:85 分及以上；良好:75～84 分；达标:60～74 分；有待提高:60 分以下）							
学习回顾与反思							

八、知识拓展

白露

〔唐〕杜甫

白露团甘子,清晨散马蹄。

圃开连石树，船渡入江溪。

凭几看鱼乐，回鞭急鸟栖。

渐知秋实美，幽径恐多蹊。

作者简介

杜甫（712—770），唐代伟大的现实主义诗人，被世人尊为"诗圣"，其诗被称为"诗史"。

诗词赏析

点点白露凝结于柑橘之上，清晨马蹄疾踏之处，它们纷纷碎散。花园里，花儿盛开，远远望去石头和树木像是连在一起的；渡口处，小船儿缓缓驶入江溪。下马坐在几案旁，观看鱼乐之趣，以至于忘了时间，回去的马鞭声起，归巢的鸟儿被吓得飞起。渐渐知道秋天果实的肥美，不过也担心在幽静的小路中找不到归路。

诗词意境

诗人用清新、朴素的语言勾勒了一幅迷人的白露秋景图。柑橘满树、露珠凝结、船入江溪、鱼儿嬉戏、马儿奔驰、鸟儿惊起等构成了白露时节的美景。诗人在字里行间透露出对秋日的喜爱。

收获劳动果实——秋处露秋寒霜降 **秋季篇**

秋分，阖家分享热汤圆——汤圆制作

一、情境导入

秋分（见图 16-1）是二十四节气中的第十六个节气，于每年公历 9 月 22—24 日交节。按我国传统以立春、立夏、立秋、立冬为春、夏、秋、冬开始的季节划分法，秋分日居秋季 90 多天之中，平分了秋季。

秋分节气，民间有"麻雀叽叽喳，米糕香又黏，封住雀儿嘴，庄稼收成好"的童谣。在秋分这一天，我国南方的一些地区保留着吃汤圆的习俗，还会煮不用包馅儿的汤圆，用细竹叉扦着置于田边地坎，叫"粘雀子嘴"。当然这只是人们盼望丰收的美好愿望，不过也突出了汤圆的一个特点，那就是黏性比较大，不易消化，不宜多食。

图 16-1 秋分

二、明确任务——我要做什么

秋分节气，让我们为家人制作一碗美味的汤圆（见图 16-2）。由于个人喜好的差异，需要在制作过程中为不同的人制作不同口味的汤圆。本项目的核心驱动问题为如何为家人制作一碗美味的汤圆。

图 16-2 汤圆

三、学习目标——我将收获什么

（1）自主学习，了解秋分节气的相关知识，能说出秋分节气的特点与文化习俗。

（2）查找资料，知晓制作汤圆过程中相关食材的配比，能说出汤圆的制作方法和步骤。

（3）对照汤圆制作视频，会制作汤圆馅料、制作汤圆皮、包汤圆、煮汤圆。品尝汤圆，感受汤圆团圆美满的寓意，享受劳动带给自己和家人的快乐。

四、制订计划——我要怎么做

在此阶段，我们要从核心驱动问题出发，思考已经知道什么，还需要知道什么，完成表 16-1。

表 16-1 制作汤圆知需表

核心驱动问题	已经知道的信息（学生填写）	需要知道的问题
如何为家人制作一碗美味的汤圆	1. 2. 3. 4.	1. 汤圆为谁做？ 2. 他/她喜欢什么口味的汤圆？ 3. 制作汤圆的步骤有哪些

从需要知道的问题中，找到解决问题和劳动实践的方向。首先，我们需要获取相关资讯，做好关于劳动的知识准备；其次，明确开展哪些劳动任务来解决核心驱动问题；最后，每个劳动任务的完成都将产出劳动成果。制作汤圆计划表如表 16-2 所示。

表 16-2 制作汤圆计划表

资讯分析	工作实施	劳动成果
资讯 1：认识汤圆	劳动任务 1：设计汤圆的制作方案	汤圆的制作方案
资讯 2：馅料的制作方法	劳动任务 2：制作馅料	馅料
资讯 3：汤圆皮的制作方法	劳动任务 3：制作汤圆皮	汤圆皮
资讯 4：包汤圆的操作方法	劳动任务 4：包汤圆	包好的汤圆
资讯 5：煮汤圆及盛盘的方法	劳动任务 5：煮汤圆、盛盘	汤圆成品

五、劳动过程——我如何做好这件事

第一阶段 资讯分析

资讯 1　认识汤圆

汤圆起源于宋朝。当时的明州（现浙江省宁波市）兴起了一种新奇食品，即用黑芝麻、猪板油做馅儿，加入少许白砂糖，外面用糯米粉包裹搓成圆形，煮熟，吃起来软糯香甜，让人回味无穷。"圆"意味着团圆、圆满，吃汤圆象征着家庭和谐、吉祥，故汤圆又叫"汤团""浮元子"。现在汤圆的常规馅料以甜味为主，如黑芝麻馅儿、豆沙馅儿、花生馅儿、巧克力馅儿、桂花馅儿及各种水果馅儿等，也有肉馅儿的，可荤可素，风味各异。

汤圆营养丰富，中医历来将汤圆视为可补虚、调血、健脾、开胃之物。糯米粉中含有蛋白质、脂肪、糖类、钙、磷、铁、维生素 B_1、维生素 B_2、烟酸等营养元素。常规馅料主要以果料和干果为主，包括黑芝麻、核桃、花生等，再加上植物油。制作汤圆分为以下几个步骤：制作馅料、制作汤圆皮、包汤圆、煮汤圆及盛盘。

资讯 2　馅料的制作方法

以受欢迎程度较高的黑芝麻馅儿为例：把黑芝麻炒熟，用破壁机将其打成粉末，加入适量白砂糖、融化好的黄油、蜂蜜，充分搅拌，使馅料成团。

资讯 3　汤圆皮的制作方法

将开水加入糯米粉中，用筷子搅拌均匀，待其变成絮状时揉成团，切成面剂子备用。注意：和面时多放水，水少面团就会非常干，会在包汤圆的时候露馅儿；但水也不能太多，否则面团较稀也容易露馅儿，糯米粉与水的比例是 10∶8 或 10∶9 为宜，具体要视糯米粉的吸水情况而定。

资讯 4　包汤圆的操作方法

为了使汤圆保持美观，在切面剂子时，尽量做到大小相同；包的时候，用手将面剂子压成中间厚边缘薄的小碗状；为了防止馅料粘在面皮上，可以用勺子放入馅料；慢慢收紧、封口，轻轻地用手心揉搓滚圆。这样做出的汤圆不仅美观，而且皮薄馅足。

资讯 5　煮汤圆及盛盘的方法

煮汤圆有以下几个关键点。

1. 开水下锅

在锅内的水烧至沸腾后,将汤圆下锅,用勺背轻轻推开,使其不粘锅底。

2. 文火慢煮

汤圆入锅煮至浮起后,要迅速改用文火,若还用大火,汤圆就容易破裂。同时,受热不均匀,会导致外熟内硬,影响口感。

3. 适量加冷水

汤圆浮起后,需加入适量冷水,以使锅内的汤圆热中受冷,皮层凝结,粉质严实。煮开两三次后,即可捞出食用。

4. 避免破损

用汤勺将汤圆与汤一起盛出,这样可以避免汤圆外皮破损。

第二阶段 工作实施

劳动任务1 设计汤圆的制作方案

我们在为家人制作汤圆前,先要对其口味进行了解,如偏爱甜口还是咸口,是否是素食主义者,是否需要控糖等。因此,家人的年龄、口味及身体状况等成为我们考虑的主要因素,完成表16-3。

表 16-3 汤圆需求调研表

调研对象	年龄/岁	口味	是否需要控糖	馅料口味偏好	有何忌口
妈妈	40	甜口	否	黑芝麻馅儿	无

对调研结果进行总结和梳理,根据示例完成表16-4。

表 16-4 汤圆的制作方案

赠送对象	喜好	馅料	食材
妈妈	味道浓郁,软糯香甜	黑芝麻馅儿	熟黑芝麻150克、熟白芝麻30克、白砂糖40克、花生碎20克、无盐黄油65克、蜂蜜50克、糯米粉400克

劳动任务 2　制作馅料

1. 食材及工具准备

食材：熟黑芝麻、熟白芝麻、白砂糖、花生碎、无盐黄油、蜂蜜。

工具：破壁机、保鲜膜、容器、勺子。

说明：

（1）如果没有黑芝麻也可以用黑芝麻糊或芝麻丸代替；

（2）如果是生的黑芝麻，应洗干净放锅里炒熟，不加油；

（3）做好的黑芝麻馅儿放入冰箱冷冻 15～20 分钟（这个时间可做汤圆皮）。

2. 具体操作步骤

制作馅料的具体操作步骤如图 16-3 所示。

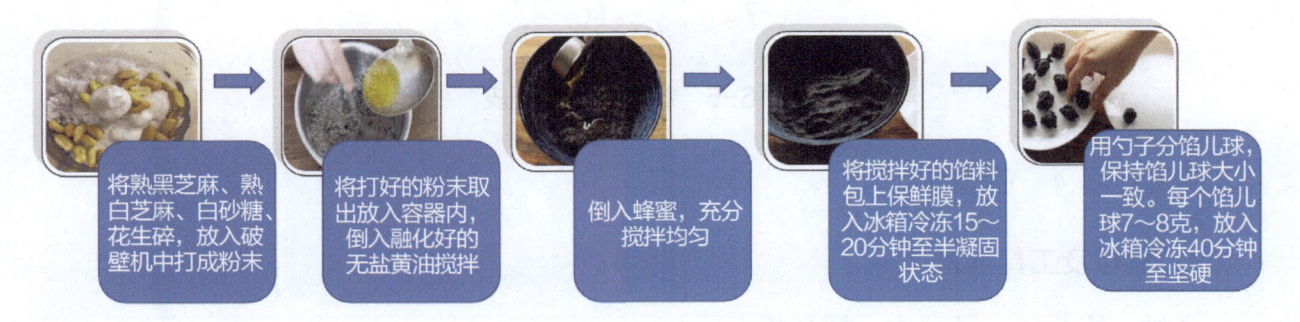

将熟黑芝麻、熟白芝麻、白砂糖、花生碎，放入破壁机中打成粉末 → 将打好的粉末取出放入容器内，倒入融化好的无盐黄油搅拌 → 倒入蜂蜜，充分搅拌均匀 → 将搅拌好的馅料包上保鲜膜，放入冰箱冷冻15～20分钟至半凝固状态 → 用勺子分馅儿球，保持馅儿球大小一致。每个馅儿球7～8克，放入冰箱冷冻40分钟至坚硬

图 16-3　制作馅料的具体操作步骤

劳动任务 3　制作汤圆皮

1. 食材及工具准备

食材：糯米粉、开水。

工具：案板、筷子、刀、面盆、保鲜膜。

2. 具体操作步骤

制作汤圆皮的具体操作步骤如图 16-4 所示。

把面剂子用手掌揉圆，如图 16-5 所示，即完成了汤圆皮的制作。

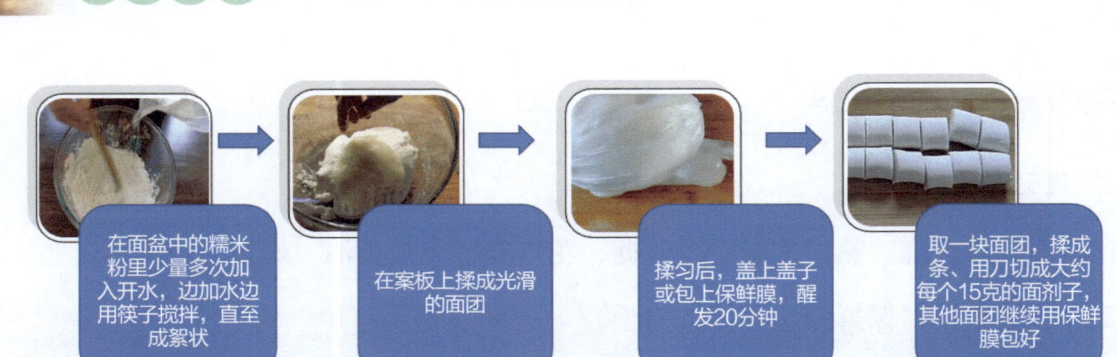

图 16-4 制作汤圆皮的具体操作步骤

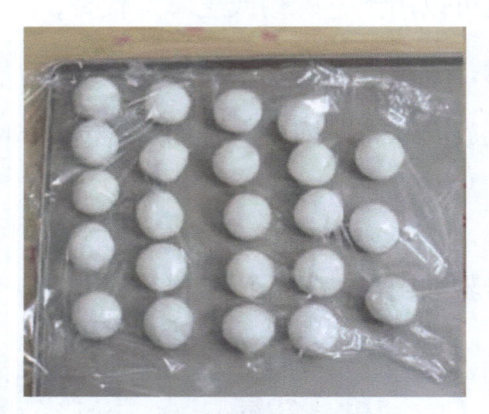

步骤：
- 在面盆中的糯米粉里少量多次加入开水，边加水边用筷子搅拌，直至成絮状
- 在案板上揉成光滑的面团
- 揉匀后，盖上盖子或包上保鲜膜，醒发20分钟
- 取一块面团，揉成条、用刀切成大约每个15克的面剂子，其他面团继续用保鲜膜包好

图 16-5 制作好的汤圆皮

劳动任务 4　包汤圆

1. 食材及工具准备

食材：馅儿球、汤圆皮、糯米粉。

工具：托盘、勺子。

2. 具体操作步骤

包汤圆的具体操作步骤如图16-6所示，包好的汤圆如图16-7所示。

步骤：
- 将汤圆皮转出一个小碗状
- 用勺子放入馅儿球（不用手是防止汤圆皮粘上黑芝麻不美观）
- 揪起汤圆皮，挤出空气，捏紧封口
- 揉圆后，放入撒好糯米粉的托盘里

图 16-6 包汤圆的具体操作步骤

收获劳动果实——秋处露秋寒霜降 **秋季篇**

图 16-7　包好的汤圆

劳动任务 5　煮汤圆、盛盘

1. 食材及工具准备

食材：包好的汤圆、水。

工具：煮锅、汤勺、碗。

2. 煮汤圆

（1）煮锅中放入水，留一碗水备用。

（2）水开后用汤勺在锅里转两下，让水转起来，避免汤圆粘锅。

（3）放入汤圆转中火，用勺底带着水来转，不要直接搅动，以免汤圆破裂。

（4）锅中水再次沸腾时，加入备用的水，这样做可以使汤圆的口感更滑，不易煮烂，浮起后再煮两分钟即可出锅。

3. 盛盘

盛汤圆时要用汤勺，将汤圆与汤一起盛入碗中。食用时可根据个人口味，在汤圆上撒些桂花酱，增加口感，如图 16-8 所示。

图 16-8　煮好的汤圆

· 187 ·

六、劳动成果——我的作品展示

我们的劳动成果是制作好的汤圆，可组织一次班级分享活动。

班级分享活动

（1）介绍制作汤圆的食材和方法。

（2）展示制作汤圆的过程和成品，分享制作感受。

（3）为家人送上汤圆，一起享受美食，感受劳动带来的喜悦。

七、劳动评价——我做得怎么样

劳动结束后完成表 16-5。

表 16-5　评价表

评价指标	评价分值				得分		
	16～20 分	11～15 分	6～10 分	1～5 分	学生自评	组内互评	教师评价
节气知识学习	熟悉秋分节气的特点，能将节气的特点讲给他人，对中国传统文化有更深入的了解	知道秋分节气的特点，能将节气的主要特点讲给他人	大致了解秋分节气的特点，能讲出节气的时间和大致特点	不了解秋分节气的特点			
劳动技能掌握	掌握汤圆的相关知识，以及制作汤圆馅料、汤圆皮，包汤圆及煮汤圆的方法，能独立完成汤圆制作，制作的汤圆香甜软糯、富有光泽、大小一致	熟悉汤圆的相关知识，以及制作汤圆馅料、汤圆皮，包汤圆及煮汤圆的方法，能正确完成汤圆制作，制作的汤圆香甜软糯、大小一致	知道汤圆的相关知识，以及制作汤圆馅料、汤圆皮，包汤圆及煮汤圆的方法，能完成汤圆制作，制作的汤圆香甜软糯	了解汤圆的相关知识，以及制作汤圆馅料、汤圆皮，包汤圆及煮汤圆的方法，能完成汤圆制作			
创新实践体现	在完成任务的基础上，能够创新劳动方法和成果，并能将所学运用到生活中的其他方面	在完成任务的基础上，能够创新劳动方法和成果，有新的成果	在完成任务的基础上，能够创新劳动方法	基本能够完成任务，没有新的劳动方法和成果			

续表

评价指标	评价分值				得分		
	16~20分	11~15分	6~10分	1~5分	学生自评	组内互评	教师评价
劳动态度形成	深刻体会到劳动的价值,有成功的体验,很有获得感,能将劳动中学会的知识和技能运用到未来的生活中	能体会到劳动的价值,有成功的体验,很有获得感	知道劳动的价值,稍有成功的体验,也有一点儿获得感	知道劳动的价值,但是还没有成功的体验			
劳动成果展示	劳动规划合理,能大胆展示劳动成果,并能够用流畅的语言做详细解释	劳动规划合理,能展示劳动成果,并能做解释	劳动规划基本合理,能展示劳动成果	有劳动规划,适当展示成果			
合计（将评价指标中五项的得分相加）							
总分=学生自评合计值×30%+组内互评合计值×30%+教师评价合计值×40%							
评价等级（优秀：85分及以上；良好：75~84分；达标：60~74分；有待提高：60分以下）							
学习回顾与反思							

八、知识拓展

晚晴

〔唐〕杜甫

返照斜初彻，浮云薄未归。

江虹明远饮，峡雨落馀飞。

凫雁终高去，熊罴觉自肥。

秋分客尚在，竹露夕微微。

作者简介

杜甫（712—770），唐代伟大的现实主义诗人，被世人尊为"诗圣"，其诗被称为"诗史"。

诗词赏析

雨后初晴，夕阳斜斜地照耀着，浮云稀疏还未散去。江面上的彩虹明亮遥远，峡谷中

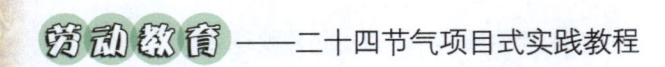

的雨滴还在飘落。秋意渐浓，野鸭和大雁飞得很高，熊也变得肥壮。今日是秋分，而我还在异客他乡，夕阳又下坠了一些，竹子上也沾满了晚露。

诗词意境

有人说秋天是萧瑟的，寒气煞人，但诗人笔下的秋分时节，夕阳照耀、浮云稀疏、秋雨滴落、彩虹高挂、野鸭和大雁飞过，透出宁静祥和的色彩，表现了秋天的美好景色。诗中的秋分隐含着节气和分别的双关意味。秋分到了，然而他还客居他乡，思乡的泪就像竹子上沾满的露水。

寒露，寒露节气遇重阳——花糕制作

一、情境导入

寒露（见图17-1）是二十四节气中的第十七个节气，农历秋季的第五个节气，于每年公历10月7—9日交节。寒露时节，天气凉爽，早上会出现露水，秋意渐浓，适合登高望远。寒露与农历九月初九的重阳节接近，人们庆祝重阳节的传统习俗一般有出游赏景、登高望远、观赏菊花、遍插茱萸、吃花糕、饮菊花酒等。九九与"久久"同音，九在个位数字中又是最大数，有长久、长寿的含义，所以重阳节又被称为"老人节""敬老节"，倡导尊敬和关爱老人。

图17-1 寒露

重阳饮食中最有名的就是花糕。花糕又叫重阳糕、菊糕、五色糕，《西京杂记》中记载："九月九日，佩茱萸，食蓬饵，饮菊花酒，云令人长寿。"这里的"蓬饵"，即是用植物的叶子和米、面做成的花糕。饵，即古代之糕。

重阳节有登高避灾的习俗，但是住在平原的人们无山可登、无高可攀。因为"糕"与"高"谐音，所以人们便以吃花糕象征登高。

二、明确任务——我要做什么

重阳节快要到了，让我们为社区敬老院的老人们亲手做一款花糕（见图17-2）。花糕其实是一种高糖、高油，不太容易消化的食品，而老人大多胃肠功能较弱，并且有控糖、控脂的要求。本项目的核心驱动问题为如何制作出一款适合老人食用且外观好看的花糕。

图17-2 花糕

三、学习目标——我将收获什么

（1）自主学习，了解寒露节气的相关知识，了解重阳节和花糕的相关文化，能说出寒露节气的特点与文化习俗。

（2）通过自主查找资料、视频，学习花糕的设计与制作方法，说出传统花糕的配方，能记住花糕的制作步骤。

（3）能根据老人的身体特点、营养需要，优化花糕配方，并能独立制作出一款低糖、低脂、口感好的花糕。

（4）通过花糕的创新制作和分享，提高敬老、爱老的意识，并把对老人的关爱传递给更多的人，为和谐社会做出贡献。

四、制订计划——我要怎么做

在此阶段，我们要从核心驱动问题出发，思考已经知道什么，还需要知道什么，完成表 17-1。

表 17-1　制作花糕知需表

核心驱动问题	已经知道的信息（学生填写）	需要知道的问题
如何制作出一款适合老人食用且外观好看的花糕	1. 2. 3. 4.	1. 传统花糕的配方是怎样的？ 2. 供能营养素有哪些？ 3. 老人需要哪些营养？ 4. 花糕怎样制作？ 5. 怎样装饰花糕

从需要知道的问题中，找到解决问题和劳动实践的方向。首先，我们需要获取相关资讯，做好关于劳动的知识准备；其次，明确开展哪些劳动任务来解决核心驱动问题；最后，每个劳动任务的完成都将产出劳动成果。制作花糕计划表如表 17-2 所示。

表 17-2　制作花糕计划表

资讯分析	工作实施	劳动成果
资讯1：传统花糕的配方 资讯2：供能营养素 资讯3：老人的营养需要	劳动任务1：调整传统花糕的配方	调整后的配方

续表

资讯分析	工作实施	劳动成果
资讯 4：花糕的制作方法	劳动任务 2：制作花糕	花糕主体
资讯 5：花糕的装饰方法	劳动任务 3：装饰花糕	花糕成品

五、劳动过程——我如何做好这件事

第一阶段 资讯分析

资讯 1 传统花糕的配方

查阅相关书籍或进行网络搜索，寻找一些传统花糕的配方，选择一份或多份进行研究。经典配方如下：粘米粉 24 克、糯米粉 96 克、紫薯馅儿 50 克、白砂糖 60 克、猪油 20 克、香草粉 2~3 克、水适量、熟黑芝麻适量、樱桃干适量、杏仁适量。

资讯 2 供能营养素

食物所包含的营养物质可分为糖类、蛋白质、脂类、无机盐、维生素和水，其中能为人体提供能量的是糖类、蛋白质和脂类，它们被称为供能营养素。

（1）糖类：由碳、氢、氧三种元素构成，可分为单糖、双糖、寡糖和多糖等。

主要来源：谷类、薯类、蔬菜、水果。

（2）蛋白质：由碳、氢、氧、氮四种元素构成，是一切生命的物质基础。

主要来源：广泛存在于动物性食物和植物性食物中，其中动物性食物及豆类中蛋白质的氨基酸比例更接近于人体，且容易被人体吸收，因此它们被称为优质蛋白。

（3）脂类：由碳、氢、氧三种元素构成的不溶于水的化合物，是人体需要的重要营养素之一，包括脂肪和类脂。

主要来源：动物性食物、坚果、食用油。

资讯 3 老人的营养需要

随着年龄的增长，老人的身体组织萎缩，活动减少，身体器官的功能和内环境稳定性都会发生改变，尤其是消化和代谢功能变差，所以他们所需的热量要比中青年少。如果热量摄入过多，就可能转变成脂肪引起肥胖。老人最易患的高血脂、动脉硬化、高血压、冠心病、糖尿病等疾病都与肥胖有密切的关系。

（1）糖类：老人的葡萄糖耐量低，因此他们对一时性的低血糖或高血糖的反应比年轻人更大，并且老人对糖类的吸收利用率下降，若摄入的比例过高，会导致胰岛细胞功能下降，引起血脂升高、肥胖，甚至会引起动脉硬化。

（2）蛋白质：老人对蛋白质的利用率下降，维持人体氮平衡所需要的蛋白质数量要多于年轻时期，因此需要经常吃些肉类，包括鸡蛋、牛奶，以及海鲜，合理补充蛋白质，增强抵抗力。

（3）脂类：主要是脂肪，老人对脂肪的消化功能下降，故老人的脂肪摄入一定要有节制，且应吃富含多不饱和脂肪酸的植物油。

资讯 4　花糕的制作方法

（1）将粘米粉、糯米粉、香草粉混合均匀。

（2）将 50 克混合粉与紫薯馅儿和 40 克白砂糖搅拌均匀，当成馅心备用。

（3）将猪油、剩下的 20 克白砂糖和适量水倒入锅中加热熬化；加入剩下的混合粉，炒成干湿适宜的糕面，静置冷却 2 小时。

（4）在模具底部铺一层糕面，上面铺一层馅心，再铺一层糕面，然后撒上熟黑芝麻、樱桃干、杏仁等装饰物。

（5）大火蒸 30 分钟，冷却脱模即可。

资讯 5　花糕的装饰方法

装饰时，可以在花糕上插剪彩小旗，以增添喜庆色彩，也可以在大花糕上叠放一些造型特别的小花糕，如捏成小鹿造型，寓意来年"食禄"（做官），或者捏成大象造型，寓意"万象高"，即万事如意，运程一年比一年高。

第二阶段　工作实施

劳动任务 1　调整传统花糕的配方

结合所学和所掌握的营养知识进行分析，传统花糕配方中有几种食材老人食用后不易消化，会给身体造成负担，具体如表 17-3 所示。

表 17-3 传统花糕配方分析

不合适的食材	原因
糯米粉	不易消化
紫薯馅儿	市场售卖成品含糖量高
白砂糖	蔗糖含量高，糖尿病禁忌
猪油	动物性脂肪，对心脑血管疾病不利
香草粉	化学成分添加剂

通过学习，对传统配方进行改良，并将装饰物换成老人喜爱的食材，如葡萄干、蔓越莓干、红枣等，最终确定一款适合老人食用的花糕配方，如表 17-4 所示。

表 17-4 花糕配方调整方法

食材	调整方法
糯米粉	降低其比例，提高粘米粉所占比例
紫薯馅儿	新鲜紫薯不加糖蒸熟，减少含糖量，添加适量豆沙馅儿以补充口感
白砂糖	用量减少
猪油	去除
香草粉	去除
葡萄干	适量
蔓越莓干	适量
红枣	适量

劳动任务 2　制作花糕

1. 准备食材：此配方可制作 8 寸蛋糕圆模的花糕一块

1）紫薯馅儿

准备 120 克紫薯，切片蒸熟后趁热压碎，如图 17-3 所示。

（a）　　　　　　　　　　（b）

图 17-3　紫薯馅

2）相关食材

相关食材如图 17-4 所示，具体重量如下。

图 17-4　相关食材

原味糕粉：糯米粉 100 克、粘米粉 80 克、白砂糖 20 克、水 90 毫升左右。

紫薯糕粉：糯米粉 100 克、粘米粉 80 克、白砂糖 20 克、蒸熟的紫薯 120 克左右。

其他：豆沙馅 150 克，装饰用葡萄干、蔓越莓干、红枣等适量。

2. 具体制作步骤

1）原味糕粉制作

（1）将糯米粉、粘米粉、白砂糖混合，如图 17-5 所示。

图 17-5　粉料混合

（2）边搅拌边慢慢加入水，如图 17-6 所示。

图 17-6　加水搅拌

（3）搅拌成颗粒状后用手搓碎，如图17-7所示。

（4）过筛后备用，如图17-8所示。

（a） （b）

图17-7 用手搓碎　　　　　　　　　　图17-8 过筛备用1

2）紫薯糕粉制作

（1）将糯米粉、粘米粉、白砂糖混合，加入蒸熟的紫薯，如图17-9所示。

（2）用手搓碎，如图17-10所示。

（3）过筛后备用，如图17-11所示。

图17-9 加入紫薯　　　　图17-10 搓碎　　　　图17-11 过筛备用2

3）花糕蒸制

在8寸蛋糕模具底部刷一层油，先用一半原味糕粉铺一层，用勺子压实，蒸5分钟；然后用一半紫薯糕粉铺一层，蒸5分钟；再用豆沙馅儿铺一层后，用剩下的一半紫薯糕粉铺一层，蒸5分钟；最后用剩下的一半原味糕粉铺一层，装饰上葡萄干、蔓越莓干、红枣等蒸20分钟左右，冷却后脱模，花糕主体如图17-12所示。

图17-12 花糕主体

劳动任务 3　装饰花糕

花糕有登高避灾、步步高升之意，因此可以在糕面上插上一面小彩旗。而本次课程是在重阳节这一天为敬老院的老人送去自己做的花糕，可在彩旗上绘制象征健康长寿的图案，如仙鹤、松树、寿桃等，如图 17-13 所示。

图 17-13　装饰后的花糕

六、劳动成果——我的作品展示

我们的劳动成果是制作好的花糕，可组织一次班级分享活动。

班级分享活动

（1）介绍制作花糕所使用的食材及造型寓意。

（2）展示制作的花糕成品。

（3）向老人赠送花糕，并献上祝福。

七、劳动评价——我做得怎么样

劳动结束后完成表 17-5。

表 17-5 评价表

评价指标	评价分值				得分		
	16~20 分	11~15 分	6~10 分	1~5 分	学生自评	组内互评	教师评价
节气知识学习	熟悉寒露节气的特点,能将节气的特点讲给他人,对中国传统文化有更深入的了解	知道寒露节气的特点,能将节气的主要特点讲给他人	大致了解寒露节气的特点,能讲出节气的时间和大致特点	不了解寒露节气的特点			
劳动技能掌握	掌握花糕的相关知识,花糕配方的调整技巧,花糕的设计与制作方法,能独立完成花糕制作,制作的花糕外形美观有创意,食材搭配合理,香浓软糯	熟悉花糕的相关知识,花糕配方的调整技巧,花糕的设计与制作方法,能正确完成花糕制作,制作的花糕外形美观,食材搭配合理,香浓软糯	知道花糕的相关知识,花糕配方的调整技巧,花糕的设计与制作方法,能完成花糕制作,制作的花糕食材搭配合理	了解花糕的相关知识,花糕配方的调整技巧,花糕的设计与制作方法,能完成花糕制作			
创新实践体现	在完成任务的基础上,能够创新劳动方法和成果,并能将所学运用到生活中的其他方面	在完成任务的基础上,能够创新劳动方法,有新的成果	在完成任务的基础上,能够创新劳动方法	基本能够完成任务,没有新的劳动方法和成果			
劳动态度形成	深刻体会到劳动的价值,有成功的体验,很有获得感,能将劳动中学会的知识和技能运用到未来的生活中	能体会到劳动的价值,有成功的体验,很有获得感	知道劳动的价值,稍有成功的体验,也有一点儿获得感	知道劳动的价值,但是还没有成功的体验			
劳动成果展示	劳动规划合理,能大胆展示劳动成果,并能够用流畅的语言做详细解释	劳动规划合理,能展示劳动成果,并能做解释	劳动规划基本合理,能展示劳动成果	有劳动规划,适当展示成果			
合计(将评价指标中五项的得分相加)							
总分=学生自评合计值×30%+组内互评合计值×30%+教师评价合计值×40%							
评价等级(优秀:85 分及以上;良好:75~84 分;达标:60~74 分;有待提高:60 分以下)							
学习回顾与反思							

八、知识拓展

九月九日忆山东兄弟

〔唐〕王维

独在异乡为异客，

每逢佳节倍思亲。

遥知兄弟登高处，

遍插茱萸少一人。

作者简介

王维（699—761，一说701—761），唐朝著名诗人、画家，字摩诘，号摩诘居士，世称"王右丞"。

诗词赏析

独自远离家乡难免总有一点凄凉，每到重阳佳节倍加思念远方的亲人。远远想到兄弟们身佩茱萸登上高处，也会因为少我一人而生遗憾之情。

诗词意境

全诗诗意反复跳跃，含蓄深沉，既朴素自然，又曲折有致。其中"每逢佳节倍思亲"成为千古名句，表达了游子在佳节时对家乡和亲人的思念之情。

霜降，镜头里的深红浅黄——景物色彩元素摄影创作

一、情境导入

霜降（见图 18-1）是二十四节气中的第十八个节气，也是农历秋季的最后一个节气，于每年公历 10 月 23—24 日交节。《月令七十二候集解》："九月中，气肃而凝，露结为霜矣。"霜降时节，天气开始阴沉多雾，当近地面的温度低于 0℃时，水汽凝结成晶莹的霜花或冰针。谚语有云："霜降杀百草。"但真正杀百草的不是霜，而是冻。霜降时节，草木黄落，百草尽谢，而黄栌、枫树等树种经霜后开始变成红黄暖色，反而更加多彩。深红浅黄的颜色在静穆空茫的深秋背景里格外浓烈、生动鲜明。

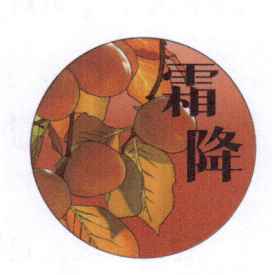

图 18-1 霜降

霜降时节，赏金菊、观红叶是北方的传统习俗。此时，柿红菊黄，登山远望，漫山红遍，层林尽染——这是大自然呈现出来的色彩美学。那么，在你的取景框里，怎样布局这些色彩元素呢？让我们根据霜降景物的色彩元素构思并拍摄一张摄影作品吧！

二、明确任务——我要做什么

徜徉在层林尽染的丰富秋色里，我们可以发现色彩、设计色彩、拍摄色彩，用摄影记录所见、所思、所感。我们可以选择红黄暖色的景物，拍摄表现色彩元素的照片，记录秋天的美景（见图 18-2）。本项目的核心驱动问题为如何根据霜降景物的色彩元素构思并拍摄一张摄影作品。

图 18-2 霜降景色

三、学习目标——我将收获什么

（1）自主学习，了解霜降节气的相关知识，能说出霜降节气的特点与农作物的变化，以及防霜措施。

（2）感受霜降节气大自然的美景，学习根据色彩元素拍摄的方法技巧，学会将色彩元素与其他摄影元素和谐布局的取景方法，呈现大自然的美。

（3）学会如何通过鉴赏、观察、取景、构图、拍摄和渲染完成拍摄，充分展现我国的大好河山，记录对美好生活的热爱。

四、制订计划——我要怎么做

在此阶段，我们要从核心驱动问题出发，思考已经知道什么，还需要知道什么，完成表 18-1。

表 18-1　景物色彩元素摄影创作知需表

核心驱动问题	已经知道的信息（学生填写）	需要知道的问题
如何根据霜降景物的色彩元素构思并拍摄一张摄影作品	1. 2. 3. 4. 5.	1. 霜降景物的色彩特点是什么？ 2. 怎样观察被摄物的色彩表现力，以及色彩元素与其他摄影元素的美学呼应？ 3. 怎样将被摄物的色彩及其他摄影元素简化为点、线、图形？ 4. 常用的构图方法有哪些？ 5. 怎样进行后期处理使摄影作品更有意境和美感

从需要知道的问题中，找到解决问题和劳动实践的方向。首先，我们需要获取相关资讯，做好关于劳动的知识准备；其次，明确开展哪些劳动任务来解决核心驱动问题；最后，每个劳动任务的完成都将产出劳动成果。景物色彩元素摄影创作计划表如表 18-2 所示。

表 18-2　景物色彩元素摄影创作计划表

资讯分析	工作实施	劳动成果
资讯 1：以"摄影眼"观察被摄物的方法	劳动任务 1：观察被摄物，选择色彩为被摄元素	观察记录表
资讯 2：色彩元素与其他摄影元素的取舍和简化	劳动任务 2：根据色彩元素形成视觉连线，取景试拍	取景试拍

续表

资讯分析	工作实施	劳动成果
资讯3：常用的构图方法	劳动任务3：实地拍摄	采用对角线构图法的作品
资讯4：摄影用光	劳动任务4：加入光影效果试拍	加入侧光拍摄的作品
资讯5：摄影作品后期处理	劳动任务5：后期处理	美学意境修饰后的摄影作品（调色）

五、劳动过程——我如何做好这件事

第一阶段 资讯分析

资讯1 以"摄影眼"观察被摄物的方法

摄影师的美学素养及被摄物的呈现、摄影器械条件都会影响摄影作品的质量。初学者可以从观察及摄影的构图要领入手，形成取景框思维，养成一双能够发现美的"摄影眼"，从而能潇洒自如地在取景框里调度摄影元素——光线、色彩、影调、点、线、图形等，使它们呈现出和谐、均衡的布局和呼应关系。

（1）外形观察：在摄影的世界中，任何物体都是有外形的，摄影师要学会观察物体的形状、线条、光影、色彩等具象的事物。

（2）光线观察：摄影师要认真观察光线的光度、光位、光质、光型、光比和光色等，通过在不同光线条件下进行拍摄，发现和捕捉能造就最佳画面效果的光线。

（3）细节观察：细节构成了事物整体，它与事物整体之间有着内在、必然的联系。摄影师的任务就是带着放大镜和显微镜，细致、耐心地寻找和捕捉事物的细节。

（4）变化观察：摄影师要去观察被摄物的变化过程，体会被摄物在不同时间段的变化，从而拍摄到被摄物最生动、最深刻的某一时间段。

资讯2 色彩元素与其他摄影元素的取舍和简化

选择视角和位置，用取景框思维观察被摄物的色彩元素（在取景框里调度摄影元素——光线、色彩、影调、点、线、图形等，使它们呈现出和谐、均衡的布局和呼应关系）。选择好色彩元素后，将色彩元素简化为点、线、图形，观察并思考色彩元素之间或色彩与其他摄影元素之间关联形成的点、线、图形，形成初步的手绘镜头。

点：泛指画面中的细节或某些元素。点在构图中可理解为中心点或兴趣点。

线：画面中的线条，如人物线条、服装线条、背景线条、光影线条等。各种不同的线条代表不同的含义，如水平线的具体联想可以是地平线、水面、躺着的人，抽象联想可以是稳定、重量、平和、宁静。

图形：图形本身就承载了秩序美与结构美。生活中观察到的几何图形或元素关联、视觉连线形成的图形，可以用镜头直接或间接地呈现出来。在很多情况下，图形是最简单的构图方法，如三角形构图法等。

色彩元素及其他摄影元素的取舍和简化如表 18-3 所示。

表 18-3　色彩元素及其他摄影元素的取舍和简化

元素取舍与简化	手绘镜头	设计镜头并试拍
点：只取"一叶黄色"，并且将"一片黄色秋叶"简化为一个"中心点"		
线：只取"一缕黄色"，并且将"一枝秋叶"简化为"线条"		
图形：只取"局部色彩"，并且将"局部色彩"的组合简化为"三角形"		
添加其他摄影元素：添加背景里的线条及光影元素后，使画面具有秩序感和结构感		

资讯 3　常用的构图方法

构图方法是指一些可以套用的布局、安排元素的法则和方法，当我们运用构图方法后，画面的稳定性和美观性会得到提升，呈现出来的摄影元素也会更加醒目突出。先将摄影元

素简化为点、线、图形，进而分析该元素所处的环境，以及它与周围元素之间的联系，选择构图方法，进行布局、安排。这里介绍一些常用的构图方法，如表18-4所示。

表18-4 常用的构图方法

构图方法	布局安排	手绘镜头
中心点构图法	将主体安排在画面中心，突出主体的主要特征，使画面具有稳定性	
黄金分割构图法	将主体安排在黄金分割的位置上，使主体在几何意义上成为视觉中心。在摄影中，黄金分割构图法可以帮助摄影师拍摄出具有吸引力和美感的作品。九宫格构图（视觉中心在九宫格交叉点的位置）法、三分构图法、螺旋构图法等都属于黄金分割构图法	
水平线构图法	水平线构图法最重要的元素就是水平线。水平线可以让画面看起来比较宽阔、稳定、和谐。明显的水平分界线还可以将两个空间分隔开，营造出空间感和距离感。需要注意，在水平线构图法中，前景、背景、主体和陪体的主次关系，从而达到空间上的临场感、和谐感和层次丰富不单调的美感	
垂直线构图法	垂直线构图法一般竖向安排主体。垂直线构图法可以表现上下延伸的垂直线条的形态美，当多条垂直线条类的物体同时出现时，画面的整体力度、秩序感、纵深感和气势都会比较突出	
对角线构图法	将重要元素沿着对角线方向放置，或者用对角线线条进行视觉引导，来创造动态感，丰富画面的层次感和空间感，增强作品的艺术表现力	
曲线构图法	把重要元素安排在曲线上，既能利用曲线天然的美学张力使画面产生韵律变化，拓展画面空间和深度，又能将分散的元素连成一个有机的整体，使陪体和主体之间直接产生关系	

续表

构图方法	布局安排	手绘镜头
斜线构图法	把线放在一个角落，常表现运动、流动、倾斜、动荡等效果，也可利用斜线指向特定的物体，进行视觉引导	
三角形构图法	将三个被摄物放在三个视觉中心，形成一个稳定的三角形，具有稳定、均衡的特点。可以是正三角、斜三角或倒三角，其中斜三角较为生动、灵活	
框架式构图法	通常选择一个被摄环境中的门窗等框架作为画面的前景，进行视觉引导。用前景、中景或背景都可以为作品搭建框架，框架可方可圆。框架式构图法既能表现天然的图案美、装饰美，增强视觉冲击力，又有利于分割空间，增强画面的趣味性和空间感，也能实现主体与环境的呼应	

资讯4　摄影用光

在拍摄过程中，光线的照射角度不同，产生的画面效果也不同。光线按照照射角度的不同，大致可以分为顺光、侧光、斜侧光、逆光、侧逆光和顶光。这里介绍几种常见的光线。

1. 顺光

顺光又称"正面光"，是指投射方向与拍摄方向相同的光线。照相机与光源在同一方向，正对着被摄物，使其朝向照相机的面能够得到足够的光线，从而更加清晰。顺光拍摄图如图18-3所示。

2. 侧光

拍照时，凡是从被摄物的左右侧面45°～90°打来的光线，都可以被称为侧光。它的造型能力最强，画面明暗配置和明暗反差鲜明清晰，景物层次丰富，透视现象明显，有利于表现被摄物的空间感和立体感。侧光拍摄图如图18-4所示。

3. 逆光

逆光可以使被摄物周围产生耀眼的轮廓光，勾勒出被摄物的外观，使图片蒙上一层神

秘的面纱。逆光拍摄图如图 18-5 所示。

图 18-3　顺光拍摄图　　　　图 18-4　侧光拍摄图　　　　图 18-5　逆光拍摄图

资讯 5　摄影作品后期处理

拍摄是前期，它考验了摄影师的摄影构图、光影把控、主题传达能力。修图是后期，它还原了照片的真实感，展现了人眼所看到的真实色彩影像。摄影作品后期处理的主要方法有以下几点。

1. HSL 调色

HSL 是一种非常直观的色彩表示方法，HSL 是色相（Hue）、饱和度（Saturation）和亮度（Lightness）三个色彩属性的简称。

色相即各类色彩的相貌，色相是色彩的首要特征，是区别不同色彩的标准。色相之间的差别是因为光波波长的长短不同，即便是同一类色彩，也能分为几种色相，如黄色可以分为柠檬黄、土黄等。

饱和度也称为色彩的纯度，是指色彩的鲜艳程度。对照片的饱和度进行调整能够使照片看起来明暗分明、色彩艳丽，突出画面主题。

明度是指色彩的亮度，不同的色彩具有不同的明度，黄色的明度最高。提高明度或降低明度可以理解为在原来的色彩上增加白色或黑色，改变原来色彩的明度。

2. 二次构图

对于摄影师来说，摄影时的构图叫作初次构图，后期处理后的重构图叫作二次构图。二次构图能纠正画面的角度，去除画面中多余的景物，弥补初次构图中的一些小瑕疵，甚至可能有"变废为宝"的效果。

3. 后期处理示例

原图、二次构图和 HSL 调色后的图分别如图 18-6 至图 18-8 所示。

图 18-6　原图　　　　　图 18-7　二次构图　　　　　图 18-8　HSL 调色后的图

第二阶段　工作实施

如何拍摄好这个作品？

拍摄分为 5 个环节：观察被摄物，选择色彩为被摄元素；根据色彩元素形成视觉连线，取景试拍；实地拍摄；加入光影效果试拍；后期处理。

劳动任务 1　观察被摄物，选择色彩为被摄元素

金光灿烂的金鸡菊，色彩浓郁，很有深秋韵味。

以金鸡菊的色彩元素为例，在拍摄之前我们需要进行观察，填写观察记录表，取舍表达重点，从而为之后的拍摄方案提供思路。让我们用发现美的"摄影眼"观察，并完成表 18-5。

表 18-5　被摄物及其色彩元素观察记录表

被摄物及其色彩元素	选择与取舍	将色彩元素简化为点、线、图形	与其他摄影元素的关系
金鸡菊有红黄暖色的花瓣和绿色的枝茎，背景是绿色的草坪和树木	选择色彩呼应形成线条。通过线条的流动感丰富画面的意境和灵动感	点：红黄暖色的花朵形成点 线条：色彩呼应形成视觉连线 图形：色彩呼应形成有结构或有秩序的图形	背景的草坪和树木丰富了意境，增加了画面的电影感；光线增加了画面的反差感

收获劳动果实——秋处露秋寒霜降　**秋季篇**

经过观察后形成拍摄方案，根据示例完成表 18-6。

表 18-6　拍摄方案

作品名称	被摄物取舍	色彩点形成视觉连线	光影	构图方法	美学原则及意境	手绘镜头
镜头里的深红浅黄	在一大片景物中选择连花带枝茎的局部线条，以虚化的绿色草坪和树木为背景	鲜明的红色与黄色形成流畅的曲线，光影色块与暗色块互相呼应	侧光	斜线构图法、对角线构图法	均衡、简约原则	

劳动任务 2　根据色彩元素形成视觉连线，取景试拍

先拍摄草地上的金鸡菊场景全貌。被摄物周边有深绿的树木、浅绿的杂草及白色的树干和毛茸茸的花朵，拍摄作品如图 18-9 所示。

图 18-9　场景全貌

运用"摄影眼"（用眼、用心观察被摄物及其周围的环境）选择、捕捉远近、大小不同的两个点（金鸡菊），并根据色彩元素形成对角线视觉连线。此时画面中还有三枚深色的小花蕾，连线后会形成不太显著的三角形，干扰了构图的均衡，可以将其视为多余元素，通

·209·

过调整取景框范围及角度进行筛选、裁剪和排列，对取景框中的元素进行重新思考、取舍和布局，以形成想要的画面和特定的美学意图，如图 18-10 所示。

图 18-10　裁剪完成的图

劳动任务 3　实地拍摄

1. 拍摄准备

拍摄器材：智能手机。

拍摄模式：普通拍照模式。

拍摄时间：早晨 7:00-9:00。

2. 构图方法

按照拍摄方案中对角线构图法拍摄金鸡菊，如图 18-11 所示。选择两朵错落在不同位置的金鸡菊，有意识地只强调两个红色的点，使之形成虚拟的对角线视觉连线。将观众的注意力引导至对角线，形成经典的对角线构图。我们也可以移动取景框，尝试不同角度的线条呈现。

图 18-11　对角线构图法拍摄图

劳动任务 4　加入光影效果试拍

光线不仅决定了画面的明暗，还决定了摄影作品的基调与氛围，对于拍摄至关重要。下面我们选择侧光的机位，用侧光打亮花朵，同时在草地上形成暗色的投影，这样拍出来的照片更具有立体感，同时投影造成的反差效果也更能突出色彩。侧光拍摄效果图如图 18-12 所示。

图 18-12　侧光拍摄效果图

劳动任务 5　后期处理

在器材小型化和用拍摄记录生活的大数据时代，后期处理的要求并不严苛，我们可以通过简单的后期处理将摄影作品调整成想要的效果。原始的拍摄文件中已经记录了我们想呈现的主要内容和元素，但是受器材所限，我们想呈现出来的鲜明色彩需要通过后期处理突出强调。

对于这幅摄影作品，我们主要通过 HSL 调色来改善画面效果。

图 18-12 的摄影作品中加入了光影效果，阳光作为侧光打亮了花束。但是，受器材所限，光影效果并不明显，我们可以降低背景中绿色杂草部分的明度和饱和度来形成暗角。打开手机 App 美图秀秀进行调整，具体方法：进入 HSL 调色模式后，可以看到菜单栏中各种颜色的图标，选中图标即可调整相应颜色。我们可以加深红色、黄色的饱和度和明度，同时降低绿色的明度（见图 18-13），再改变一点点紫色的部分，从而使深红浅黄的色彩效果及紫色光斑一样的光影元素被强调出来，花朵的明艳色彩在暗部投影的衬托下灼灼发光。具体调整参数如表 18-7 所示。HSL 调色后的效果图如图 18-14 所示。

表 18-7　具体调整参数

色相	原始参数	后期处理后的参数
红色	色相 50、饱和度 50、明度 50	色相 100、饱和度 100、明度 100
黄色	色相 50、饱和度 50、明度 50	色相 100、饱和度 100、明度 100
绿色	色相 50、饱和度 50、明度 50	色相 100、饱和度 4、明度 -100
紫色	色相 50、饱和度 50、明度 50	色相 50、饱和度 60、明度 60

图 18-13　降低绿色的明度

图 18-14　HSL 调色后的效果图

六、劳动成果——我的作品展示

我们的劳动成果是拍摄并经过后期处理的作品，可组织一次班级分享活动。

班级分享活动

（1）介绍我们拍摄的作品的寓意和构图方法。

（2）展示我们拍摄的作品。

（3）在朋友圈发布作品。

七、劳动评价——我做得怎么样

劳动结束后完成表 18-8。

收获劳动果实——秋处露秋寒霜降　**秋季篇**

表 18-8　评价表

评价指标	评价分值 16~20分	11~15分	6~10分	1~5分	得分 学生自评	组内互评	教师评价
节气知识学习	熟悉霜降节气的特点，能将节气的特点讲给他人，对中国传统文化有更深入的了解	知道霜降节气的特点，能将节气的主要特点讲给他人	大致了解霜降节气的特点，能讲出节气的时间和大致特点	不了解霜降节气的特点			
劳动技能掌握	掌握根据色彩元素拍摄的方法、常用的构图方法、作品后期处理技巧，能独立完成作品拍摄及后期处理，作品构图合理、色彩视觉特征明显	熟悉根据色彩元素拍摄的方法、常用的构图方法、作品后期处理技巧，能正确完成作品拍摄及后期处理，作品构图合理	知道根据色彩元素拍摄的方法、常用的构图方法、作品后期处理技巧，能完成作品拍摄及后期处理	了解根据色彩元素拍摄的方法、常用的构图方法、作品后期处理技巧，能完成作品拍摄			
创新实践体现	在完成任务的基础上，能够创新劳动方法和成果，并能将所学运用到生活中的其他方面	在完成任务的基础上，能够创新劳动方法，有新的成果	在完成任务的基础上，能够创新劳动方法	基本能够完成任务，没有新的劳动方法和成果			
劳动态度形成	深刻体会到劳动的价值，有成功的体验，很有获得感，能将劳动中学会的知识和技能运用到未来的生活中	能体会到劳动的价值，有成功的体验，很有获得感	知道劳动的价值，稍有成功的体验，也有一点儿获得感	知道劳动的价值，但是还没有成功的体验			
劳动成果展示	劳动规划合理，能大胆展示劳动成果，并能够用流畅的语言做详细解释	劳动规划合理，能展示劳动成果，并能做解释	劳动规划基本合理，能展示劳动成果	有劳动规划，适当展示成果			
合计（将评价指标中五项的得分相加）							
总分=学生自评合计值×30%+组内互评合计值×30%+教师评价合计值×40%							
评价等级（优秀：85分及以上；良好：75~84分；达标：60~74分；有待提高：60分以下）							
学习回顾与反思							

八、知识拓展

霜月

〔唐〕李商隐

初闻征雁已无蝉，

百尺楼高水接天。

青女素娥俱耐冷，

月中霜里斗婵娟。

作者简介

李商隐（约813—858），晚唐著名诗人，和杜牧合称"小李杜"。

诗词赏析

才听到飞往南方的大雁的鸣叫声，蝉鸣就已经销声匿迹了。我登上百尺高楼，极目远眺，看那水天连成一片。霜神青女和月中嫦娥不怕寒冷，在寒霜中争艳斗俏。

诗词意境

李商隐这首诗写的是深秋季节，他在一座临水高楼上观赏到的霜月交辉的夜景。诗人所描绘的不仅是秋夜的自然景象，还勾摄了清秋的魂魄、霜月的精神。这是诗人从霜月交辉的夜景中挖掘出来的自然之美，同时也反映了诗人在混浊的现实环境里追求美好、向往光明的深切愿望。

冬季篇

分享劳动喜悦
——冬雪雪冬小大寒

"冬雪雪冬小大寒"。冬季，颗粒归仓，是万物收藏的时节，我们把这个季节称为"冬藏"。寒冷的冬季，大雪如约而至，我们可以为家人做一盘汤汁饱满的饺子、一碗热腾腾的腊八粥，不仅可以满足味蕾，还可以传递对家人的浓浓爱意。冬日暖阳下，我们可以打上一个中国结，剪几幅漂亮的窗花，把一年的幸福写在春联上，装扮我们的家，让我们带上笑容，带上祝福陪伴家人高高兴兴过大年。

立冬，冬藏收获中的美好相遇——五谷画制作

一、情境导入

立冬（见图 19-1）是二十四节气中的第十九个节气，也是冬季的第一个节气，于每年公历 11 月 7—8 日交节。《月令七十二集解》云："立，建始也；冬，终也，万物收藏也。"立冬，意味着生气开始闭蓄，万物进入休养、收藏状态，所以说冬季是享受丰收、休养生息的季节。

图 19-1　立冬

五谷文化起源于人类文明，五谷孕育了人类，也让人们懂得了五谷与自然之间的亲密关系，从而产生对大自然的敬畏之心。用五谷制作的五谷画起源于唐，盛于清，被视为夺天地之精华的吉祥物。在冬日暖阳下，我们可以用五谷设计并制作一幅画，装饰我们的家，给生活带来无限乐趣。

二、明确任务——我要做什么

五谷通常是指稻（或麻）、黍、稷、麦、菽（大豆）。我们可以观其形、辨其色、识其性，并运用这些特性制作一幅五谷画，寄托五谷丰登、欣欣向荣的美好愿望。本项目的核心驱动问题是如何利用五谷的颜色和形状设计并制作一幅五谷画（见图 19-2）。

图 19-2　五谷画

三、学习目标——我将收获什么

（1）自主学习，了解立冬节气的相关知识，了解五谷画的相关历史文化。

（2）根据不同主题，完成五谷的选取，并设计一幅五谷画，掌握五谷画的制作流程。

（3）通过设计与制作五谷画，体会精耕细作、秋收冬藏的五谷文化，体会劳动的艰辛，养成爱惜粮食、尊重劳动的良好习惯。

四、制订计划——我要怎么做

在此阶段，我们要从核心驱动问题出发，思考已经知道什么，还需要知道什么，完成表19-1。

表19-1 制作五谷画知需表

核心驱动问题	已经知道的信息（学生填写）	需要知道的问题
如何利用五谷的颜色和形状设计并制作一幅五谷画	1. 2. 3. 4.	1. 五谷画的寓意是什么？ 2. 五谷画由什么组成？ 3. 五谷画的制作流程是怎样的？ 4. 五谷画制作的方法和技巧有哪些

从需要知道的问题中，找到解决问题和劳动实践的方向。首先，我们需要获取相关资讯，做好关于劳动的知识准备；其次，明确开展哪些劳动任务来解决核心驱动问题；最后，每个劳动任务的完成都将产出劳动成果。制作五谷画计划表如表19-2所示。

表19-2 制作五谷画计划表

资讯分析	工作实施	劳动成果
资讯1：五谷画的相关知识	劳动任务1：设计五谷画的制作方案	五谷画的制作方案
资讯2：制作五谷画的方法	劳动任务2：制作五谷画	五谷画成品
资讯3：制作五谷画的步骤		

五、劳动过程——我如何做好这件事

第一阶段 资讯分析

资讯 1 五谷画的相关知识

1. 认识五谷

五谷杂粮，顾名思义就是五种谷物掺杂在一起的杂粮。在古代，稻（或麻）、黍、稷、麦、菽是当时的主要作物，所谓五谷就是指这些作物。

随着社会经济和农业生产的发展，五谷的概念不断演变。现在五谷成了粮食作物的总称或泛指粮食作物。五谷是人们饮食中的基石，是膳食纤维的主要来源，能够提供人体所必需的大多数营养元素。

2. 五谷画

五谷画是我国民间古老的一种手工艺术形式，也是中华民族的古老艺术绝技，其艺术表现形式有很多种。比较古老的五谷画是指将各种谷物粮食的种子通过拼接、粘贴等形成一幅画，现在可以将古老的传统手工技术与创新设计相结合，制作具有新型浮雕艺术形式的五谷画。

3. 常用工具介绍

卡纸：16 开，300 克卡纸，材质坚硬，适合制作粘贴画，如图 19-3 所示。

胶水：啫喱状胶水，粘贴豆子和米粒等立体五谷较为牢固，不易留缝隙，如图 19-4 所示。

镊子：用镊子夹住五谷粘上胶水，使两者紧密结合，不脏手，如图 19-5 所示。

绘画工具：用于绘制画稿、调色，如图 19-6 所示。

图 19-3 卡纸 　　图 19-4 胶水 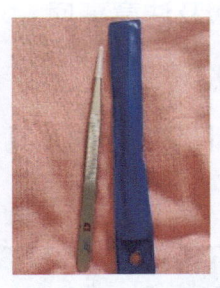　　图 19-5 镊子 　　图 19-6 绘画工具

资讯 2　制作五谷画的方法

目前我国五谷画的制作方法主要有以下两种。

1. 石板上作画

这种方法首先将图样绘制在石板上，涂上底色后再作画。在石板上作画的缺点在于需要将石板打磨平整，石板本身笨重，不易携带且成本较高。

2. 木板上作画

这种方法是将图样绘制在木板上，涂上底色后再作画。其优点在于木板相对较轻，易于打磨。然而，在木板上作画也存在明显的缺点，如需将木板打磨平整，这一过程较为烦琐；此外，木板笨重，不易携带，吸水性强，不易干燥，容易霉变。

资讯 3　制作五谷画的步骤

1. 认识五谷画的原材料

作为传统浮雕手工画，五谷画由五谷组成，如红豆、绿豆、大米、小米、紫米等。我们可以将不同种类的五谷分类，并认识它们的名称、颜色、形状。

2. 五谷画的制作流程

五谷画的制作流程如图 19-7 所示。

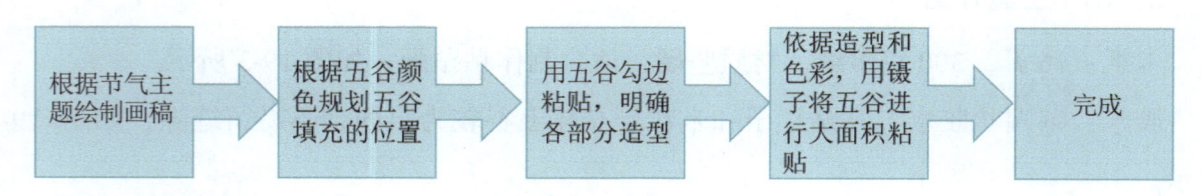

根据节气主题绘制画稿 → 根据五谷颜色规划五谷填充的位置 → 用五谷勾边粘贴，明确各部分造型 → 依据造型和色彩，用镊子将五谷进行大面积粘贴 → 完成

注：只有使五谷与胶水充分结合才能保证粘贴牢固。

图 19-7　五谷画的制作流程

3. 五谷画的制作步骤及注意事项

原材料：黄豆、紫米、小米、红豆、绿豆。

工具：胶水、镊子、卡纸、绘画工具，制作步骤如表 19-3 所示。

表 19-3　五谷画的制作步骤及注意事项

步骤	操作	注意事项
1	绘制画稿	保持画稿清洁
2	将画稿的边沿线用五谷粘贴	正确使用镊子

续表

步骤	操作	注意事项
3	将主体大面积进行分类粘贴	五谷与胶水充分结合
4	粘贴文字部分	整齐有序
5	装饰局部小花纹	操作小心
6	清理台面，将桌面洒落的五谷清理干净	轻拿轻放，不滴不洒

第二阶段 工作实施

劳动任务1 设计五谷画的制作方案

这里我们选择老师作为赠送对象。

接下来，我们需要对赠送对象的需求进行了解，考虑赠送对象的年龄、性别、喜好，以此来设计五谷画的制作方案，调研后完成表19-4。

表 19-4 五谷画制作调研表

调研对象		性别		年龄	
调研问题				记录关键信息	
1. 您了解五谷都有哪些吗？ 2. 您是否见过立体浮雕画呢？ 3. 您知道五谷画怎么制作吗？ 4. ……					

对调研结果进行统计和梳理，根据示例完成表19-5。

表 19-5 调研结果统计表

赠送对象	年龄/岁	性别	是否了解五谷	是否见过立体浮雕画	喜欢的作画风格	备注
数学老师	40	男	是	否	简约	

针对调研结果，设计五谷画的制作方案，根据示例完成表19-6。

表 19-6 五谷画的制作方案

赠送对象	作品	方案	原材料
数学老师	五谷丰登	烘托冬藏的收获气氛，愉悦心情	紫米10克、黄豆20克、小米20克、红豆25克、绿豆15克

劳动任务 2　制作五谷画

1. 原材料和工具准备

原材料：紫米、黄豆、小米、红豆、绿豆。

工具：卡纸、胶水、镊子、绘图工具。

2. 具体操作步骤

制作五谷画的具体操作步骤如图 19-8 所示。

用绘图工具绘制五谷画稿	用紫米粘贴边沿线	用黄豆粘贴房顶
（a）	（b）	（c）
用小米粘贴玉米和竹筐	用红豆粘贴主仓	用红豆粘贴文字、绿豆粘贴米罐
（d）	（e）	（f）

图 19-8　制作五谷画的具体操作步骤

六、劳动成果——我的作品展示

我们的劳动成果是制作好的五谷画，可组织一次班级分享活动。

班级分享活动

（1）介绍五谷画的制作方法及寓意。

（2）展示制作的五谷画。

（3）满意度调查，请大家对五谷画进行反馈。

七、劳动评价——我做得怎么样

劳动结束后完成表19-7。

表19-7 评价表

评价指标	评价分值				得分		
	16~20分	11~15分	6~10分	1~5分	学生自评	组内互评	教师评价
节气知识学习	熟悉立冬节气的特点，能将节气的特点讲给他人，对中国传统文化有更深入的了解	知道立冬节气的特点，能将节气的主要特点讲给他人	大致了解立冬节气的特点，能讲出节气的时间和大致特点	不了解立冬节气的特点			
劳动技能掌握	掌握五谷画的制作流程，可以根据不同造型的变化，熟练运用五谷塑造不同的图案造型，并具有一定的审美，合理再现图案的意境之美	熟悉五谷画的制作流程，可以根据不同造型的变化，熟练运用五谷塑造不同的图案造型	了解五谷画的制作流程，可以根据不同造型的变化进行五谷的填充	了解五谷画的制作流程，会使用工具粘贴五谷			
创新实践体现	在完成任务的基础上，能够创新劳动方法和成果，并能将所学运用到生活中的其他方面	在完成任务的基础上，能够创新劳动方法，有新的成果	在完成任务的基础上，能够创新劳动方法	基本能够完成任务，没有新的劳动方法和成果			
劳动态度形成	深刻体会到劳动的价值，有成功的体验，很有获得感，能将劳动中学会的知识和技能运用到未来的生活中	能体会到劳动的价值，有成功的体验，有获得感	知道劳动的价值，稍有成功的体验，也有一点儿获得感	知道劳动的价值，但是还没有成功的体验			
劳动成果展示	劳动规划合理，能大胆展示劳动成果，并能够用流畅的语言做详细解释	劳动规划合理，能展示劳动成果，并能做解释	劳动规划基本合理，能展示劳动成果	有劳动规划，适当展示成果			
合计（将评价指标中五项的得分相加）							
总分=学生自评合计值×30%+组内互评合计值×30%+教师评价合计值×40%							
评价等级（优秀：85分及以上；良好：75~84分；达标：60~74分；有待提高：60分以下）							
学习回顾与反思							

八、知识拓展

立冬

〔元〕陆文圭

旱久何当雨，秋深渐入冬。
黄花犹带露，红叶已随风。
边思吹寒角，村歌相晚春。
篱门日高卧，衰懒愧无功。

作者简介

陆文圭（1252—1336），元代文学家。

诗词赏析

干旱已久，也应当下雨了，秋日已深，渐渐进入冬季。菊花上带着露水，枫叶已随风飘落。边人思乡，吹起了军中的号角；村子里的歌声伴随着晚春（捣米）的声音。在篱笆门前日日悠闲地躺着，衰老懒惰，惭愧自己没有功劳。

诗词意境

本诗以简洁的语言表达了诗人对季节变迁的感慨和对生活的思考。诗中通过描写自然景物，如雨水、黄花、红叶等，展现了冬季的凄凉和生命的脆弱。同时，诗人也通过描写边地的号角声和村庄里的歌声，表达了对乡村生活的眷恋和对温暖的向往。整首诗以简约的语言展示了季节的变迁、自然与人生的对比，通过微妙的意象描绘，引发了读者对生命、时间和自我价值的思考。

小雪，漫天飞小雪，喜庆中国红——中国结编织

一、情境导入

小雪（见图 20-1）是二十四节气中的第二十个节气，于每年公历 11 月 22 日或 23 日交节。进入小雪节气后，北方的寒潮和冷空气活动开始频繁，气温逐渐下降，降水形式由雨变为雪。但因为"地寒未甚"，降雪量不大，所以称之为小雪。中国古人根据对大自然的观察，将小雪分为三候：一候虹藏不见；二候天气上升地气下降；三候闭塞成冬。小雪节气的到来，也意味着距离元旦又近了一步，这个时候可以在家里挂上一个火红的中国结，给人喜庆与祥和的感觉。

图 20-1 小雪

二、明确任务——我要做什么

小雪时节，让我们亲手编织一个漂亮的中国结（见图 20-2），给家人带来祝福。本项目的核心驱动问题为如何为家人编织一个红红火火的中国结。

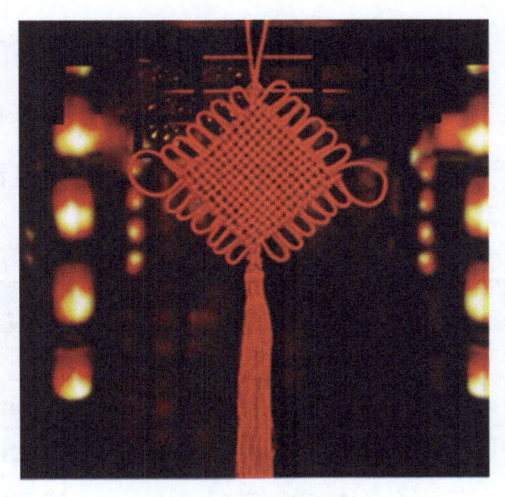

图 20-2 中国结

三、学习目标——我将收获什么

（1）自主学习，了解小雪节气的相关知识，能说出小雪节气的特点与民间习俗。

（2）了解中国结的文化内涵和特点，了解双联结、二回盘长结的寓意。学习编织双联结、二回盘长结的基本要领及操作要求。通过反复练习，实现观察、思维和双手的协调。

（3）通过编织中国结，提升对传统文化的审美，激发传承传统民族艺术的愿望。在编织过程中树立信心、克服困难、团结协作、互相学习，体验成功的喜悦。

四、制订计划——我要怎么做

在此阶段，我们要从核心驱动问题出发，思考已经知道什么，还需要知道什么，完成表 20-1。

表 20-1　编织中国结知需表

核心驱动问题	已经知道的信息（学生填写）	需要知道的问题
如何为家人编织一个红红火火的中国结	1. 2. 3. 4.	1. 中国结送给谁？ 2. 如何选取恰当型号的线？ 3. 如何搭配合适的颜色和配饰？ 4. 如何编织基本结？ 5. 如何将各种结组合起来

从需要知道的问题中，找到解决问题和劳动实践的方向。首先，我们需要获取相关资讯，做好关于劳动的知识准备；其次，明确开展哪些劳动任务来解决核心驱动问题；最后，每个劳动任务的完成都将产出劳动成果。编织中国结计划表如表 20-2 所示。

表 20-2　编织中国结计划表

资讯分析	工作实施	劳动成果
资讯1：中国结的相关知识	劳动任务1：设计中国结的编织方案	中国结的编织方案
资讯2：中国结开端的编织	劳动任务2：编织中国结的开端	中国结的开端
资讯3：中国结主体的编织	劳动任务3：编织中国结的主体	中国结的主体
资讯4：搭配饰物	劳动任务4：搭配饰物	美观大方的中国结

五、劳动过程——我如何做好这件事

第一阶段 资讯分析

资讯1　中国结的相关知识

1. 认识中国结

中国结是我国特有的民间手工编织艺术，充分体现了中华民族的智慧和深厚的文化底蕴。中国结从最早的缝衣打结到汉朝的仪礼记事，演变到今天，已成为室内装饰物、馈赠礼物及个人随身饰物。因为其外观对称精致，符合中国传统装饰习俗和审美观念，故命名为中国结，属于非物质文化遗产。

中国结根据用途主要分为两大系列：吉祥挂饰和编结服饰。每个系列又包括多个品种，如吉祥挂饰包括大型壁挂、室内挂件、汽车挂件等，编结服饰包括戒指、耳坠、手链、项链、腰带、古典盘扣等。

2. 中国结的组成

中国结分为主体和饰物两部分。主体部分是绳结部分，基本结法有 51 种，包括双联结、平结、十字结、吉祥结、梅花结、盘长结、双环结等。最常用的是双联结和盘长结。

3. 编织中国结需要的原材料和工具

（1）原材料：红、黄两色的 3 号线（直径 5 毫米）各 1 米、平安扣、流苏。

（2）工具：泡沫板、珠针、剪刀、尺。

（3）中国结编织的步骤：筹、编、抽、饰。

资讯2　中国结开端的编织

双联结是中国结最常用的开端结法，由两个单结相套连而成。它的结形小巧，不易松散，常用于编织中国结的开端或结尾，属于较实用的结。

"联"通"连"，有持续不断的意思，因此双联结有连中三元、连年有余、连科及第的寓意。

编织步骤：两根线平行放置，分别编圈，一线尾穿过两个圈，另一线尾穿过自己的圈，拉紧两端，成结，如图 20-3 所示。

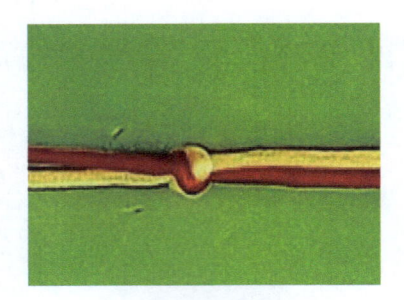

图 20-3　双联结

资讯 3　中国结主体的编织

盘长结是中国结的基本结法之一，基本形状就如佛教八宝之一的盘长，象征回环贯彻。其结形曲绕优美，结构紧密对称，符合大众的视觉审美，是我们最常见的中国结款式之一，也是最有代表性的中国结结法，如图 20-4 所示。

图 20-4　盘长结

盘长结，又称吉祥结，因为结形连绵不断，没有开头和结尾，含有长久永恒之意。二回盘长结是盘长结系列中最简单的，也叫六耳盘长结。

二回盘长结一般分为以下几个步骤，具体如图 20-5 所示。

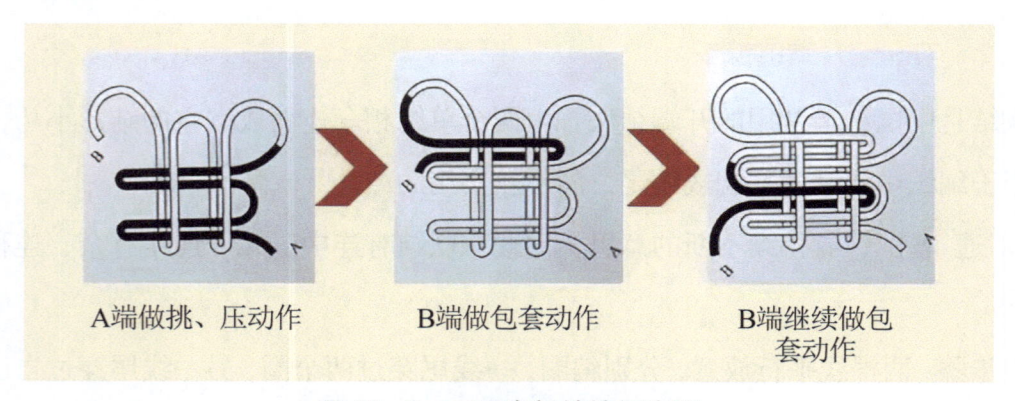

A端做挑、压动作　　B端做包套动作　　B端继续做包套动作

图 20-5　二回盘长结编织步骤

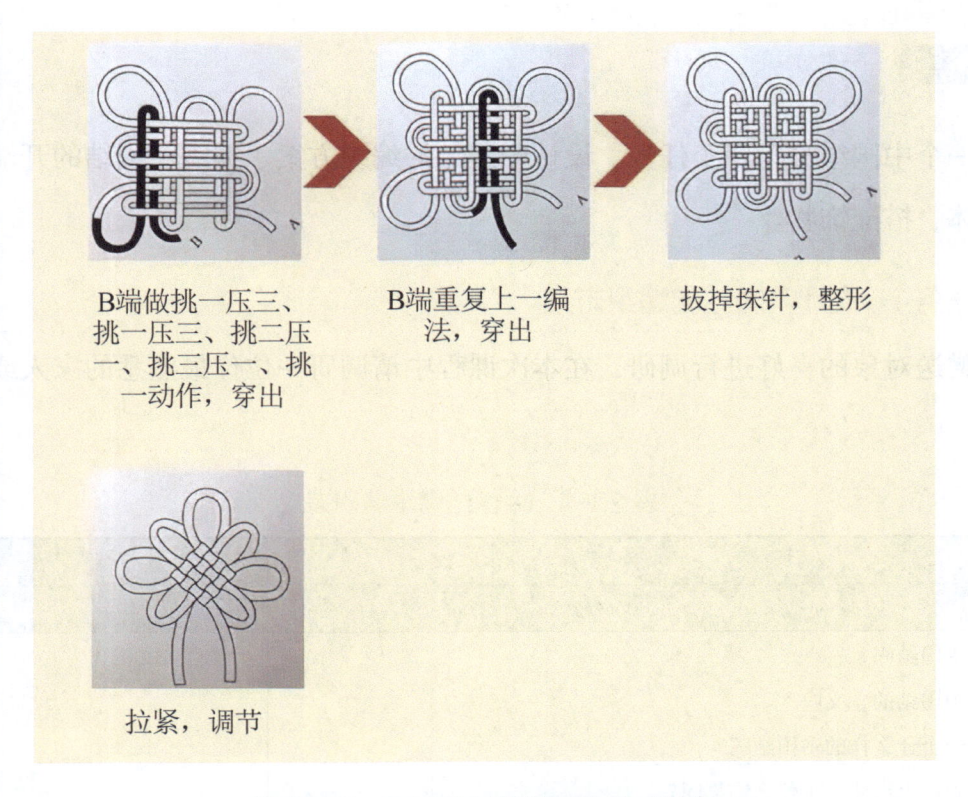

图 20-5 二回盘长结编织步骤（续）

资讯 4 搭配饰物

编好的中国结搭配一些小的饰物，会显得更加立体漂亮，寓意也更加丰富。常见的饰物有平安扣、葫芦、铜钱、转运珠、流苏等，如图 20-6 所示。其寓意如表 20-3 所示。

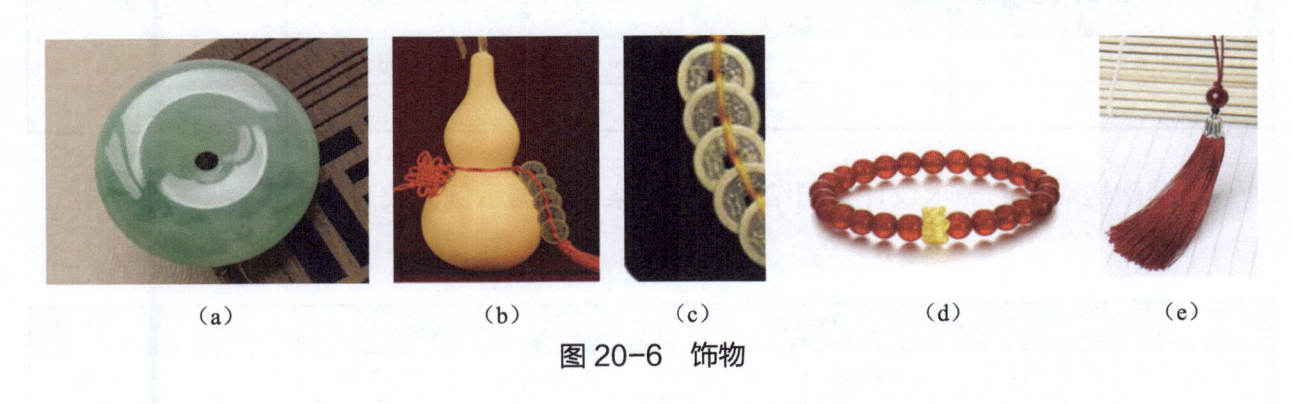

图 20-6 饰物

表 20-3 常见饰物的寓意

饰物	寓意
平安扣	平安健康
葫芦	福禄，家庭兴旺
铜钱	祈求幸福
转运珠	越来越好
流苏	幸福美好

第二阶段 工作实施

制作一个中国结分为四个任务：设计中国结的编织方案、编织中国结的开端、编织中国结的主体、搭配饰物。

劳动任务1 设计中国结的编织方案

先对赠送对象的喜好进行调研，在本次课程中请调研一位你最熟悉的家人或好友，完成表20-4。

表20-4 中国结需求调研表

调研对象		年龄	
调研问题			记录关键信息
1. 您喜欢中国结吗？ 2. 您知道中国结的含义吗？ 3. 您需要一个什么样的中国结呢？ 4. 您的中国结上需要一个什么饰物呢？ 5. 您将把中国结用在什么场所呢			

对调研结果进行统计和梳理，根据示例完成表20-5。

表20-5 赠送对象情况表

赠送对象	年龄/岁	是否喜欢	挂在哪儿	饰物	颜色
表姐	28	是	车里	平安扣	红色、黄色

根据赠送对象的需求设计中国结的编织方案，根据示例完成表20-6。

表20-6 中国结的编织方案

应用方向	线的型号	颜色搭配	开端结	主体结	搭配饰物	寓意
汽车挂件	5号线	红黄搭配	双联结	二回盘长结	平安扣、流苏	出入平安

编织中国结需要的原材料如表20-7所示。

表20-7 编制中国结需要的原材料

原材料	数量	规格
红、黄两色的5号线	各1米	直径2.5毫米
平安扣	1个	3厘米

续表

原材料	数量	规格
流苏	1个	13厘米×1厘米
泡沫板	1个	15厘米×15厘米×2厘米
珠针	8个	2厘米×0.2厘米

劳动任务2 编织中国结的开端

1. 原材料准备

红、黄两色的5号线各1米。

2. 编织操作

（1）取出红色线和黄色线，将两根线平行摆放，顶端留出10厘米左右的长度，如图20-7所示。

（2）将红色线绕过黄色线，如图20-8所示。

图20-7 第一步 　　　　　　　　图20-8 第二步

（3）将黄色线用同样的方式绕一圈，如图20-9所示。

（4）手捏黄色线的线尾，从红色线圈和黄色线圈里穿过去，如图20-10所示。

（5）抓住红色线的线尾，从红色线圈里穿过去，如图20-11所示。

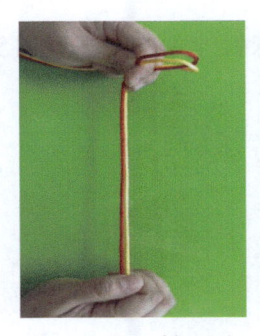

图20-9 第三步 　　　　图20-10 第四步 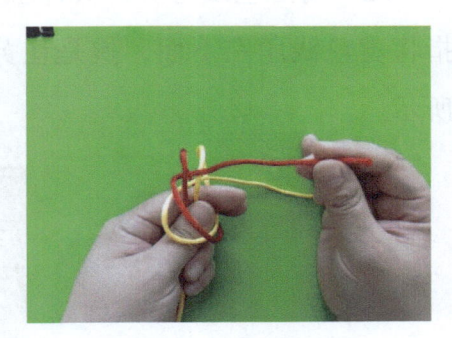　　　　图20-11 第五步

（6）拉紧两端，调整好绳结，如图20-12所示。

（a） （b）

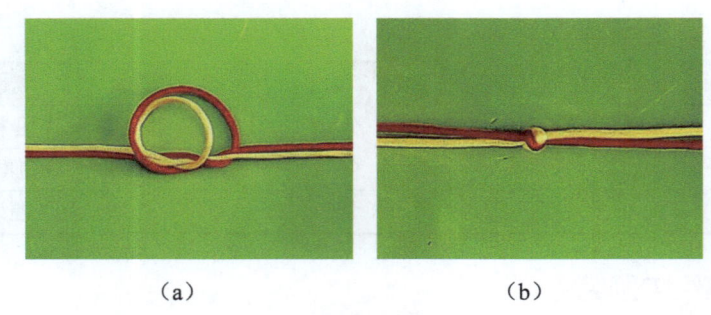

图 20-12　第六步

劳动任务 3　编织中国结的主体

1. 原材料准备

泡沫板、珠针、打好双联结的线。

2. 编织操作

（1）将珠针钉在泡沫板上，排列如图 20-13 所示。

（2）将打好双联结的线固定在右侧最上面的 1 号珠针上，黄色线如图从右上角往下绕，类似于英文字母"w"，如图 20-14 所示。

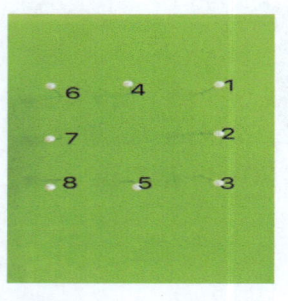

图 20-13　第一步　　　　图 20-14　第二步

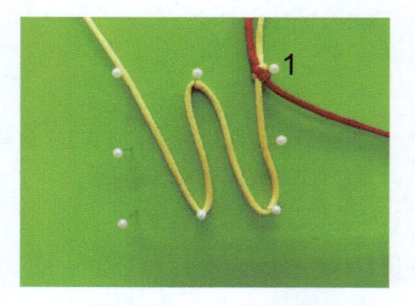

（3）将红色线对折，从右往左穿过黄色线，做压一、挑一、压一、挑一的动作（压是指将黄色线压在下面，挑是在黄色线下面穿过），固定在左侧 7 号珠针上，如图 20-15 所示。

图 20-15　第三步

·232·

（4）将红色线重复上一步走线动作，形成一个"Σ"形走线，固定在左侧下面8号珠针上，如图20-16所示。

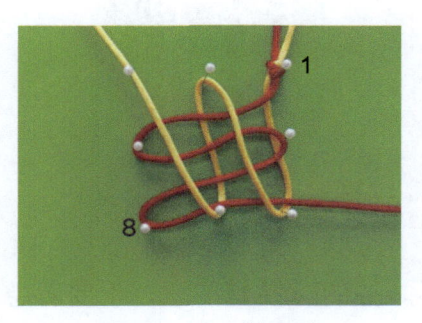

图 20-16　第四步

（5）将黄色线向右全压所有线，穿入右上方的环，再向左走线，全挑所有线。黄线再重复上一步骤动作，穿入右侧第二个环，如图20-17所示。

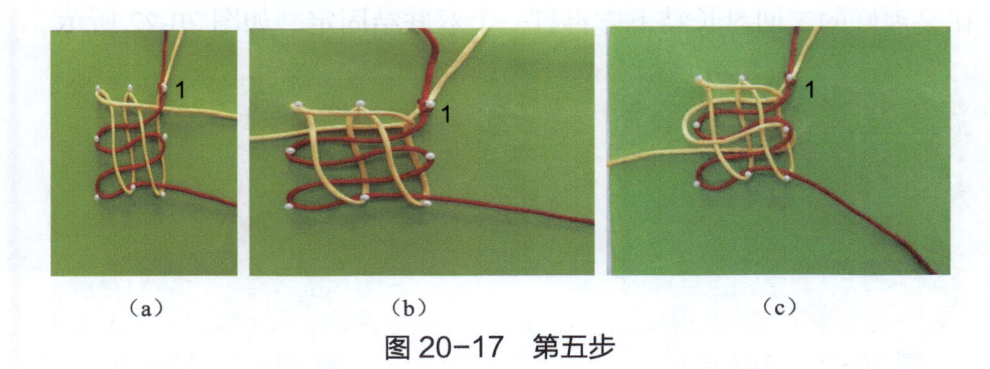

（a）　　　　　　　（b）　　　　　　　（c）

图 20-17　第五步

（6）将红色线扭转留出环状向上走线，挑一、压一、挑三、压一、挑二，穿出右侧上面的环，如图20-18所示。

（7）将红色线回转向下走线，压三、挑一、压三、挑一，回到下方3号、5号珠针之间，如图20-19所示。

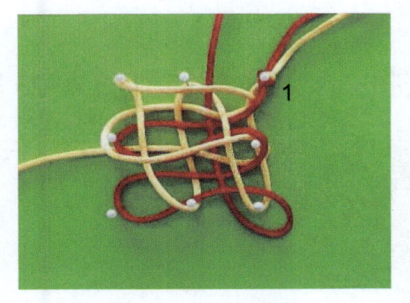

图 20-18　第六步　　　　　　　图 20-19　第七步

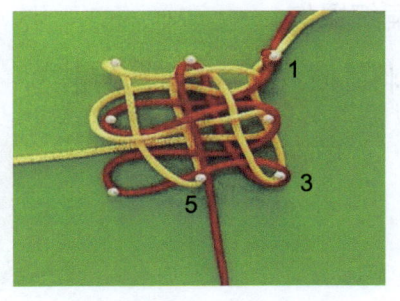

（8）红色线绕过5号珠针，再重复第6、7步动作，如图20-20所示。

· 233 ·

图 20-20　第八步

（9）去除珠针，抽线整形。抽的时候要注意，不要着急，先分清抽的哪几根线，然后同时均匀施力，慢慢抽紧，另外关注线有没有扭折的现象发生。先把结的主体抽紧之后，再开始调整它的耳翼，自结的起端开始把多余的线向线头的方向依次推移集中，如图 20-21 所示。

（10）在整理好的二回盘长结下方再打一个双联结固定，如图 20-22 所示。

图 20-21　第九步　　　　　　　　图 20-22　第十步

劳动任务 4　搭配饰物

1. 原材料准备

平安扣、二回盘长结、流苏。

2. 编织操作

（1）将二回盘长结下方的两根线一前一后穿入平安扣，再交替穿出，如图 20-23 所示。

图 20-23　第一步

· 234 ·

（2）再把两根线穿出平安扣，用双联结固定，如图 20-24 所示。

（3）下方加上流苏，即成，如图 20-25 所示。

图 20-24　第二步

图 20-25　成品图

六、劳动成果——我的作品展示

我们的劳动成果是编织好的中国结，可组织一次班级分享活动。

班级分享活动

（1）介绍中国结的编织方案及寓意。

（2）展示我们的编织过程及成品。

七、劳动评价——我做得怎么样

劳动结束后完成表 20-8。

表 20-8　评价表

评价指标	评价分值				得分		
	16～20 分	11～15 分	6～10 分	1～5 分	学生自评	组内互评	教师评价
节气知识学习	熟悉小雪节气的特点，能将节气的特点讲给他人，对中国传统文化有更深入的了解	知道小雪节气的特点，能将节气的主要特点讲给他人	大致了解小雪节气的特点，能讲出节气的时间和大致特点	不了解小雪节气的特点			
劳动技能掌握	熟练掌握编织双联结、二回盘长结的步骤与技法。编织的中国结步骤准确、制作精细、款式新颖，色彩搭配完美，装饰得体	能够掌握编织双联结、二回盘长结的步骤与技法。编织的中国结步骤准确、款式新颖	基本掌握编织双联结、二回盘长结的步骤与技法。编织的中国结步骤准确	了解编织双联结、二回盘长结的步骤与技法			

续表

评价指标	评价分值				得分		
	16~20 分	11~15 分	6~10 分	1~5 分	学生自评	组内互评	教师评价
创新实践体现	在完成任务的基础上，能够创新劳动方法和成果，并能将所学运用到生活中的其他方面	在完成任务的基础上，能够创新劳动方法，有新的成果	在完成任务的基础上，能够创新劳动方法	基本能够完成任务，没有新的劳动方法和成果			
劳动态度形成	深刻体会到劳动的价值，有成功的体验，很有获得感，能将劳动中学会的知识和技能运用到未来的生活中	能体会到劳动的价值，有成功的体验，很有获得感	知道劳动的价值，稍有成功的体验，也有一点儿获得感	知道劳动的价值，但是还没有成功的体验			
劳动成果展示	劳动规划合理，能大胆展示劳动成果，并能够用流畅的语言做详细解释	劳动规划合理，能展示劳动成果，并能做解释	劳动规划基本合理，能展示劳动成果	有劳动规划，适当展示成果			
合计（将评价指标中五项的得分相加）							
总分=学生自评合计值×30%+组内互评合计值×30%+教师评价合计值×40%							
评价等级：优秀：85 分及以上；良好：75~84 分；达标：60~74 分；有待提高：60 分以下							
学习回顾与反思							

八、知识拓展

次韵张秘校喜雪三首　其一

〔宋〕黄庭坚

满城楼观玉阑干，小雪晴时不共寒。
润到竹根肥腊笋，暖开蔬甲助春盘。
眼前多事观游少，胸次无忧酒量宽。
闻说压沙梨已动，会须鞭马蹋泥看。

作者简介

黄庭坚（1045—1105），北宋著名文学家、书法家，江西诗派开山之祖。

诗词赏析

　　白雪覆盖京城，栏杆都洁白如玉，小雪时天晴就不会再寒冷了。雪滋润了竹子的根，让笋都长大了；天气开始变暖，蔬菜越长越好，预示着春天的到来。眼前的事情很多，游玩的机会就少了，心里没有忧愁，酒量自然就大了。听说压沙寺的梨花已经萌动了，到时候扬鞭驱马踏着春泥去观赏。

诗词意境

　　小雪初晴，城中景物如银雕玉砌一般。诗中充分描绘了小雪后的景象，表现了诗人欣喜轻快的心情。

大雪，大雪满初晨，剪纸绽芳芬——窗花制作

一、情境导入

大雪（见图 21-1）是二十四节气中的第二十一个节气，于每年公历 12 月 6—8 日交节。大雪至，寒冬始。大雪节气后，气温越来越低，强冷空气开始席卷全国，尤其是北方，会出现千里冰封、万里雪飘的壮阔景象。大雪时节，民间有剪窗花的习俗，许多地区的人们会在窗户上贴上漂亮的窗花，以达到装点环境、渲染气氛的目的。

图 21-1 大雪

二、明确任务——我要做什么

唐代诗人李商隐有一句诗写道："镂金作胜传荆俗，翦彩为人起晋风。"人们通过剪贴窗花（见图 21-2），来表达自己的欢乐心情。新的一年快要到了，我们可以亲手制作一款漂亮的窗花，来装饰我们的家。由于窗花的内容丰富、题材广泛、形式多样，我们需要结合不同的场景制作不同样式的窗花。本项目的核心驱动问题为如何制作一款漂亮的新年窗花。

图 21-2 雪花窗花

三、学习目标——我将收获什么

（1）自主学习，了解大雪节气的相关知识，能说出大雪节气的特点与民间习俗。

（2）了解中国传统的剪纸艺术，学习制作窗花的步骤和操作要点，能独立制作一款窗花。

（3）能够创造性地设计并制作纹样复杂的窗花，培养执着专注、精益求精、一丝不苟、追求卓越的工匠精神。

（4）通过制作窗花，感受民间艺术的魅力，从而更加热爱我国的传统文化，做传统文化的传播者。

四、制订计划——我要怎么做

在此阶段，我们要从核心驱动问题出发，思考已经知道什么，还需要知道什么，完成表 21-1。

表 21-1 制作窗花知需表

核心驱动问题	已经知道的信息（学生填写）	需要知道的问题
如何制作一款漂亮的新年窗花	1. 2. 3. 4.	1. 需要什么寓意的窗花？ 2. 如何选取恰当的纸张？ 3. 如何搭配恰当的颜色？ 4. 如何将纸折成需要的样子？ 5. 如何绘制出美丽的纹样？ 6. 裁剪的技巧有哪些？ 7. 粘贴窗花要注意什么

从需要知道的问题中，找到解决问题和劳动实践的方向。首先，我们需要获取相关资讯，做好关于劳动的知识准备；其次，明确开展哪些劳动任务来解决核心驱动问题；最后，每个劳动任务的完成都将产出劳动成果。制作窗花计划表如表 21-2 所示。

表 21-2 制作窗花计划表

资讯分析	工作实施	劳动成果
资讯1：窗花的相关知识	劳动任务1：设计窗花的制作方案	窗花的制作方案
资讯2：折纸的方法	劳动任务2：用四折法进行折纸	小三角形折纸
资讯3：窗花纹样的绘制	劳动任务3：绘制窗花纹样	窗花纹样

续表

资讯分析	工作实施	劳动成果
资讯4：裁剪窗花的技巧	劳动任务4：按照纹样裁剪	完整的窗花
资讯5：粘贴窗花的要点	劳动任务5：粘贴窗花	窗户上的美丽窗花

五、劳动过程——我如何做好这件事

第一阶段 资讯分析

资讯1 窗花的相关知识

窗花是贴在窗纸或窗户玻璃上的剪纸，是历史悠久的传统民间艺术之一，成型于宋元，在明清时期逐渐走向成熟。窗花是农耕文化的特色艺术形式，具有稚拙古朴、粗犷浑厚、简洁灵活的特点，其利用概括和夸张的手法将吉祥事物、美好愿望表现得淋漓尽致，深受广大人民的喜爱。

1. 窗花的寓意

窗花通常通过借喻、象征、借代等手法，寄托种种吉祥的寓意。例如，葫芦、石榴多籽，鱼、蛙善于繁殖，借喻祈求子孙绵延；鸳鸯终身偶居，借喻男女同心、白头偕老；燕子、蝴蝶双栖双飞，借喻爱情幸福、婚姻美满；龟、鹤长寿，松柏经寒不凋，借喻健康长寿。

2. 窗花的常用纸张

窗花一般用宣纸制作，因为宣纸的柔韧性较好。此外还可以根据不同的窗花用途选用不同色彩、不同材质的纸张，如彩色纸、金箔纸、银箔纸、绒纸、电光纸等。例如，喜迎新春一般用红色的单色纸，婚嫁选用金箔纸或电光纸较多。

3. 窗花的纹样知识

窗花的纹样是指窗花的花纹图案。纹样从内容上分为自然景物（以动植物、山水等自然元素为主）和各种几何图形（包括变体文字等）两大类，有写实、写意、变形等表现手法。纹样从排列上分为连续纹样和单独纹样。连续纹样是指以一个花纹为单位，向上、下或左、右两个方向，或者四个方向做反复连续排列。单独纹样是指以一个花纹为独立单位，不与其他花纹发生连续排列的关系。常用的窗花纹样如下。

1）锯齿纹

形状似锯齿，主要用于表现动物身上的毛发，也可用于表现小草等，造型多变，可弯可直，锯齿间距也可以根据需要进行改变，如图 21-3 所示。

2）月牙纹

形状像一个月牙，主要用于表现动物的眼睛、身上的花纹等，在窗花中应用较多，如图 21-4 所示。

图 21-3　锯齿纹 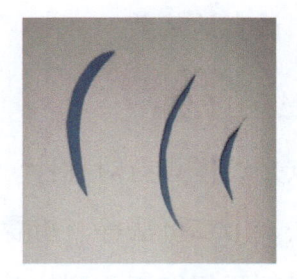　　　　图 21-4　月牙纹

3）水滴纹

形状像水滴，常常用于表现动物的眼睛，多个水滴形状可组成花朵图案，如图 21-5 所示。

4）云纹

形状像云朵，象征吉祥、美好、如意，如图 21-6 所示。

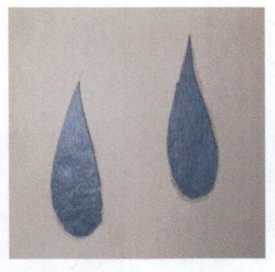

图 21-5　水滴纹 　　　　图 21-6　云纹

5）波浪纹

形状像波浪，常常用于制作窗花外围的花边，如图 21-7 所示。

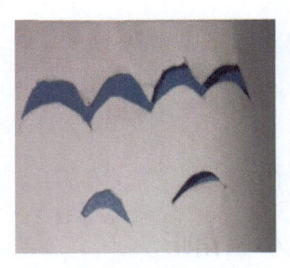

图 21-7　波浪纹

4. 制作窗花的步骤

1）折纸

根据窗花的对称性，对宣纸进行折叠。

2）绘制纹样

在折好的宣纸上画出纹样。

3）剪纸

沿着画线，认真地裁剪。

资讯 2 折纸的方法

窗花的特点是纹样具有对称性。折叠的方法不一样，剪出来的窗花也不一样，一般有四折法、八折法、十二折法等。折叠要在平整的台面上进行，要耐心细致，按照步骤进行折叠，每个步骤都要仔细折叠到位并按平。

1. 四折法

四折法的步骤如图 21-8 所示。

（1）将正方形的纸展开。

（2）沿着对角线对折，折成三角形。

（3）然后沿着中线对折，折成小三角形。

（4）展开呈 4 等份。

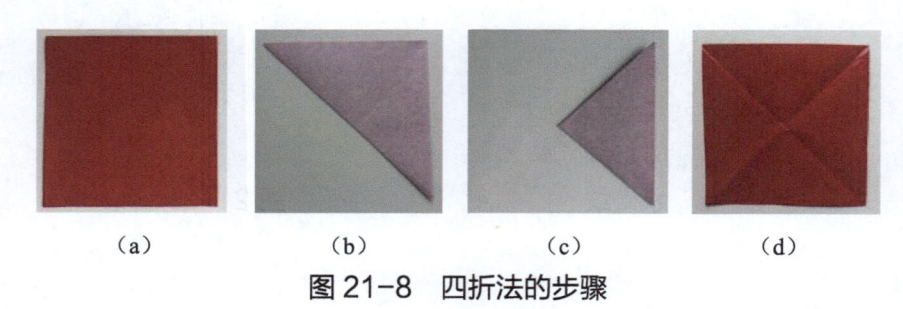

(a)　　(b)　　(c)　　(d)

图 21-8　四折法的步骤

2. 八折法

八折法的步骤如图 21-9 所示。

（1）将正方形的纸展开。

（2）沿着对角线对折，折成三角形。

（3）然后沿着中线对折，折成小三角形。

（4）再沿着中线对折，折成更小的三角形。

（5）展开呈 8 等份。

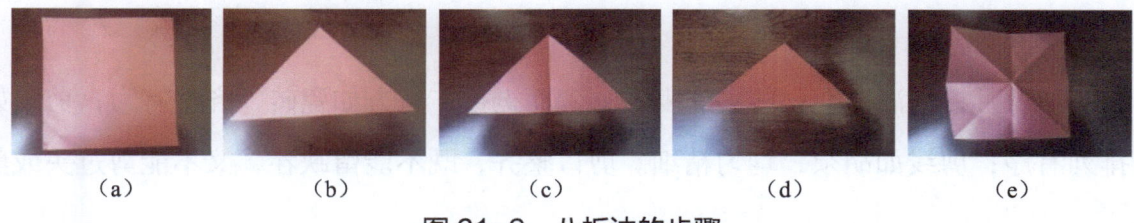

(a)　　　(b)　　　(c)　　　(d)　　　(e)

图 21-9　八折法的步骤

资讯 3　窗花纹样的绘制

1. 纹样的绘制原则

窗花的纹样根据窗户或用途设计。例如，直条式纹样适合直棂窗；如果是婚用窗花，可在中心贴双喜团花，四角贴蝴蝶角花，团花两旁再配一对喜烛和花篮、盘花。窗花的外轮廓和窗架之间要求舒密有致、构图格局均衡，达到装饰美好、镂空玲珑的视觉效果。

2. 以适合直棂窗的大雪照祥云窗花为例

1）设计

雪花及周围祥云为连续纹样。

2）绘制

在折好的宣纸开口一侧，画两条相交的线，在两条线相交的区域内绘制纹样，注意纹样与边框要有交点，如图 21-10 所示。

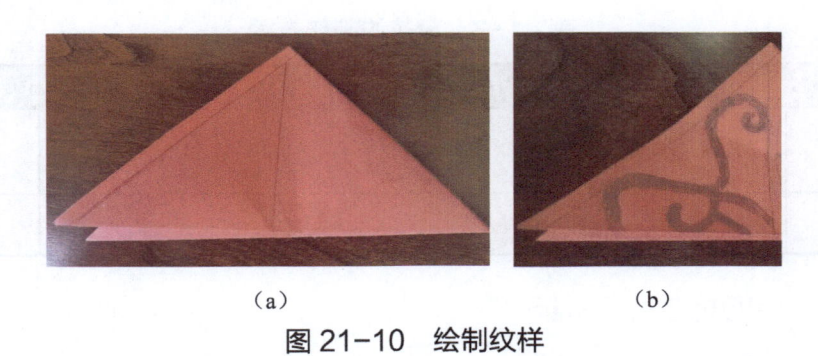

(a)　　　(b)

图 21-10　绘制纹样

资讯 4　裁剪窗花的技巧

1. 裁剪窗花的原则

一般裁剪窗花应遵循"三先三后"的原则，即先繁后易，先主后次，先里后外。也就是先剪复杂的部分，后剪容易的部分；先剪重要的部分，后剪次要的部分；先剪里面的部分，后剪外面的部分。只有这样有秩有序，才能顺利地裁剪出一幅精美的窗花。

2. 裁剪要求

剪圆如秋月，饱满圆润；剪尖如麦芒，尖而挺拔；剪方如瓷砖，齐整有力；剪缺如锯齿，排列有序；剪线如胡须，均匀精细。剪口整齐，既不能留缺茬，又不能剪过头或剪坏别处。

资讯 5　粘贴窗花的要点

1. 方位

窗花大部分都采用正贴的方式。

2. 位置

窗花粘贴的位置可以是窗户上，也可以是门上。为了美观，要贴在比较中间的位置，保持对称。

第二阶段　工作实施

劳动任务 1　设计窗花的制作方案

大雪前后，民间有绣花、剪窗花等习俗，下面让我们一起来剪窗花迎大雪，感受传统民俗文化的独特魅力吧！在剪窗花之前需要设计窗花的制作方案，根据示例完成表 21-3。

表 21-3　窗花的制作方案

纸张颜色	寓意	纹样图案	形状	粘贴地方
红色	祥云献瑞，大雪丰年	祥云纹边框 雪花纹样	正方形	窗户

劳动任务 2　用四折法进行折纸

1. 原材料和工具准备

原材料：红色宣纸。

工具：铅笔、剪刀、胶水。

2. 折纸

（1）将红色宣纸裁剪成正方形，大小为 30 厘米×30 厘米，如图 21-11 所示。

图 21-11　裁剪好的正方形红色宣纸

（2）把正方形红色宣纸沿对角线对折成三角形，注意一定要对齐，如图 21-12 所示。

（3）然后沿中线对折，折成小三角形，如图 21-13 所示。

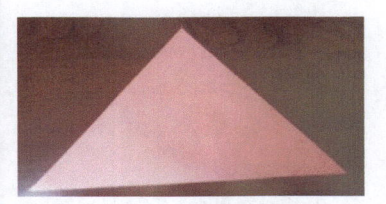

图 21-12　对折成三角形　　　　图 21-13　沿中线对折

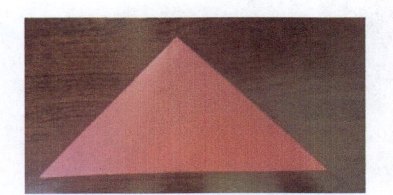

劳动任务 3　绘制窗花纹样

将设计好的大雪照祥云纹样绘制到用四折法折好的宣纸上。

（1）把正方形红色宣纸沿对角线对折成三角形后，用铅笔在三角形的闭口处画上设计好的祥云纹样，如图 21-14 所示，也可以绘制自己设计的图案。注意绘制的连贯性和完整性。

图 21-14　绘制祥云纹样

（2）然后沿中线对折，用铅笔在小三角形的闭口处画上设计好的雪花纹样，如图 21-15 所示。

图 21-15　绘制雪花纹样

劳动任务 4　按照纹样裁剪

（1）用剪刀沿着画好的祥云纹样裁剪，剪掉不要的部分。一定要注意慢慢裁剪，不要剪坏，剪完如图 21-16 所示。

（2）用剪刀沿着画好的雪花纹样裁剪，剪掉不要的部分，如图 21-17 所示。

图 21-16　裁剪祥云纹样　　　　图 21-17　裁剪雪花纹样

大雪照祥云窗花就做好了，如图 21-18 所示。

其他纹样成品如图 21-19 所示。

图 21-18　大雪照祥云窗花　　　　图 21-19　其他纹样成品

劳动任务 5　粘贴窗花

先确保窗花表面和所要贴的玻璃或墙面干净。把窗花反过来平放在托纸上，然后用少量的胶水轻轻地涂在窗花的背面，注意不要把纸弄皱、弄破。再把窗花粘贴在所要贴的地方，用手轻轻压平，使窗花全部平粘在玻璃或墙面上。

六、劳动成果——我的作品展示

我们的劳动成果是制作好的窗花，可组织一次班级分享活动。

班级分享活动

（1）将制作好的窗花在班级中展示。

（2）可以将自己制作窗花的过程拍摄成视频，供同学学习。

（3）分享自己的剪窗花心得。

（4）用制作好的窗花装饰我们美丽的家。

七、劳动评价——我做得怎么样

劳动结束后完成表21-4。

表 21-4　评价表

评价指标	评价分值				得分		
	16～20 分	11～15 分	6～10 分	1～5 分	学生自评	组内互评	教师评价
节气知识学习	熟悉大雪节气的特点，能将节气的特点讲给他人，对中国传统文化有更深入的了解	知道大雪节气的特点，能将节气的主要特点讲给他人	大致了解大雪节气的特点，能讲出节气的时间和大致特点	不了解大雪节气的特点			
劳动技能掌握	掌握制作窗花的技巧和步骤，能够设计并制作纹样复杂的窗花。制作的窗花构图饱满均衡、图案精美、色彩对比简洁明快	熟悉制作窗花的基本技巧和步骤，基本能够设计并制作纹样稍微复杂的窗花。制作的窗花图案精美、色彩对比简洁明快	知道制作窗花的基本技巧和步骤，基本能够制作窗花。制作的窗花图案精美	了解制作窗花的基本技巧和步骤，基本能够制作简单的窗花			
创新实践体现	在完成任务的基础上，能够创新劳动方法和成果，并能将所学运用到生活中的其他方面	在完成任务的基础上，能够创新劳动方法，有新的成果	在完成任务的基础上，能够创新劳动方法	基本能够完成任务，没有新的劳动方法和成果			
劳动态度形成	深刻体会到劳动的价值，有成功的体验，很有获得感，能将劳动中学会的知识和技能运用到未来的生活中	能体会到劳动的价值,有成功的体验,很有获得感	知道劳动的价值，稍有成功的体验，也有一点儿获得感	知道劳动的价值，但是还没有成功的体验			

评价指标	评价分值				得分		
	16~20 分	11~15 分	6~10 分	1~5 分	学生自评	组内互评	教师评价
劳动成果展示	劳动规划合理，能大胆展示劳动成果，并能够用流畅的语言做详细解释	劳动规划合理，能展示劳动成果，并能做解释	劳动规划基本合理，能展示劳动成果	有劳动规划，适当展示成果			
合计（将评价指标中五项的得分相加）							
总分=学生自评合计值×30%+组内互评合计值×30%+教师评价合计值×40%							
评价等级（优秀：85 分及以上；良好：75~84 分；达标：60~74 分；有待提高：60 分以下）							
学习回顾与反思							

八、知识拓展

夜雪

〔唐〕白居易

已讶衾枕冷，

复见窗户明。

夜深知雪重，

时闻折竹声。

作者简介

白居易（772—846），字乐天，号香山居士，又号醉吟先生，唐朝著名现实主义诗人。与元稹并称"元白"，与刘禹锡并称"刘白"。

诗词赏析

冰凉的被子、冰凉的枕头，我辗转难眠，又看到白雪泛出的光照亮了窗户。虽然是深夜，也知道雪下得很大，因为不时地听到雪把竹枝压折的声音。

诗词意境

雪冰清玉洁，天赋丽质，装点山川。白居易的这首《夜雪》，新颖别致，立意不俗。诗人跳出常人描写的圈子，独辟蹊径。本诗既没有色彩的刻画，又不做姿态的描摹，但细细品味，就会发现它凝重古朴，清新淡雅，生动传神地再现了一场夜雪。

冬至，冬至大如年，饺子来消寒——饺子制作

一、情境导入

冬至（见图 22-1）是二十四节气中第二十二个节气，于每年公历 12 月 21—23 日交节，冬至当天，北半球白天最短，黑夜最长。北方气温普遍在 0℃以下，冬至开始"数九"，冬至日也就是"数九"的第一天。冬至在我国古代是一个重要的节日，有"冬至大如年"的说法，各地都有庆祝冬至的习俗。

冬至的习俗因地域不同而存在差异。在南方地区，有冬至祭祖、宴饮的习俗。在北方地区，人们在这一天要吃饺子，有"消寒"之意，北方流传着"冬至不端饺子碗，冻掉耳朵没人管""冬至饺子夏至面"的民谚。有一首童谣这样唱："小饺子，两头尖，下到锅里转三圈。大勺舀，小碗端，阖家团圆庆丰年。"

图 22-1 冬至

二、明确任务——我要做什么

冬至到，让我们为家人包一顿饺子，祝福家人安康。饺子的种类丰富，有水饺、蒸饺、煎饺等；饺子的形状各异，有元宝饺、麦穗饺等。同时，考虑到每个人对蔬菜、肉类等的喜好不同，我们需要结合个人口味制作不同的饺子馅儿。本项目的核心驱动问题为如何为家人制作美味可口的饺子（见图 22-2）。

图 22-2 饺子

三、学习目标——我将收获什么

（1）自主学习，了解冬至节气的相关知识，能说出冬至节气的特点与民间习俗。

（2）了解饺子的来历，掌握饺子馅儿的相关食材配比，能根据人们不同的需求，制作不同的饺子馅儿。

（3）通过反复练习，学会制作饺子皮，在制作饺子的过程中运用运筹学知识，合理分配时间，提高劳动效率。

（4）通过制作饺子皮、制作饺子馅儿、包饺子、煮饺子全过程，体会到为家人服务的快乐和意义，加深对中国传统美食的理解，体会在劳动中合理统筹时间的重要性，提高工作效率。

四、制订计划——我要怎么做

在此阶段，我们要从核心驱动问题出发，思考已经知道什么，还需要知道什么，完成表 22-1。

表 22-1　制作饺子知需表

核心驱动问题	已经知道的信息（学生填写）	需要知道的问题
如何为家人制作美味可口的饺子	1. 2. 3. 4.	1. 饺子做给谁？ 2. 他/她喜欢什么馅儿的饺子？ 3. 如何制作饺子馅儿？ 4. 如何制作饺子皮？ 5. 如何包饺子

从需要知道的问题中，找到解决问题和劳动实践的方向。首先，我们需要获取相关资讯，做好关于劳动的知识准备；其次，明确开展哪些劳动任务来解决核心驱动问题；最后，每个劳动任务的完成都将产出劳动成果。制作饺子计划表如表 22-2 所示。

表 22-2　制作饺子计划表

资讯分析	工作实施	劳动成果
资讯 1：准备工作	劳动任务 1：设计饺子的制作方案	饺子的制作方案
资讯 2：饺子面的制作方法	劳动任务 2：制作饺子面	包饺子的面团
资讯 3：制作饺子馅儿的食材	劳动任务 3：制作饺子馅儿	三鲜饺子馅儿
资讯 4：饺子皮的制作方法	劳动任务 4：制作饺子皮	大小、薄厚适中的饺子皮

续表

资讯分析	工作实施	劳动成果
资讯5：包饺子的基本方法	劳动任务5：包饺子	饺子成品
资讯6：煮饺子的基本方法	劳动任务6：煮饺子	煮熟装盘的饺子

五、劳动过程——我如何做好这件事

第一阶段 资讯分析

资讯1 准备工作

1. 食材及工具准备

食材（以三鲜馅儿为例）：面粉、猪肉、虾仁、韭菜、鸡蛋、香菇、葱、姜、盐、白砂糖、胡椒粉、鸡精、水、食用油、香油、生抽。

工具：面盆、筷子、保鲜膜、案板、刀、擀面杖、盆。

2. 了解饺子的制作流程

饺子的制作流程包括和面、醒面、打馅儿、揪剂、擀皮、包制等工序。

资讯2 饺子面的制作方法

1. 和面

包饺子需要用冷水和面，面粉和冷水的比例为2∶1左右。以3人为例，需要约500克面粉、250克冷水。和面又包括加水、搅拌、成絮、揉团等环节。和面时要注意加入适量的冷水，最后达到盆内无干粉，面絮不挂盆壁、不黏手的状态。

2. 醒面

醒面可以让面团中没有吸足水分的面粉有充分吸收水分的时间；可以让没有伸展的面筋得到进一步的伸展；而且经过反复揉搓，面筋处于紧张状态，韧性强，静置一段时间后，面筋会得到松弛缓解，其延展性会增强，更便于进行下一道工序。

资讯3 制作饺子馅儿的食材

我们需要了解制作饺子馅儿的食材，以及每种食材的功效，具体如表22-3所示。

表 22-3 制作饺子馅儿的食材及功效

食材	功效
猪肉	提供人体所需脂肪和能量
虾仁	提供蛋白质，提鲜
韭菜	提供纤维素，有助于消化
鸡蛋	提供蛋白质
香菇	提供维生素、氨基酸等
葱	去腥
姜	去腥
盐	调节咸淡
白砂糖	提鲜去腥
胡椒粉	提味去腥
鸡精	提味去腥
水	泡葱、姜，去腥
食用油	改善口感，保持蔬菜水分
香油	提香
生抽	提味去腥

资讯 4　饺子皮的制作方法

（1）在和面及醒面的基础上，按照揉面、制作剂条、揪剂、按压成饼、擀皮几个步骤完成饺子皮的制作。

（2）可以用蔬菜汁代替水调整饺子皮的颜色，如胡萝卜汁、紫甘蓝汁、菠菜汁等，使饺子皮的颜色更漂亮，刺激人们的食欲。

资讯 5　包饺子的基本方法

（1）了解饺子几种常见的外形，如元宝形、月牙形等。

（2）按照装馅儿、捏合、挤压、成型几个步骤完成饺子的制作。

资讯 6　煮饺子的基本方法

将水煮至沸腾，加入饺子，盖上盖子继续煮至沸腾，加入适量冷水，打开盖子再煮沸，直至饺子膨胀，浮于水面后，捞出盛盘。

第二阶段　工作实施

劳动任务 1　设计饺子的制作方案

冬至吃饺子是北方流传至今的习俗。制作饺子前需要先了解家人的需求、喜好等。为了制作出家人都喜欢的饺子，先对家人进行调研，根据示例完成表22-4，确定要制作的饺子馅儿。

表22-4 制作饺子的调研表

调研对象	年龄/岁	对蔬菜的喜好	是否有过敏原	是否有基础疾病	口味的喜好	饺子馅儿
爸爸	51	喜欢韭菜	无	痛风	口味比较重，咸鲜口	三鲜馅儿

对调研结果进行统计和梳理，根据示例完成表22-5。

表22-5 饺子的制作方案

人数	喜好	饺子	配料表
家庭成员3~4人	（1）爷爷奶奶：喜欢软糯的口感； （2）爸爸妈妈：味道鲜美，多肉多菜； （3）兄弟姐妹：营养丰富，容易消化和吸收	三鲜馅儿饺子	主料：面粉500克、水250克、猪肉（前尖）350克、虾仁150克、韭菜250克、鸡蛋100克。 辅料：香菇30克、葱30克、姜30克、盐15克、白砂糖5克、胡椒粉3克、鸡精5克、水150毫升、食用油30毫升、香油10毫升、生抽30毫升。 说明：（1）如果不吃猪肉，可将猪肉替换成牛羊肉。 （2）素食者可将猪肉替换成鸡蛋，此时应酌情减少调味料用量

劳动任务2　制作饺子面

1. 食材和工具准备

食材：面粉、冷水。

工具：面盆、筷子、保鲜膜。

2. 具体操作步骤

制作饺子面的具体操作步骤如图 22-3 所示。

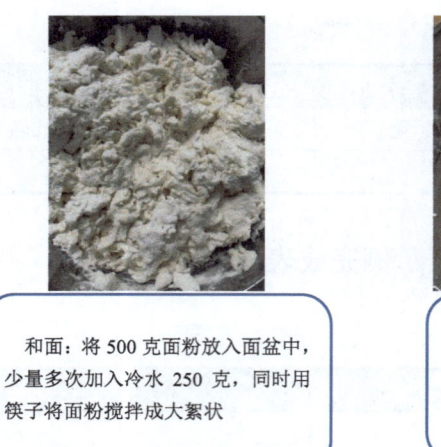

和面：将 500 克面粉放入面盆中，少量多次加入冷水 250 克，同时用筷子将面粉搅拌成大絮状

（a）

醒面：将面絮揉成表面光滑的面团，盆上盖保鲜膜，醒面 30 分钟左右

（b）

图 22-3　制作饺子面的具体操作步骤

劳动任务 3　制作饺子馅儿

1. 工具准备

工具：刀、案板、盆、牙签、筷子、炒锅。

2. 具体操作步骤

1）准备食材

制作三鲜馅儿，需要选用合理、适量的食材，具体如表 22-6 所示。

表 22-6　制作饺子馅儿需要的食材

食材及重量	图示
猪肉（前尖）350 克	
虾仁 150 克	

续表

食材及重量	图示
韭菜 250 克	
鸡蛋 100 克	
香菇 30 克	
葱、姜各 30 克	
盐 15 克 白砂糖 5 克 胡椒粉 3 克 鸡精 5 克	
水 150 毫升	
食用油 30 毫升 香油 10 毫升 生抽 30 毫升	

分享劳动喜悦——冬雪雪冬小大寒 **冬季篇**

2)加工食材

加工食材的具体操作步骤如图 22-4 所示。

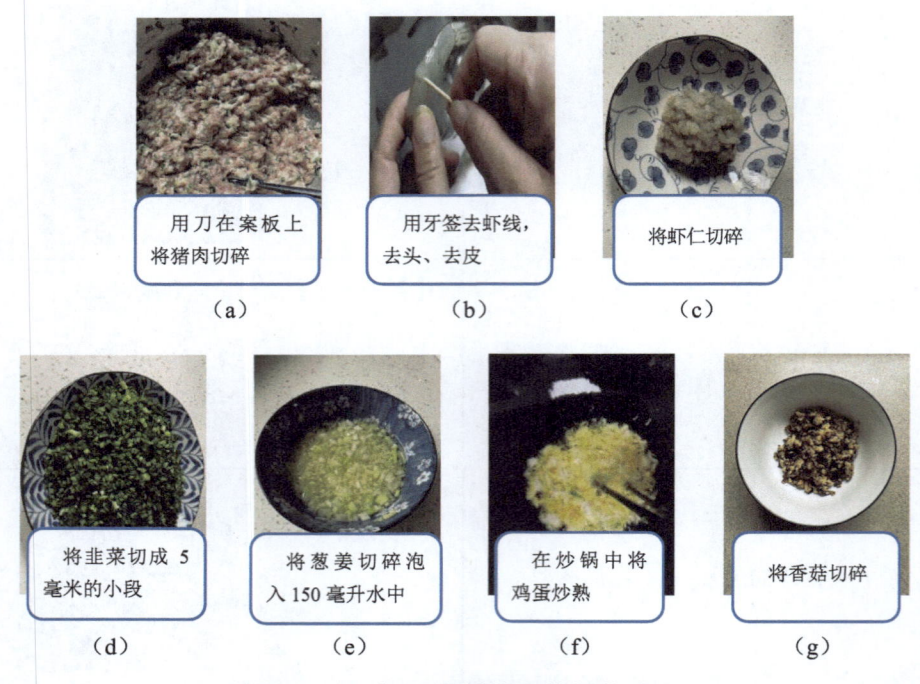

用刀在案板上将猪肉切碎
（a）

用牙签去虾线，去头、去皮
（b）

将虾仁切碎
（c）

将韭菜切成 5 毫米的小段
（d）

将葱姜切碎泡入 150 毫升水中
（e）

在炒锅中将鸡蛋炒熟
（f）

将香菇切碎
（g）

图 22-4　加工食材的具体操作步骤

3）调制饺子馅儿

根据个人口味的不同，猪肉可以换成其他肉类，调料可以适当增减，调制饺子馅儿的具体操作步骤如图 22-5 所示。

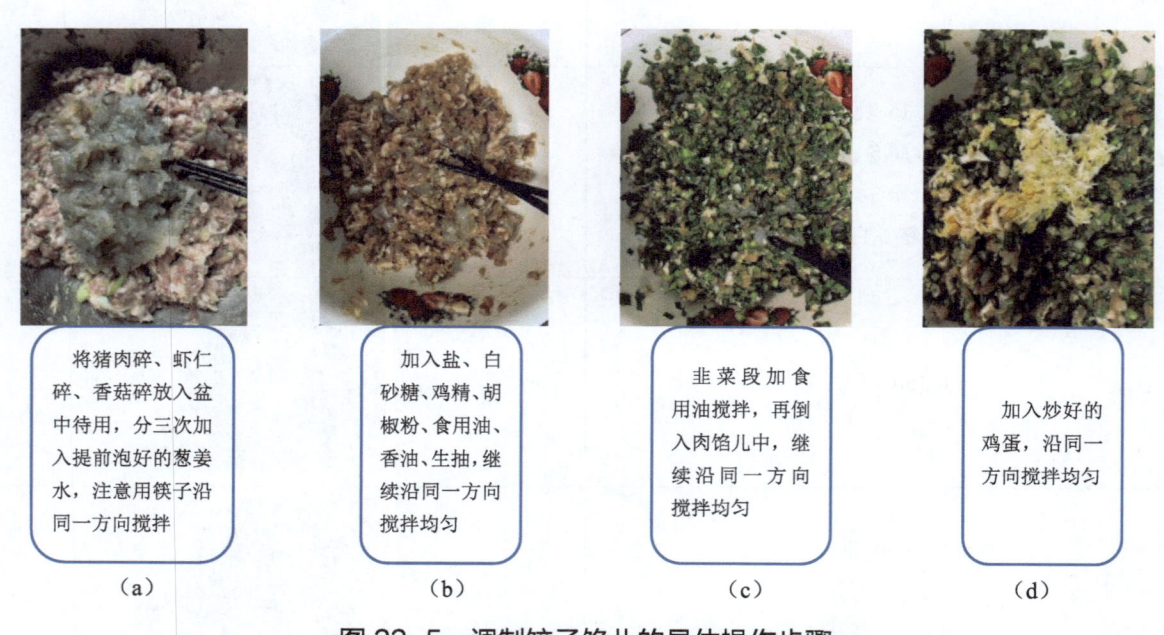

将猪肉碎、虾仁碎、香菇碎放入盆中待用，分三次加入提前泡好的葱姜水，注意用筷子沿同一方向搅拌
（a）

加入盐、白砂糖、鸡精、胡椒粉、食用油、香油、生抽，继续沿同一方向搅拌均匀
（b）

韭菜段加食用油搅拌，再倒入肉馅儿中，继续沿同一方向搅拌均匀
（c）

加入炒好的鸡蛋，沿同一方向搅拌均匀
（d）

图 22-5　调制饺子馅儿的具体操作步骤

劳动任务 4　制作饺子皮

1. 工具准备

工具：案板、擀面杖。

2. 具体操作步骤

制作饺子皮的具体操作步骤如图 22-6 所示。

（1）将醒好的面团揉 5 分钟左右。

（2）将面团揉成直径约 3 厘米的圆柱条状。

（3）将圆柱条揪成一个个小面剂子，用手稍压一下。

（4）左手旋转小面剂子，右手同时用擀面杖擀制。将小面剂子擀成 2 毫米厚，直径 8 到 10 厘米大小的圆面片，注意中间略厚四周略薄。

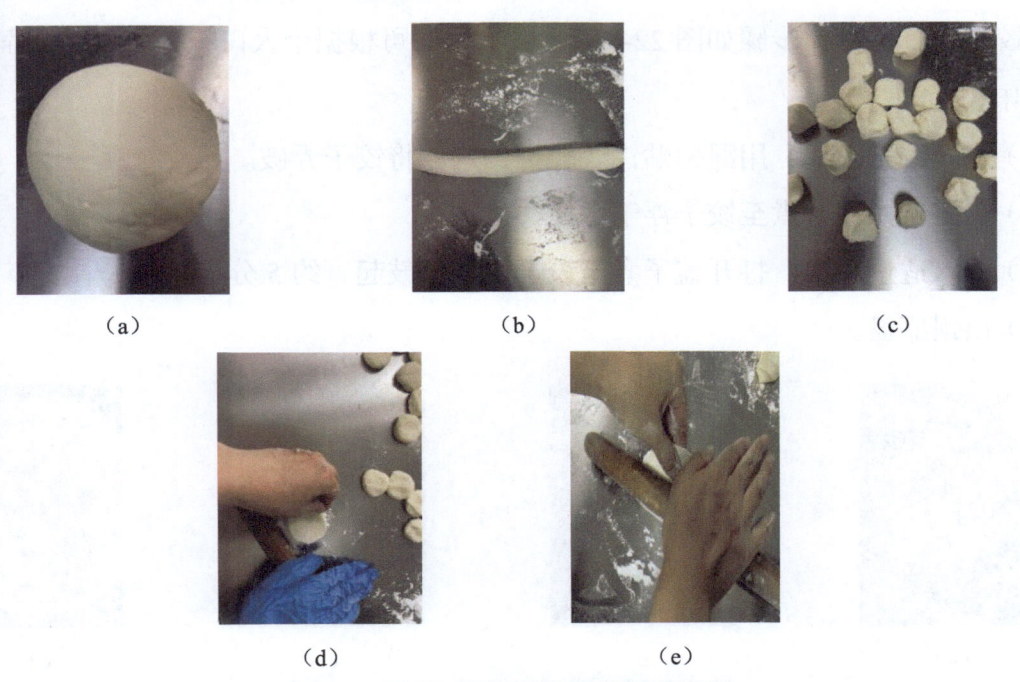

(a)　　(b)　　(c)

(d)　　(e)

图 22-6　制作饺子皮的具体操作步骤

劳动任务 5　包饺子

包饺子的具体操作步骤如图 22-7 所示。

（1）将饺子皮平铺，放于手掌前部，居中放饺子馅儿，边缘留 1 厘米左右。

（2）对折顶部捏紧。

（3）双手合握挤压边缘，捏紧避免露馅儿。

（4）整理成型。

(a)　　　　　(b)　　　　　(c)　　　　　(d)　　　　　(e)

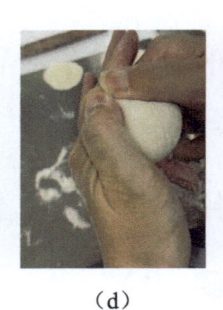

图 22-7　包饺子的具体操作步骤

劳动任务 6　煮饺子

1. 工具准备

工具：锅、漏勺。

2. 具体操作步骤

煮饺子的具体操作步骤如图 22-8 所示，食用时可根据个人口味，加入醋、蒜汁、辣椒油等调味。

（1）水开饺子下锅，用漏勺贴锅底轻推，避免将饺子弄破。

（2）盖盖子煮沸，煮至饺子浮于水面。

（3）加入适量冷水，打开盖子煮至饺子皮全部鼓起，约 5 分钟。

（4）出锅盛盘。

(a)　　　　　　(b)　　　　　　(c)　　　　　　(d)

图 22-8　煮饺子的具体操作步骤

六、劳动成果——我的作品展示

我们的劳动成果是制作好的饺子，可组织一次班级分享活动和家庭活动。

班级分享活动

（1）介绍饺子的制作方案。

（2）展示我们制作的过程和成品。

家庭活动

（1）为家人、亲朋制作饺子，享受美食带来的愉悦。

（2）满意度调查，请家人、亲朋对饺子的口味等进行反馈。

七、劳动评价——我做得怎么样

劳动结束后完成表22-7。

表22-7 评价表

评价指标	评价分值				得分		
	16～20分	11～15分	6～10分	1～5分	学生自评	组内互评	教师评价
节气知识学习	熟悉冬至节气的特点，能将节气的特点讲给他人，对中国传统文化有更深入的了解	知道冬至节气的特点，能将节气的主要特点和习俗讲给他人	大致了解冬至节气的特点，能讲出节气的时间和大致特点	不了解冬至节气的特点			
劳动技能掌握	熟练掌握饺子皮和饺子馅儿的制作方法。制作的饺子口味浓郁、咸鲜适中，有汁水；饺子皮软硬适度、筋道无破损；食材配方合理	熟悉饺子皮和饺子馅儿的制作方法。制作的饺子咸鲜适中；饺子皮软硬适度，无破损；食材配方合理	知道饺子皮和饺子馅儿的制作方法。制作的饺子咸鲜适中；饺子皮无破损；食材配方合理	了解饺子皮和饺子馅儿的制作方法。制作的饺子咸鲜适中；饺子皮基本无破损			
创新实践体现	在完成任务的基础上，能够创新劳动方法和成果，并能将所学运用到生活中的其他方面	在完成任务的基础上，能够创新劳动方法，有新的成果	在完成任务的基础上，能够创新劳动方法	基本能够完成任务，没有新的劳动方法和成果			
劳动态度形成	深刻体会到劳动的价值，有成功的体验，很有获得感，能将劳动中学会的知识和技能运用到未来的生活中	能体会到劳动的价值，有成功的体验，很有获得感	知道劳动的价值，稍有成功的体验，也有一点儿获得感	知道劳动的价值，但是还没有成功的体验			
劳动成果展示	劳动规划合理，能大胆展示劳动成果，并能够用流畅的语言做详细解释	劳动规划合理，能展示劳动成果，并能做解释	劳动规划基本合理，能展示劳动成果	有劳动规划，适当展示成果			

续表

评价指标	评价分值				得分		
	16~20分	11~15分	6~10分	1~5分	学生自评	组内互评	教师评价
合计（将评价指标中五项的得分相加）							
总分=学生自评合计值×30%+组内互评合计值×30%+教师评价合计值×40%							
评价等级（优秀：85 分及以上；良好：75~84 分；达标：60~74 分；有待提高：60 分以下）							
学习回顾与反思							

八、知识拓展

冬至

〔宋〕朱淑真

黄钟应律好风催，阴伏阳升淑气回。
葵影便移长至日，梅花先趁小寒开。
八神表日占和岁，六管飞葭动细灰。
已有岸旁迎腊柳，参差又欲领春来。

作者简介

朱淑真（约 1135—约 1180），号幽栖居士，南宋著名女词人，是唐宋以来留存作品最多的女作家之一。

诗词赏析

十一月，和风吹动，黄钟律应合冬至；此时节，阴气潜伏，阳气回升，温和之气逐渐回来了。葵菜的影子随太阳移动，冬至这天白天最短；梅花赶在小寒节气之前即将盛开。八方之神的卦象表明明年是个丰收年，玉制第六管黄钟管的芦苇膜灰自动飞出。岸边的柳树已经在迎接腊月，参差不齐的枝条又要引领春天的到来。

诗词意境

冬至预示着冬天真正来了，天气要变得寒冷起来了。可是，诗人却看到了一片春意，一片生机勃勃。这首诗出自朱淑真的《断肠诗集》，成为断肠诗中的另类，诗人憧憬与喜悦的心情溢于言表，从中可以看出诗人的才气。

小寒，小寒节气寒，喝着腊八粥盼过年——腊八粥熬制

一、情境导入

小寒（见图23-1）是二十四节气中的第二十三个节气，于每年公历1月5—7日交节，也是一年之中气温最低的时候，民间素有"小寒胜大寒"之说。古人认为"禽鸟得气之先"，小寒时节虽然寒冷，有些鸟类却早已察觉到阳气滋长，开始迎接春天。在南方过冬的大雁开始准备向北飞，喜鹊感觉到阳气而开始筑巢，雉在接近四九时会感到阳气的复苏而鸣叫。所以，《月令七十二候集解》中有"小寒"三候："一候雁北乡，二候鹊始巢，三候雉始雊。"

图23-1 小寒

小寒节气中，腊八节是其中最具特色的日子，"小孩小孩你别馋，过了腊八就是年。腊八粥，喝几天，哩哩啦啦二十三"。在每年农历腊月初八，腊八粥就拉开了过年的序幕。每到腊八节，人们就卸下一身的忙碌，腌腊八蒜、喝腊八粥，着手准备年货，孩子们更是欢天喜地地盼望着过年。

二、明确任务——我要做什么

在寒冷的小寒节气，让我们熬制一锅热乎乎的腊八粥（见图23-2），与家人共同分享劳动带来的快乐。我们可以针对不同家人的需求，设计不同配方的腊八粥。本项目的核心驱动问题是如何为家人熬制一碗香浓的腊八粥。

图23-2 腊八粥

三、学习目标——我将收获什么

（1）自主学习，了解小寒节气的相关知识，能说出小寒节气的特点与民间习俗。

（2）了解腊八节的来历，说出腊八粥所选用食材的功效，明确熬制腊八粥相关食材的配比。

（3）能根据人群不同的需求，完成腊八粥食材的配制。学会腊八粥食材的加工处理方法，知晓每种食材对人体的功效，体会粥膳"药食同源"。

（4）遵照腊八粥熬制的详细工序，按食材特性制作可口的腊八粥，培养认真细致、一丝不苟的工作态度，体会我国人民在不同节气巧用食物养生的魅力。

四、制订计划——我要怎么做

在此阶段，我们要从核心驱动问题出发，思考已经知道什么，还需要知道什么，完成表23-1。

表23-1 熬制腊八粥知需表

核心驱动问题	已经知道的信息（学生填写）	需要知道的问题
如何为家人熬制一碗香浓的腊八粥	1. 2. 3. 4.	1. 腊八粥做给谁？ 2. 他/她喜欢什么口味的腊八粥？ 3. 如何配制腊八粥的食材？ 4. 如何熬制腊八粥？ 5. 腊八粥有何功效？ 6. 怎么熬制出色香味俱全的营养腊八粥

从需要知道的问题中，找到解决问题和劳动实践的方向。首先，我们需要获取相关资讯，做好关于劳动的知识准备；其次，明确开展哪些劳动任务来解决核心驱动问题；最后，每个劳动任务的完成都将产出劳动成果。熬制腊八粥计划表如表23-2所示。

表23-2 熬制腊八粥计划表

资讯分析	工作实施	劳动成果
资讯1：认识腊八粥	劳动任务1：设计腊八粥的配方	腊八粥的配方
资讯2：腊八粥食材的加工处理方法	劳动任务2：准备食材并加工处理	加工处理好的食材
资讯3：熬制腊八粥的方法和技巧	劳动任务3：熬制腊八粥	腊八粥成品

五、劳动过程——我如何做好这件事

第一阶段 资讯分析

资讯 1　认识腊八粥

喝腊八粥是腊八节的习俗。古人称"粥饭为世间第一补人之物",认为吃粥好处多,可以延年益寿。明代李时珍在《本草纲目》中提到,粥能"益气、生津、养脾胃、治虚寒"。中医界公认,粥能补益阴液、生发胃津、健脾胃、补虚损,最宜养人。

1. 腊八粥的常用食材

每种食材对人体都有一定的功效,下面介绍腊八粥的常用食材及其功效,如表 23-3 所示。

表 23-3　腊八粥的常用食材及其功效

食材	功效
糯米	具有温脾益气的功效,适合脾胃不和者服用,对于虚寒泄利、虚烦口渴、小便不利等有一定辅助治疗作用
大米(粳米)	具有补中益气、健脾和胃、壮气力、强肌肉的功效
小米	具有和中、益肾、除热的功效,煮粥食益丹田、补虚损、开肠胃
薏米	具有健脾、补肺、清热、渗湿的功效,经常食用对慢性肠炎、消化不良等症有良效
黑米	能够补益脾胃、滋养肝肾、明目活血
红豆	含有蛋白质、脂肪、碳水化合物、粗纤维、烟酸等,具有养血、健脾益胃、利水渗湿、补血等作用
绿豆	可辅助降压,比较适合高血压和心脑血管疾病患者食用,还具有清热解毒、利尿排毒的功效
黄豆	含有丰富的大豆异黄酮,可预防骨质疏松症
黑豆	含有多种生物活性物质,能预防白发、健壮发根
红枣	具有益气养血、健脾的功效,对脾胃虚弱、血虚萎黄和肺虚咳嗽等症有一定疗效
莲子	具有补脾止泻、补益气血、养心安神的功效
栗子	具有补肾益气、治腰酸腿软的功效
花生	含有不饱和脂肪酸,具有润肺、和胃、止咳、利尿等功效
核桃仁	富含维生素 E,具有补肾纳气、增进食欲、益智健脑的功效
燕麦	富含膳食纤维,能促进肠胃蠕动,利于排便
荞麦	富含膳食纤维,具有止咳平喘、降血脂、降血糖的功效
枸杞	具有延年益寿的功效,对血脂也有辅助的调节作用,是老人的食疗佳品
桂圆肉	具有补益心脾、补气血、养心安神的功效
百合	具有润肺止咳、清心安神的功效

2. 腊八粥食材的搭配原则

腊八粥的食材决定了腊八粥营养丰富、全面。腊八粥一般以大米、糯米、黑米、绿豆、红豆等为主料，再添加辅料，如红枣、核桃仁、花生、莲子、桂圆肉、百合，枸杞、薏米等熬制成粥。人们会根据自己的饮食喜好，选用不同的食材，基本上分为四大类：米类、豆类、干果类、中药材。家庭版腊八粥有时还包括板栗、胡萝卜、香肠、咸肉等。

腊八粥的食材丰富，不同的食材具有不同的功效，因此要根据不同人的需要搭配食材。在食材的配比方面，如果想有针对性地为某个（某些）人熬制，可以单独进行配方设计。例如，可以为儿童添加丰富的食材以适合儿童成长时期的需求；针对老人，应选易消化、减少腹胀的食材；针对有糖尿病史的人群，应选择富含膳食纤维的食材，减少糖分摄入。

资讯2 腊八粥食材的加工处理方法

1. 米类食材的淘洗方法

淘洗米类食材时，应该注意用冷水，不要用热水和流水淘洗。淘洗米类食材不能用力搓洗，防止米粒表层可溶性营养大量随水流失。米糠具有一定的营养成分，因此米类食材不宜洗得太干净，一般不超过三次。

2. 豆类食材的处理

豆类食材较坚硬不易煮烂，因此应当把豆类食材提前浸泡几小时，一般浸泡3小时以上，以保证熬制过程中易软烂，口感更糯。泡好后先煮几分钟，见其胀发再下米同煮。

3. 辅料类食材加工的方法

对于红枣、莲子、桂圆肉等食材，要提前进行去核、去芯处理。红枣可以直接掰开把核取出，然后切小块。同样，掰开莲子直接去芯即可。如果直接买无核食材则可忽略该步骤。

米类食材和辅料类食材的浸泡时间可以稍短，一般为2小时左右。

资讯3 熬制腊八粥的方法和技巧

1. 食材与水的配比

无论选择哪种配方，水量至少为食材总量的5倍，这样才能保证熬出来的粥不会过于黏稠，甚至焦煳。另外，需要注意的是，水量最好一次性加够，尽量避免在熬煮的过程中加水，从而影响口感。

2. 熬制的方法

等水烧开后放入米类食材。如果米类食材和水同时下锅，则当水煮沸时，米类食材的表层会生成糊状物，其较黏稠，容易煳锅，此时米类食材的内部还是生的。如果等水烧开后再放入米类食材，则米类食材从里到外都容易煮烂，这样既可以节约燃料和熬制时间，又可以预防煳锅，而且煮出的粥米水融合，味道更香。

第二阶段 工作实施

劳动任务1 设计腊八粥的配方

我们需要先明确腊八粥的食用对象（家人），并进行调研分析。通过调研，统筹考虑，配制一款适合所有或至少大部分家人口味及需求的腊八粥，根据示例完成表23-4。

表23-4 家庭成员饮食调研表

调研对象	年龄/岁	性别	体质	是否有过敏原	胃肠功能如何	口味的喜好
奶奶	75	女	气滞	无	不易消化，腹胀	清淡

对调研结果进行统计和梳理，根据示例完成表23-5。

表23-5 家庭版腊八粥的配方

用途	特征	配方
家庭版腊八粥	补气血，软滑顺口，容易消化吸收	糯米20克、小米20克、黑米20克、薏米20克、黑豆15克、红豆15克、绿豆20克、芸豆15克、去芯莲子15克、花生15克、去核红枣25克、去核桂圆9克、百合15克、葡萄干20克、水约1200毫升

劳动任务2 准备食材并加工处理

1. 食材准备

食材：糯米、小米、黑米、薏米、黑豆、红豆、绿豆、芸豆、去芯莲子、花生、去核红枣、去核桂圆、百合、葡萄干、水。

2. 食材分类

米类食材、豆类食材、辅料类食材分别如图 23-3 至图 23-5 所示。

图 23-3　米类食材　　　　图 23-4　豆类食材　　　　图 23-5　辅料类食材

3. 腊八粥食材加工处理

1）辅料加工

将去核红枣、去核桂圆、葡萄干冲洗备用，如图 23-6 所示。

图 23-6　辅料加工

2）淘洗和浸泡食材

将米类食材、豆类食材和辅料类食材分别加入清水淘洗一至两次，然后分开浸泡。豆类食材浸泡 3 小时，米类食材和辅料类食材浸泡 2 小时左右，如图 23-7 所示。

图 23-7　浸泡食材

分享劳动喜悦——冬雪雪冬小大寒 **冬季篇**

劳动任务 3　熬制腊八粥

1. 工具准备

煮锅（砂锅最佳，容量至少为 2 升）、汤匙。

说明：1 升水的重量大约是 1000 克。

2. 具体操作步骤

（1）在煮锅中加入足量的水，中途不能再加，将豆类食材倒入锅中，开盖，用大火煮开。

（2）水开后加入米类食材，盖锅盖改小火熬煮 30 分钟。

（3）用汤匙搅动，以防煳锅底。

（4）将辅料类食材倒入锅中，盖锅盖小火焖煮约 30 分钟后关火。

（5）一份香浓黏稠的腊八粥就制作完成了，最后可以依据家人口味适当添加冰糖，如图 23-8 所示。

图 23-8　腊八粥成品

说明：在锅沿和锅盖之间垫一根木筷可以避免熬煮过程中粥溢出来（尤其是砂锅，其密封性好，粥容易溢出）。

六、劳动成果——我的作品展示

我们的劳动成果是熬制好的腊八粥，可组织一次班级分享活动和家庭活动。

班级分享活动

（1）介绍熬制腊八粥的食材和成果。

（2）展示熬制过程和成品。

家庭活动

（1）为家人、亲朋熬制腊八粥，享受美食带来的愉悦。

（2）满意度调查，请家人、亲朋对腊八粥的口味等进行反馈。

七、劳动评价——我做得怎么样

劳动结束后完成表23-6。

表23-6　评价表

评价指标	评价分值				得分		
	16~20分	11~15分	6~10分	1~5分	学生自评	组内互评	教师评价
节气知识学习	熟悉小寒节气的特点，能将节气的特点讲给他人，对中国传统文化有更深入的了解	知道小寒节气的特点，能将节气的主要特点讲给他人	大致了解小寒节气的特点，能讲出节气的时间和大致特点	不了解小寒节气的特点			
劳动技能掌握	熟练掌握腊八粥的熬制方法，了解腊八粥所选用食材的功效。熬制的腊八粥浓稠适度、口感软糯、营养价值高	熟悉腊八粥的熬制方法，基本了解腊八粥所选用食材的功效。熬制的腊八粥口感软糯、营养价值高	知道腊八粥的熬制方法，熬制的腊八粥口感软糯、营养价值高	了解腊八粥的熬制方法，熬制的腊八粥口感软糯			
创新实践体现	在完成任务的基础上，能够创新劳动方法和成果，并能将所学运用到生活中的其他方面	在完成任务的基础上，能够创新劳动方法和成果，有新的成果	在完成任务的基础上，能够创新劳动方法	基本能够完成任务，没有新的劳动方法和成果			
劳动态度形成	深刻体会到劳动的价值，有成功的体验，很有获得感，能将劳动中学会的知识和技能运用到未来的生活中	能体会到劳动的价值，有成功的体验，很有获得感	知道劳动的价值，稍有成功的体验，也有一点儿获得感	知道劳动的价值，但是还没有成功的体验			
劳动成果展示	劳动规划合理，能大胆展示劳动成果，并能够用流畅的语言做详细解释	劳动规划合理，能展示劳动成果，并能做解释	劳动规划基本合理，能展示劳动成果	有劳动规划，适当展示成果			

评价 指标	评价分值				得分		
	16～20 分	11～15 分	6～10 分	1～5 分	学生自评	组内互评	教师评价
	合计（将评价指标中五项的得分相加）						
	总分=学生自评合计值×30%+组内互评合计值×30%+教师评价合计值×40%						
	评价等级（优秀：85 分及以上；良好：75～84 分；达标：60～74 分； 有待提高：60 分以下）						
学习 回顾与 反思							

八、知识拓展

十二月八日步至西村

〔宋〕陆游

腊月风和意已春，时因散策过吾邻。

草烟漠漠柴门里，牛迹重重野水滨。

多病所须唯药物，差科未动是闲人。

今朝佛粥更相馈，更觉江村节物新。

作者简介

陆游（1125—1210），南宋文学家、史学家、爱国诗人。

诗词赏析

腊月的微风里已经微微有了些许春意，因时而动拄着拐杖散步路过邻居家。看到邻居家的柴门里面炊烟袅袅，野外水边耕牛的脚印重重叠叠。体弱多病，需要的只有药物，没有徭役任召，所以赋闲在家。今天邻居送了我腊八粥，越发觉察到江边小村春的气息。

诗词意境

不惑之年的陆游，因被罢官赋闲在家，于腊八节步行至西村，将所见、所闻、所感记录下来。全诗以"村"景写"春"景，人情味极浓，以乐景写乐情，情感饱满，一气呵成，充满了欢乐之情。

大寒，大寒初始年味至，家家户户贴春联
——春联设计与书写

一、情境导入

大寒（见图 24-1）是二十四节气中的最后一个节气，于每年公历 1 月 20—21 日交节。正所谓："大寒岁底庆团圆。"大寒常处农历岁末，或与小年重叠，或与大年相交，大寒之后便是立春，大寒一般也是春节前的最后一个节气。在民间有一种说法，叫作"大寒迎年"。过年是中国人最有仪式感的节日，贴春联则是其中标志性的习俗。

图 24-1　大寒

北京忙年歌

小孩小孩你别馋，过了腊八就是年。

腊八粥，喝几天，哩哩啦啦二十三。

二十三，糖瓜粘；二十四，扫房子（擦窗户、写福字、贴楹联）；

二十五，做豆腐；二十六，去割肉（炖猪肉、炖牛肉、烧羊肉）；

二十七，宰公鸡（鸡、鸭、鹅）；二十八，把面发；

二十九，蒸馒头。三十晚上熬一宿，初一的饺子年年有。

一首童谣再现了年前家里忙活的场景，因南北方习俗的差异，贴春联的时间略有不同，春联一贴，过年的气氛就被烘托出来了。

二、明确任务——我要做什么

冬将尽，春将始，年关将至，年味渐浓，贴春联是中国人过年的传统习俗。春联（见图 24-2）能够为节日增添喜庆的氛围，同

图 24-2　春联

时也有驱邪、保平安的寓意。本项目的核心驱动问题为如何设计并书写一副贴在家中的春联。

三、学习目标——我将收获什么

（1）自主学习，了解大寒节气的相关知识，能说出大寒节气的特点与传统习俗。

（2）了解贴春联的过年习俗，学会辨识春联的上下联，会用小篆字体写春联，感受书法的魅力。

（3）学会春联的裁取方法，贴春联的方法和技巧。能根据不同人的需要设计不同的春联，让他们满意。

（4）通过创编春联文本、撰写春联、贴春联的完整劳动过程，感受古人的智慧，以及中华文化的博大精深，进一步感受劳动创造美好生活。

四、制订计划——我要怎么做

在此阶段，我们从核心驱动问题出发，思考已经知道什么，还需要知道什么，完成表 24-1。

表 24-1　设计与书写春联知需表

核心驱动问题	已经知道的信息（学生填写）	需要知道的问题
如何设计并书写一副贴在家中的春联	1. 2. 3.	1. 春联文本创编的注意事项有哪些？ 2. 书写春联所需的原材料有哪些？ 3. 贴春联的方法和技巧有哪些

从需要知道的问题中，找到解决问题和劳动实践的方向。首先，我们需要获取相关资讯，做好关于劳动的知识准备；其次，明确开展哪些劳动任务来解决核心驱动问题；最后，每个劳动任务的完成都将产出劳动成果。设计与书写春联计划表如表 24-2 所示。

表 24-2　设计与书写春联计划表

资讯分析	工作实施	劳动成果
资讯 1：春联的相关知识	劳动任务 1：创编春联文本	春联文本
资讯 2：书写春联所需的原材料	劳动任务 2：准备原材料	写春联的原材料
资讯 3：书写春联	劳动任务 3：写春联	春联作品
资讯 4：贴春联的方法和技巧	劳动任务 4：贴春联	贴好的春联

五、劳动过程——我如何做好这件事

第一阶段 资讯分析

资讯 1　春联的相关知识

1. 认识春联

春联，又称春贴、门对、对联，是过年时所贴的红色喜庆元素"年红"中的一个种类。它以对仗工整、简洁精巧的文字描绘美好景象，抒发美好愿望，是中国特有的文学形式。当人们在自己家门口贴年红（春联、福字、窗花等）的时候，就意味着春节正式拉开序幕。

春联由上联、下联、横批三部分组成。春联不限定字数，常见的有四言联、五言联、七言联和十一言联等。所谓几言联是指单联由几个字组成，如四言联的上下联都由四个字组成。

上下联词组要相同，词性要一致；上下联对应语句的语法结构应尽可能相同；上下联的平仄要相对。横批是一副春联内容的升华，是春联的主题，更是点睛之笔，一般为四个字，现今多从左往右写，而从右往左写当属春联的正式写法。贴横批应该贴在门楣的正中间，其字体风格应与上下联一致，互相呼应。

2. 春联文本创编的方法

春联历经千百年的传承，根据人们不同的需求，已经发展出了多个类型，如喜庆联、节气联、富贵联、平安联。不同类型春联的特点如表 24-3 所示。

表 24-3　不同类型春联的特点

喜庆联	节气联	富贵联	平安联
这是春联里最常见的一种类型。这一类型的春联较多地使用"喜""乐""福""吉"等字词，表达了对新一年到来的欢喜，烘托出喜庆的节日氛围	这是一种通过赞美春天、赞美时节，来祈求来年风调雨顺的春联。在这类春联中，更多地出现"春""风""雨"等关于天气、时节的字词	这是一种祈求来年财源广进、富贵亨通的春联。这类春联较多地使用"富""贵""财""兴"等字词	这类春联更多地用于家中有人在远方，或者家中有难事，祈愿来年一切平安、吉祥，家国安康。这类春联较多地使用"吉""安""和"等字词

续表

喜庆联	节气联	富贵联	平安联
上联： 福气降临阖家福 下联： 春光辉映满堂春 横批： 新春大吉	上联： 春回大地风光好 下联： 福满人间喜事多 横批： 四时如意	上联： 时来运转家兴旺 下联： 心想事成业盛昌 横批： 四季兴隆	上联： 和顺一门盈百福 下联： 平安二字值千金 横批： 吉祥如意

认识了春联，了解了不同类型春联的特点，我们在创编春联文本时需要注意下面几点，如表24-4所示。

表24-4 春联文本创编的注意事项

字句相等	词性相当	结构照应	节奏相应	平仄相对
一副春联至少应在选字用词上讲究对等，即字数应相等	相对应位置上词的词性要相同，即名词对名词、动词对动词	在句法结构上要互相照应，彼此对称，如主谓式对主谓式、主谓宾式对主谓宾式	节奏要相同或相应，保持一致。例如，"明月/松间/照"，其节奏就是"二二一"，下联也应是相同的节奏	上下联的最末一字平仄相对，如一般上联末字为仄声（汉语拼音中的第三声和第四声），则下联末字应为平声（汉语拼音中的第一声和第二声）

资讯 2　书写春联所需的原材料

1. 毛笔

小篆主要以线条为主，可以使用兼毫笔、羊毫笔。兼毫笔如图 24-3（a）所示，适合初学者，能更好控笔。羊毫笔适合有一定笔力、能熟练书写的人。

2. 春联纸

书写春联都是用大红色的纸。眼下市面上常见的有机制大红纸、红色书画宣和红色洒金宣纸。我们以四尺整张红色洒金宣纸为基础原材料，常规尺寸为 138 厘米 × 68 厘米，如图 24-3（b）所示。

3. 墨

书写春联时，市面上的书画墨汁都可以使用，如图 24-3（c）所示。注意用墨的干湿浓淡：墨太浓，则容易行笔不畅，形成枯笔；墨中水分太多则会显得字没有精神，且容易褪色。古代常用的是墨条，如图 24-3（d）所示。用墨条研磨的墨胶含量比较少，运笔更流畅，没有异味，但对纸张的要求比较高。

4. 桌案

平整的台面即可，可铺上书画毛毡，不但能防止纸张渗墨玷污桌面，还能让书写者更好地运笔。

5. 镇纸

一种文房用具，写字作画时用以压纸的东西，也称作镇尺、压尺。常见的多为长方体，如图24-3（e）所示。

（a）　　　（b）　　　（c）　　　（d）　　　（e）

图24-3　书写原材料

资讯3　书写春联

中国书法的书体有篆书、隶书、楷书、行书、草书等，从理论上讲这些书体均可以用于书写春联。其中，小篆是早期的文字，其基本笔画和用笔方法没有后来的隶书、楷书那么丰富复杂，只有点、直、弧三种笔法，适合没有书法基础的同学。下面我们以小篆为例来书写春联。

1. 小篆的书写特点

在书写时注意小篆的书写特点：横平竖直，圆劲均匀，粗细基本一致。字中的横画和竖画等距平行。小篆线条多以中锋书写，笔画以圆为主，圆起圆收，方中寓圆，圆中有方，结构均衡对称，如图24-4所示。

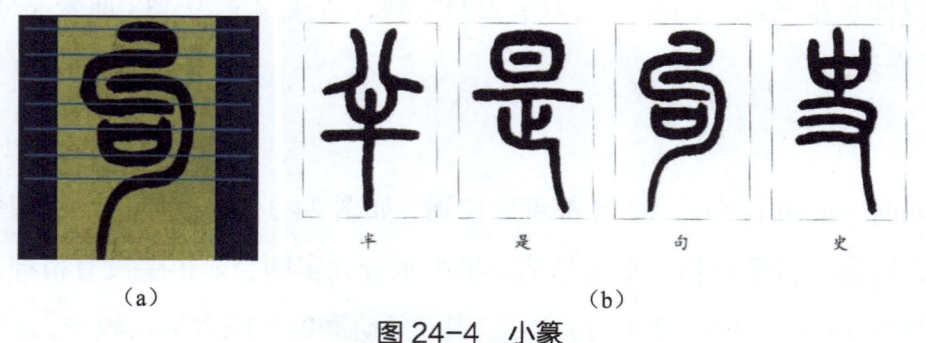

（a）　　　　　　　　　　（b）

图24-4　小篆

2. 小篆各笔画的写法

小篆的基本笔法应当用"中锋用笔"来概括。简单来说，中锋用笔就是让笔锋在点画中间运行。其特点是藏头护尾、力含其中。中锋用笔写出的笔画凝练劲挺，圆健美观，一直被视为书法的主要用笔方法。

1）横的写法

（1）逆入藏锋至首端。

（2）转成圆锋向右行。

（3）行至末端转锋。

（4）向左回锋。

横的写法及示例如图24-5所示。

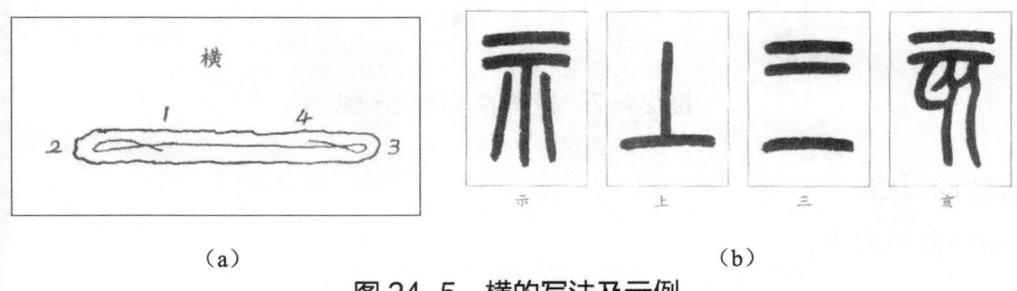

(a)　　　　　　　　　　(b)

图24-5　横的写法及示例

2）竖的写法

（1）笔尖向上逆入，徐徐上引至顶点。

（2）使笔尖垂直，然后转锋向下行笔。

（3）行至底点勿顿。

（4）轻提锋颖，顺势上提收笔。

竖的写法及示例如图24-6所示。

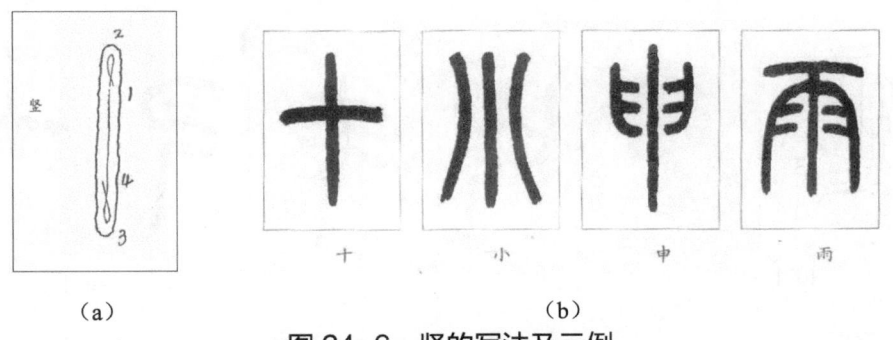

(a)　　　　　　　　　　(b)

图24-6　竖的写法及示例

3）横弯的写法

（1）逆锋落笔向左。

（2）转锋向右行笔。

（3）顺锋向下行笔。

（4）行笔渐慢，顺势上提收笔。

横弯的写法及示例如图24-7所示。

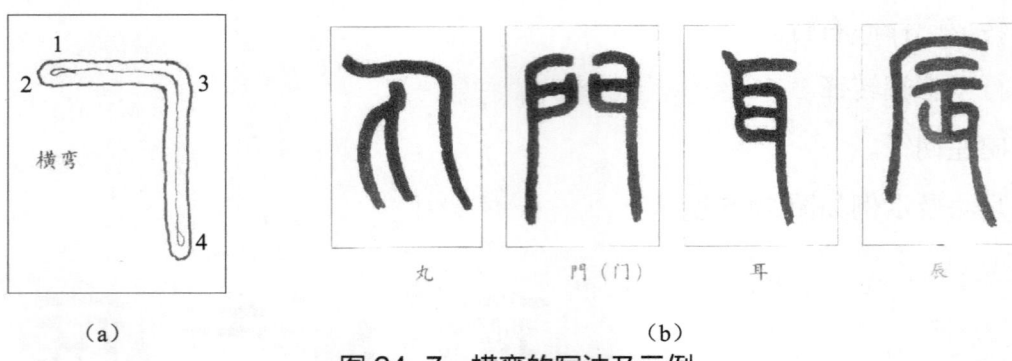

(a)　　　　　　　　　　　　　　(b)

图24-7　横弯的写法及示例

4）直弯的写法

（1）逆锋落笔向上。

（2）转锋向下行笔。

（3）顺势向右转笔再向下渐慢行笔。

（4）行至末端顺势上提收笔。

直弯的写法及示例如图24-8所示。

5）上弧的写法

小篆的弧笔笔法和前面的横竖一样都是欲右先左、欲下先上的，关键是要保持圆劲的势态，保持笔毫着纸的深浅一致及适当的速度，注意对称。两弧在中间地段衔接，衔接处要写得自然不留痕迹。上弧的写法及示例如图24-9所示。

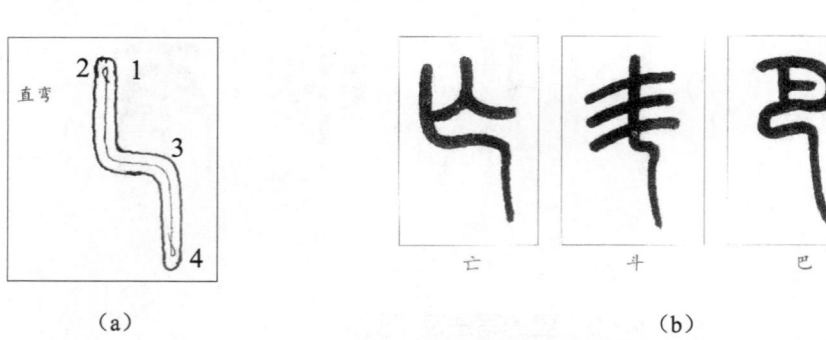

(a)　　　　　　　　　　　　　　(b)

图24-8　直弯的写法及示例

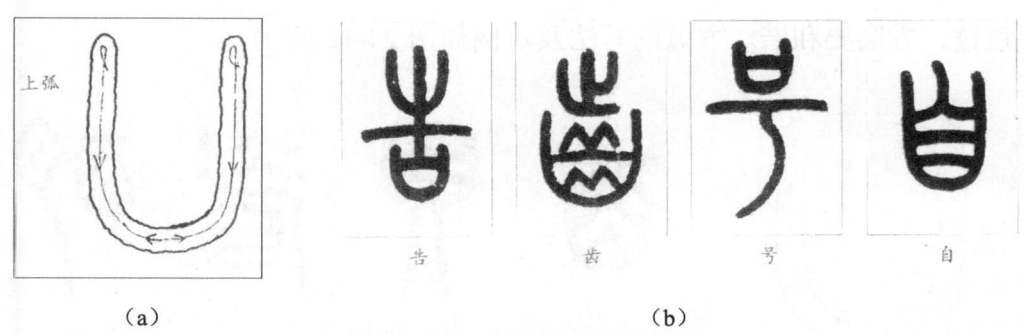

图 24-9　上弧的写法及示例

6）下弧的写法

下弧要先写左半弧，后写右半弧。写右半弧时要注意与左半弧对应，线条要一气呵成，不要迟疑缓慢，否则线条会柔弱而缺乏力度。下弧的写法及示例如图 24-10 所示。

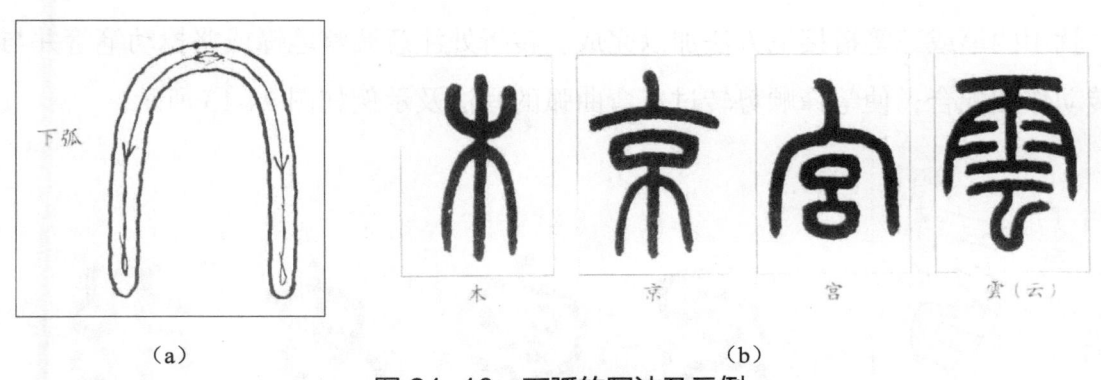

图 24-10　下弧的写法及示例

7）左右外弧的写法

写左右外弧时，主要是两边弧的起讫处要一致，不要偏倚，要对称自然，紧凑而不松散，充分体现篆书的婉转流畅之美。左右外弧的写法及示例如图 24-11 所示。

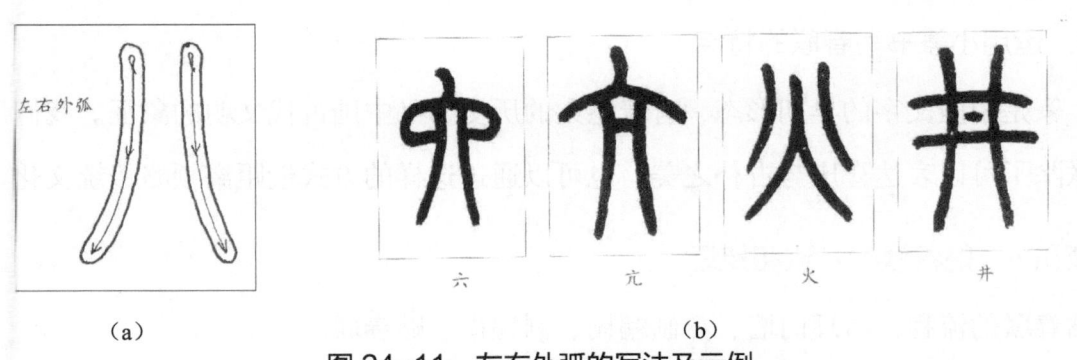

图 24-11　左右外弧的写法及示例

8）方弧的写法

写方弧时，无论是长方还是正方的弧形，都要圆转行笔，化角为弧，四角要对应，接笔处不留痕迹，方圆要和谐。方弧的写法及示例如图 24-12 所示。

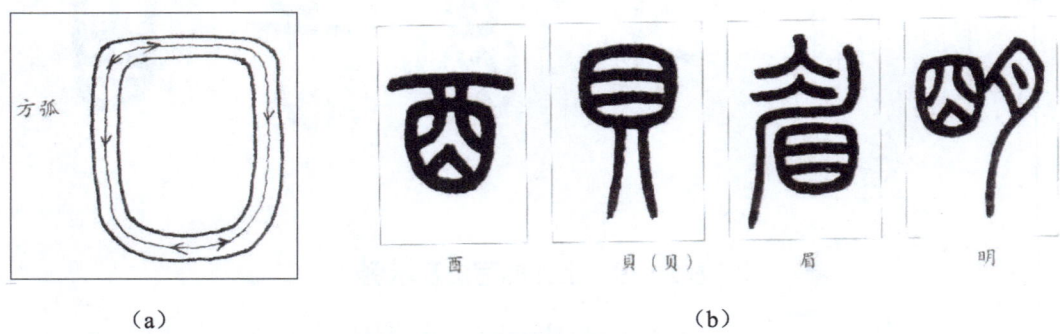

图 24-12 方弧的写法及示例

9）弯曲弧的写法

小篆的弯曲弧变化多、难度大，要视其圆转程度顺势而写。最好是一笔完成，一笔完不成，就用两笔或三笔搭接笔方法加以完成。转折处注意调整笔锋或略捻动笔管并与手腕的内转动作相配合，使笔锋顺势转过。弯曲弧的写法及示例如图 24-13 所示。

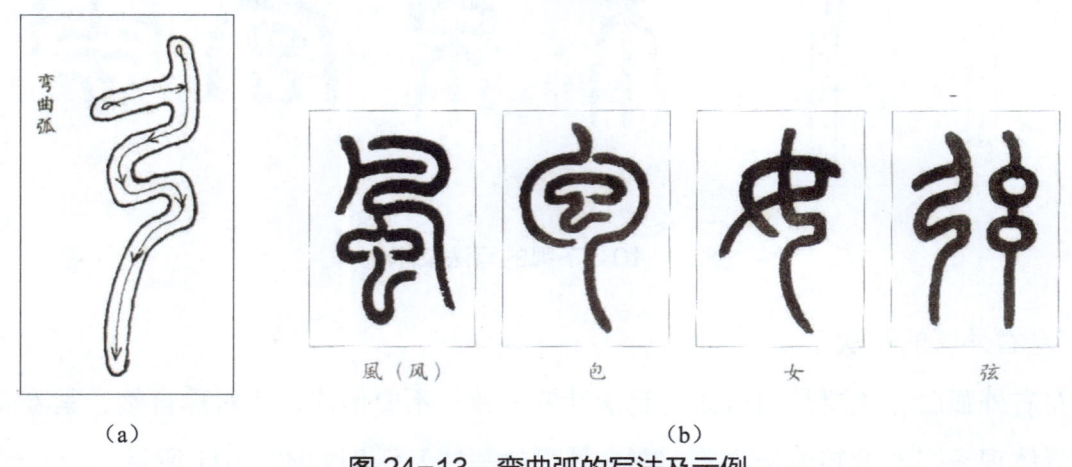

图 24-13 弯曲弧的写法及示例

3. 运用小篆书写春联的特点

小篆是中国文字的早期形态，有着悠久的历史，是中国古代文明的象征。我们用小篆写春联除了可以表达喜庆与古朴之美，也可以通过这样的方式近距离领略传统文化。

资讯 4　贴春联的方法和技巧

贴春联的流程：清理门墙、熬制糨糊、刷糨糊、贴春联。

1. 清理门墙

门墙上的灰尘要用扫帚扫除，以使春联贴合得更牢固。如果有去年留下的春联，需清除干净再贴新联。

2. 熬制糨糊

贴春联的糊常被人们称为糨糊。将面粉或淀粉与水混合后，放置在火上熬至黏稠，即可用于纸张、布料或一些轻薄物品的黏合，其黏性好、气味香甜、天然无害。门墙上粘贴的旧春联，喷些热水即可以快速清除掉。刚刚熬制成的糨糊，黏性不强，还有可能泅破纸张，需要降至温凉才可以使用。

3. 刷糨糊

根据所贴春联的大小，在相应位置尽可能地刷满糨糊，保证春联的稳定与服帖。

4. 贴春联

古人的写作顺序是从右到左，今人的写作顺序是从左到右。上下联要根据横批的写作顺序来定，若横批是从左到右写的，那么就先在左边贴上联，然后在右边贴下联。上下联的区分方法就是看尾字声调，上联尾字声调为仄声（汉字拼音中的第三声和第四声），下联尾字声调为平声（汉语拼音中的第一声和第二声）。上下联对好位置垂直贴于门框两侧，横批贴在门楣的正中间。

第二阶段　工作实施

劳动任务1　创编春联文本

大寒一过，中国人最重要的节日——春节就要到了，人们开始忙着除旧饰新，筹备年货，准备过年。下面让我们一起来写一副春联，感受传统民俗文化的独特魅力吧！在写春联之前需要进行春联文本创编，请根据参考完成表24-5。

表24-5　创编春联文本

类型	创编的文本	字体	尺寸	原材料	用途
节气联	上联：福气降临阖家福 下联：春光辉映满堂春 横批：新春大吉	小篆	对联宽17厘米，长120厘米。横批宽17厘米，长68厘米	红色洒金宣纸	贴于入户门口

劳动任务 2　准备原材料

下面就以四尺整张红色洒金宣纸为例，讲解一下春联（上下联、横批）的裁取方法，如图 24-14 所示。

四尺整张红色洒金宣纸的常规尺寸为 138 厘米 × 68 厘米。

先按图 24-14 中的虚线所示位置定好裁剪线，再按裁剪线把纸裁开。

把横批短边外缘左右各留 2 厘米，剩下部分按四等分折好，如图 24-15 所示。

把裁好的上下联按短边宽度（17 厘米）折出一个正方形，然后折出七个等大的格子，如图 24-16 所示。

图 24-14　裁取方法

图 24-15　横批

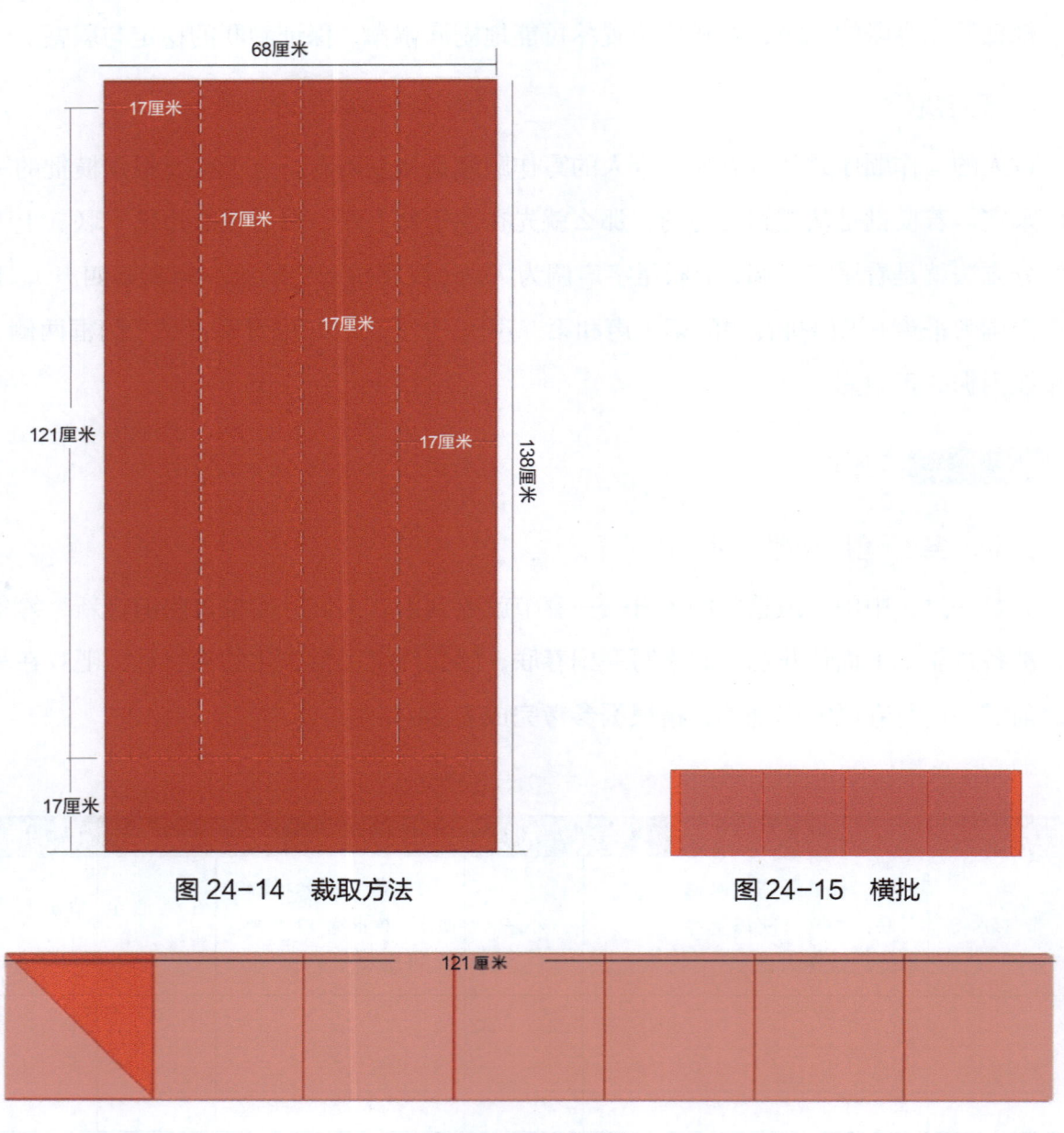

图 24-16　上下联

劳动任务 3　写春联

上联：福气降临阖家福

下联：春光辉映满堂春

横批：新春大吉

下面我们来书写创编好的春联，如图 24-17 所示，写好的上下联如图 24-18 所示。

（a）　　　（b）

图 24-17　书写春联

图 24-18　成品

从右到左写出横批，如图 24-19 所示。

图 24-19　横批

劳动任务 4　贴春联

（1）清理门墙，如图 24-20 所示。

（2）熬制糨糊，如图 24-21 所示。

（3）区分上下联，如图 24-22 所示。

（4）刷糨糊，如图 24-23 所示。

（5）贴春联，如图 24-24 所示。

图 24-20　清理门墙　　　图 24-21　熬制糨糊　　　图 24-22　区分上下联

图 24-23　刷糨糊　　　图 24-24　贴春联

六、劳动成果——我的作品展示

劳动成果如图 24-25 所示。

图 24-25　劳动成果

七、劳动评价——我做得怎么样

劳动结束后完成表 24-6。

分享劳动喜悦——冬雪雪冬小大寒 **冬季篇**

表 24-6 评价表

评价指标	评价分值				得分		
	16~20 分	11~15 分	6~10 分	1~5 分	学生自评	组内互评	教师评价
节气知识学习	熟悉大寒节气的特点,能将节气的特点讲给他人,对中国传统文化有更深入的了解	知道大寒节气的特点,能将节气的主要特点讲给他人	大致了解大寒节气的特点,能讲出节气的时间和大致特点	不了解大寒节气的特点			
劳动技能掌握	掌握春联文本创编的注意事项、春联的裁取方法。能够创编春联文本,裁取的春联边缘整齐。能用小篆书写春联,笔法准确。粘贴的春联平整、上下联正确	熟悉春联文本创编的注意事项、春联的裁取方法。基本能够创编春联文本,裁取的春联边缘整齐。粘贴的春联平整、上下联正确	知道春联文本创编的注意事项、春联的裁取方法。裁取的春联边缘整齐。粘贴的春联平整、上下联正确	了解春联文本创编的注意事项、春联的裁取方法。能裁取春联。粘贴的春联上下联正确			
创新实践体现	在完成任务的基础上,能够创新劳动方法和成果,并能将所学运用到生活中的其他方面	在完成任务的基础上,能够创新劳动方法,有新的成果	在完成任务的基础上,能够创新劳动方法	基本能够完成任务,没有新的劳动方法和成果			
劳动态度形成	深刻体会到劳动的价值,有成功的体验,很有获得感,能将劳动中学会的知识和技能运用到未来的生活中	能体会到劳动的价值,有成功的体验,很有获得感	知道劳动的价值,稍有成功的体验,也有一点儿获得感	知道劳动的价值,但是还没有成功的体验			
劳动成果展示	劳动规划合理,能大胆展示劳动成果,并能够用流畅的语言做详细解释	劳动规划合理,能展示劳动成果,并能做解释	劳动规划基本合理,能展示劳动成果	有劳动规划,适当展示成果			
合计（将评价指标中五项的得分相加）							
总分=学生自评合计值×30%+组内互评合计值×30%+教师评价合计值×40%							
评价等级（优秀：85 分及以上；良好：75~84 分；达标：60~74 分；有待提高：60 分以下）							
学习回顾与反思							

八、知识拓展

元日

〔宋〕王安石

爆竹声中一岁除，

春风送暖入屠苏。

千门万户曈曈日，

总把新桃换旧符。

作者简介

王安石（1021—1086），北宋时期政治家、文学家、思想家、改革家。

诗词赏析

在爆竹声中旧的一年已经过去，和暖的春风送来了新年，人们欢乐地畅饮着屠苏酒。初升的太阳照耀着千家万户，大家都把旧的春联取下，换上新的春联。

诗词意境

这首诗描写了新年元日热闹、欢乐和万象更新的动人景象，抒发了作者革新政治的决心，充满了欢快及积极向上的奋发精神。